지속가능한 공존의 미래문화 2

미래문화 연구모임

발행일 | 2012년 3월 15일
지은이 | 권욱동, 최영태, 강민건, 김재훈, 이승협, 최병두,
양재섭, 김진상, 박상규, 김인숙, 남중섭, 홍승용
펴낸이 | 홍덕률
펴낸곳 | 대구대학교출판부
경북 경산시 진량읍 대구대로 201
전화 053) 850-5661~3 | 팩스 053) 850-5669
http://press.daegu.ac.kr/
찍은곳 | 동아문화사
ISBN 978-89-7794-591-3-94370
정가 | 10,000원

미래는 현재 속에 있다

우리는 신자유주의 무한경쟁 체제의 야만성에 대한 불만에서 출발했다. 이 불만은 한두 해의 노력으로 해소될 것이 아니다. 그래도 이구동성으로 지속가능한 공존의 필요성을 논증해 가는 과정 자체에서 의미를 찾아갈 수 있으리라고 보아 우리는 꾸준히 논쟁에 불을 지피려 한다. 대학이, 지식인이 현재의 지배논리에 고분고분해서는 안 되고, 시대를 앞질러 보아야 한다는 채무의식이 그 에너지다.

시대를 앞질러 보는 일은 결코 과거와 현재를 망각하는 것이 아니다. 오히려 현재 속에 미래가 담겨 있음을 적극적으로 의식할 필요가 있다. 오늘 우리가 어떻게 세계를 바라보고 어떻게 개입하여 얼마나 새롭게 재구성하느냐가 곧 미래의 우리 삶을 결정한다. 세계를 어떻게 보느냐는 곧 무엇에 주목하고 무엇을 흘려넘기느냐 하는 것과도 무관하지 않다. 우리는 현재의 지배구조를 당연시한 채 그 속에서 코앞의 이익을 노리는 사고방식을 경멸한다. 반대로 그 지배구조가 불행과 함께 야기하는 변화의 요구와 가능성에 주목하며, 어느 지점에 끼어들어 무엇을 말해야 그 가능성을 폭발시킬 수 있을지 고심한다.

어떤 의도가 고스란히 구현되는 일은 거의 없다. 우리의 '불온한' 의도가 얼마나 실제의 효과를 거둘지는 여전히 미지수다. 우리 사회의 격렬한 변화에 한참 뒤처지는 고리타분한 이야기를 늘어놓는다는 혹평도 각오하고 있다. 그럼에도 불구하고 그냥 시대의 흐름에 맥놓고 따라가기는 싫다는 우리의 공감대만은 젊은이들이 함께 누리면 좋겠다. 그 덕분에 우리의 의식적이고 적극적인 노력으로 미래사회의 틀을 지금의 야만적 지배구조와는 다른 형태로 만들어가겠다는 주체적 자세를 조금이라도 길러낼 수 있기를 기원한다.

2012. 3. 5.

미래문화 연구모임

차 례

우리의 삶과 여가활동[1)]

권 욱 동(대구대 스포츠레저학)

1. 삶 속에서의 여가의 의미

여가는 이제 우리 삶의 주변이 아닌 중심에 자리하고 있다. 여가는 단지 우리의 생활에 남겨진 부분이 아니라 우리의 행복을 결정하는 가장 중심적인 요소이다. 2001년 개봉하였던 일본의 영화감독 고레에다 히로카즈(1962-)의 원더풀 라이프(원제는 After Life)에서 이승과 저승의 중간역인 림보에서 면접관은 "당신의 가장 행복했던 순간은 언제입니까?"라고 묻는다. 면접관들은 그들이 선택한 기억을 영상에 담아 1주일 뒤 영원한 시간 속으로 사라질 때 마음속에 간직하고 떠날 수 있도록 도와준다. 만일 하나의 추억을 선택하지 못한 자는 계속해서 림보에 머물 수밖에 없다. 사람들은 저마다 자신의 지나간 일생을 회상하며 가장 행복했던 순간을 떠 올린다. 하지만 그 누구도 엄청난 영광이나 성취의 순간을 말하지 않는다. 그 행복했던 순간은 온전히 속박과 의무, 성공과 희열, 쟁취와 업적이 아닌 귀지를 파주는 어머니의 따뜻한 무릎 감촉, 사랑하는 연인과 나란히 공원 벤치에 앉아있던 기억 들이다. 그러나 현대를 살아가는 우리는 우리의 감각을 한시도 그냥 두지 못하게 한다. 심지어 우리의 행복을 가져다 줄 사랑하는 사람과 우리를 감싸고 있는 자연의 무한한 대상들은 만지고 느껴야 할 손끝도 스마트폰의 액정에 빼긴지 오래다. 아이러니하게도 미국 IT산업의 메카인 실리콘벨리에 있는 발도르프 학교에 다니고 있는 학생들(구글이나 애플 같은 IT기업의 종사자의 자제)은

---

1) 본 글은 지난 1994년 발표한 여가개념의 변천과 질적요소 적용이란 자료와 2010년 현대사회와 스포츠에서 여가부분을 본 글에 인용하였습니다.

학교에서 컴퓨터를 사용하지 않을 뿐만 아니라 모든 전자제품이 금지되어 있다. 이 학교의 교육목표는 인간 내면의 자유에 두고 있다. 그런데도 졸업생의 대부분이 명문대에 진학한다. 뿐만 아니라 학생들은 행복하다고 말한다. 미국의 인텔 내 '사용자 상호작용 경험 연구소' 소장으로 있는 즈느비에브 벨은 "창조적인 아이디어는 뇌가 지루하다고 느낄 때 나온다"고 말한다.(배명복 2012) 다시 말하면 지루하다 느낄 정도로 빈둥거릴 때 나온다는 것이다. 인간의 행복만이 아니라 창조력마저도 인간 내면에서 이루어지는 자유감에서 얻어지는 경험들로부터 얻어진다.

여가는 우리의 신체가 성장하는 것뿐만 아니라 개인의 발달과 성장의 잠재력에 해를 끼칠 수도 있는 생활의 한 영역이 되어가고 있다. 이와 같은 피해를 막기 위해 우리는 어떠한 일을 위해 준비하는 것처럼 여가를 위해서도 반드시 무엇인가를 준비하여야만 한다. 이는 직장에서 숙련된 노동자가 비숙련 노동자보다 훨씬 많은 비전이 있듯이 여가사용에 대한 기술을 가진 사람들이 그렇지 않은 사람들보다 자신의 행복과 개인 성장에 대한 비전이 있다고 할 수 있다. 브라이트빌(Charles K. Brightbill 1960)의 "미래는 교육받은 사람들뿐만 아니라 자신의 여가를 현명하게 사용할 줄 아는 사람들에게만이 있다"라는 주장은 음미해볼 말이다. 하지만 우리의 교육현실은 그렇게 만만하지 않다. 오늘날 학교의 정규교육에서 과연 젊은이들은 사회로부터 소외되고 외면 받는 자들에 대한 배려와 사회적 복지를 위한 실제적인 책임감을 가지고 있는가? 학교에서는 지성이 감성을 통제하도록 훈련하고 오직 지식의 습득 외에는 그 가치를 두지 않는 것이 현실이지 않은가? 등과 같은 질문에 여전히 우리의 교육현실은 암울하다. 가정, 학교, 그리고 우리의 지역사회 어디에서든지 우리는 양적인 평가로 그 가치를 인정받고 있다. 여기에서는 도무지 창의적이고 의미 있는 삶은 어디에도 존재하지 않는다. 의미 있는 삶을 사는 사람들은 그들의 에너지를 쏟을 수 있는 도전적인 목표를 가지고, 그들의 삶에 순간순간마다 의미를 주는 목표를 지니는 경향이 있다. 따라서 그러한 삶들은 목적을 성취하려고 노력한다. 또한 그렇게 하기 위해서 다양한 기술을 습득하고자 노력하게 되는 것이다. 미하이 칙센트미하이(Mihalyi Csikszentmihalyi 1990)에 의하면 이것은 우리의 의식에 아름다운 조화를 가져올 수 있다고 한다. 이를 여가교육에서는 의식확장(consciousness expanding)이라고 부른다. 우리 사회에서의 레크리에이션과 여가, 여가와 일, 생활과의 관계 속에서 다양한 여가활동을 통하여 자신이 깨어나는 것이다. 사회가 만들어 놓은 틀과 속박에서 벗어나 한 자유인으로서 보다 창의적인 사고와 행동을 경험하였을 때 우리의 삶의 존재가치가 의미 있게 다가온다. 우리는 이제 우리 자신을 세상의 양적 평가와 속박으로부터 건져내야 한다. 우리의 학교교육은 자신의 자유를 연습하는 자율적인 교육환경을 제공하여야 한다. 학교에서 놀고, 축하하고, 자원봉사하고, 심지어는 빈둥거리는 시간도 소중하게 여기는 교육 환경이 필요하다. 하지만 그 속에서 반드시 윤리적 측면을 소홀히 하지 않는 여가윤리가 정립되는 것은 무엇보다 중요하다. 이러한 여가윤리를 실천하기 위해서는 또 다시 과거의 강압적이고 표준을 강요하는 풍토는 사라져야 할 것이다. 학습자 한 사람 한 사람의 여가행동이 '여가스러운' 행동으로 이어질 수 있도록 교육은 그들을 지켜보아야 하며, 인내할 필요가 있다. 본 글은 우리의 삶 속에서 이루어지는 여가활동의 이해를 위하여 여가의 의미, 여가와 몰입경험과의 관계, 여가와 스포츠, 그리고 우리의 여가활동의 특성을 중심으로 구성하였다.

2. 현대사회에서의 여가

여가를 향유(savor)한다는 것은 인간의 가장 오래된 꿈 중의 하나이다. 여가학자 Godbey(1986)는 현대사회에서 급격하게 출현하기 시작한 많은 변화들은 여가의 역할과 의미를 확장하는 계기를 마련하였으며, 특히 여가는 인간의 자기개념(self concept), 건강, 경제, 그리고 영적인 웰빙(wellbeing)의 추구에 가장 중심에 자리 잡고 있다고 주장한다. 후기산업사회에서의 여가활동 중 스포츠, 레크리에이션, 놀이와 같은 문화활동은 이제 더 이상 미래의 도전이 아닌 바로 현재의 가장 당면한 과제로 인식되는 중요한 계기가 되고 있다. 하지만 이러한 여가활동들에는 사회적 제약요인 또한 존재하고 있음을 알 수 있다.

첫째, 산업사회에서 후기산업사회로의 이동에서 가장 일차적인 현상이 바로 도시화에 따른 인구과밀 현상일 것이다. 이는 당장의 산업활동 차원에서의 도시발전은 이루었지만 과거에 비해 오히려 삶의 질이 저하되어 여가활동의 양적, 질적 저하를 불러왔다. 그리고 기계기술의 발달로 여가시간의 증대를 가져왔다고 주장하지만 실제로는 시간기근(time deepening)현상을 경험하고 있는 것 또한 사실이다.

둘째, 테크놀로지의 발달에 따른 인간성 결여(dehumanization)현상이 제약이 되고 있다. 테크놀로지의 발달은 동전의 양면과도 같다. 우선 긍정적인 부분에서 기술발달은 여가활동의 다양한 수단의 개발과 상품의 개발 등으로 인하여 보다 많은 여가활동의 기회를 제공하였다. 또한 이러한 기술발달은 여가활동의 상업화에 절대적 기여를 하면서 여가산업의 확장에 영향을 미쳤다. 하지만 우리가 살고 있는 사회환경을 자연이 아닌 기계가 대신함으로써 인간의 기본적인 움직임 욕구와 인간적 접촉의 기회를 빼앗아가는 결과를 초래하였다.

셋째, 인구학적 변화와 핵가족화에 따른 개인화 경향을 들 수 있다. 과거 모든 여가활동의 기본단위가 직장, 학교, 단체 중심의 여가활동에서 개인위주의 여가활동으로 변화되었음을 볼 수 있다. 이는 스포츠에서 과거 단체스포츠 및 팀 스포츠참가형태에서 개인 스포츠 및 개인의 건강을 위한 스포츠 활동으로의 전환을 확인할 수 있다. 이를 현대 체육학자는 과거 전통적인 체육학의 패러다임에서 새로운 스포츠패러다임으로의 전환이라고 진단하고 있다.

마지막으로 여가의 과소비 및 여가활동비의 증가는 사회계층화와 소비적 여가활동을 촉진하는 계기를 마련한다. 이는 결국 과도한 여가의 소비로 인한 사회계층화 현상의 심화로 건전한 여가활동의 위축을 가져다주는 결과를 초래한다. 하지만 여전히 현대사회에서에서의 여가활동은 인간의 삶의 질을 결정하는 가장 주요한 요소로 인식되고 있다. 이제 국가, 사회, 개인 모두는 새로운 여가문화의 출현에 따른 다양한 노력들을 하고 있으며, 실제로 이에 관련된 여가 산업은 이미 국가 경제적 수준에서 고려해야 할 수준으로 발전하였다.

그렇다면 과연 여가란 무엇인가? 이 물음은 여가 학자들에 의하여 오랫동안 끈질기게 제기 되어온 과제이다. 여가(leisure)는 14세기 초 중세에 처음 나타난 옛 프랑스어 leisir를 통하여 “허가된, 여유가 있는”의 뜻을 가진 라틴어 licere에서 나온 것이다. 여가란 노동이나 직무로부터 일시적으로 떠나있거나 벗어난 상태의 자유시간을 말한다. 이 말은 노동과 직무뿐만 아니라 일체의 일이나 책임으로부터 해방되어 자신이 선택하여 자신의 의지대로 이용할 수 있는 시간을 의미한다. 이러한 의미에서 여가는 자유시간 또는 자유시간을 갖게 된 데서 오는 자유로움이나 좋은 기회를 의미하기도 한다.

일반적으로 여가는 다음의 세 가지 주요 카테고리 안에서 정의되어 왔다. 그 세 가지 영역은 첫째, 시간적 개념으로서의 여가(time left over from work), 둘째, 활동적 개념으로서의 여가(activity), 셋째, 경험으로서의 여가(experience of state mind)이다. 최근에는 여가의 정의에 접근하기 위하여 많은 학자들은 세 번째 영역인 경험으로서의 여가 연구에 관심을 모아가고 있다.(Iso-Ahola 1980; Kaplan 1975)

2. 1. 시간적 개념으로서의 여가(time left over from work)

일반적으로 인간은 반복되는 사이클의 일상생활을 행하고 있다. 따라서 인간의 생활시간을 크게 생활필수기간, 노동시간 및 자유시간으로 구분하게 되는데 시간개념으로서의 여가란 바로 이때의 자유시간을 의미하는 것이다. 일로부터 해방된 시간으로서의 여가개념은 지금까지 가장 널리 알려진 학설로서 그 대표적 예로 머피(Murphy 1987)는 여가를 "일과 생존을 위한 활동 중의 가장 만족스러운 자유시간"으로 정의한 바가 있다. 그러나 이와는 달리 켈리(Kelly 1982)는 이러한 시간적 개념으로서의 여가는 여가의 질적 차원을 무시하는 것이라고 보았다. 다시 말해 여가란 자유로운 시간이 아니라 자유 그 자체라는 것이다. 그러므로 시간개념의 여가는 여가의 복잡한 측면을 포괄하지 못하고 있다는 점에서 다음의 활동적 개념이나 상태적 즉, 경험적 개념의 보완이 필요하다. 이러한 관점에도 불구하고 많은 사람들은 여가의 이해에 있어서 시간적 개념에 대한 이해가 가장 설득력 있게 받아들여지는 것은 부인할 수 없다.

2. 2. 활동적 개념으로서의 여가(activity)

활동적 개념의 여가란 위의 시간적 여가개념의 바탕 위에서 인식하는 것이다. 활동의 한 형태로서의 여가개념(leisure as a form of activity)을 제시한 프랑스 사회학자 Joffre Dumazedier(1974)는 여가란 자유나 기쁨 같은 것으로 생각하여야 하며, 우리 인간에게 있어서 여가는 휴양(relaxation), 오락(entertainment), 개인적 발전(personal development)의 3가지 기능을 가지고 있다고 주장하였다. 또한 미국의 사회학자 Bennete(1983)는 여가란 주로 활동의 한 형태로써 탐구되어져야 한다고 주장하면서 종래의 여가에 대한 사회학적인 분석은 단지 사람들이 그들이 일하지 않을 때에 무엇을 하느냐를 조사하는 것에 불과한 인구통계학적인 변수일 뿐이라고 주장하였다. 이와 같이 여가는 개인이 생활의 만족을 위한 질을 추구하고자 자유로이 선택하는 활동으로서 수면, 식사, 노동과 같이 일상화된(routinized) 활동이 아닌 것을 의미한다. 그러나 여가에 대한 활동적 정의는 관찰의 용이함은 있으나 계량화에는 어려움을 지니고 있다.

2. 3. 경험으로서의 여가(experience of state mind)

앞서 언급한 시간과 활동의 여가개념을 객관적 정의라고 본다며 경험으로서의 여가개념은 주관적 정의라 하겠다. 여가활동 참가자의 특별한 경험을 획득하기 위한 과정(state of mind)으로서의 여가 개념은 학문의 특성상 주로 여가현상의 심리적 및 교육적 분야에서 출발했다. 여기서는 여가에 참가하는 사람들의 질적인 경험(qualitative experience)들을 다루는 것으로 우리 자신의 일상생활에서 경험하지 못하는 새로운 상상과 무아경을 경험하는 차원에서 이해된다. 이러한 관점은 고대 Aristoteles로부터 시작하여 de Grazia(1962)에 이르기 까지 꾸준히 연구되어진 것으로, de Grazia는 "여가란 단어는 무엇인가 개인적이고, 느낌의 질 혹은 마음의 상태를 의미한다."라고 주장하였다. 또한, Gunter(1988)는 여가를 "어떠한 시간, 활동, 혹은 라이프스타일에 관계하는 개인의 주관적 심리상태"라고 주장하였다. 이러한 점에서 여가는 시간도 아니고 활동도 아닌 마음의 형태인 동시에 자유의지(free will)인 것이다.

이와 같이 여가라는 하나의 현상은 개인적 및 사회적 요소의 다양성에 근거하는 것으로 볼 수 있으며, 포괄적 개념에서 볼 때 여가는 "개인이 가정, 노동 및 기타 사회적 의무로부터 자유 상태에서 휴식, 기분전화, 자기개발 및 사회적 성취를 이루고자 노력하는 시간"으로 앞서 설명한 시간, 활동, 경험적 요소가 적절히 배합된 것이라고 하겠다.

3. 몰입을 통한 여가경험의 확대

삶의 질은 우리의 인생 70에서 80여년 사이에 어떠한 일을 하고 그 일을 하면서 무슨 생각을 하는지에 달려있다. 사람이 저마다 하는 행동은 경험의 질에 영향을 미친다. 우울한 일만 하면서 평생을 보낸 사람이 인생을 행복하게 살았을 리는 만무하다. 칙센트미하이는 그의 저서 『몰입의 즐거움 Finding Flow』(1997)에서 어떻게 하면 우리가 하는 일, 우리가 하는 놀이, 우리의 삶 전체를 행복으로 끌어올릴 수 있는가? 라는 문제에 해결책을 내놓는다. 그는 대부분의 사람들이 공허감만 남기는 수동적 자세로 시간을 때운다는 사실을 지적하고 있다. 그는 해결의 실마리를 일상의 구조에 대한 분석에서 찾기 시작한다. 모름지기 삶이란 우리 몸에서 벌어지는 화학적 작용, 신체기관 사이의 작용, 뇌의 신경세포 사이를 오가는 미세한 전류, 문화가 우리의 정신에 부과하는 정보체계에 의해 주로 규정된다. 그러나 삶의 구체적 질감은 우리의 생각과 감정에 따라서 화학적, 생물학적, 사회적 과정을 어떻게 해석하는가에 따라 크게 달라진다. 삶이란 무엇인가, 어떻게 하면 한 사람 한사람이 훌륭한 삶을 살 수 있을까? 하는 의문에 답하기 위하여 칙센트미하이는 주로 심리학, 사회학 같은 사회과학을 수단으로 삼아 체계적 현상학을 발전시키려 노력 하였다. 그의 철학적 배경인 현상학은 마음을 가로지르는 의식의 흐름을 주요 과제로 삼는다. 현상학적 관점에서의 경험은 바로 인간의 의식에 유연성이 있다는 사실이다. 삶은 행동하고 느끼고 생각하는 것, 다시 말해서 '경험하기'이다. 사람은 자신의 정력을 대부분 생산, 유지, 여가활동에 쏟는다. 우리가 어떠한 삶을 살아가느냐는 우리가 하는 일과도 관계가 있지만, 그보다는 자기가 하는 일을 스스로 어떻게 받아들이느냐 하는 경험의 내용과 더 관계가 깊다. 우리가 사랑하고, 부끄러워하고, 고마워하고, 행복을 정말로 느끼는지 판가름할 수 있는 사람은 오직 나 자신뿐이라는 점에서 감정은 의식의 주관적 요소라고 말할 수 있다. 그러나 감정은 의식을 가장 객관적으로 담아내기도 한다. 이러한 일련의 작업이 심리학자들과 현상학자들 간에 주요한 연구의 장으로 인식되면서 그 동안 사회과학을 지배해온 행동주의 패러다임에서는 도저히 연구의 대상이 되기 어려웠던 주관적 경험의 중요성이 강조되었고, 긍정적 감정의 전형으로서의 행복 체험이라는 새로운 장이 마련된다. 몰입(flow)경험은 삶이 고조되는 순간에 물

흐르듯 행동이 자연스럽게 이루어지는 느낌을 표현하는 말로서 그 몰입 속에는 그가 자신의 행위를 통제하고 자신과 환경, 자극과 반응, 또는 과거, 현재 그리고 미래간의 구분이 거의 없는, 운동선수가 말하는 물아일체의 상태, 신비주의자가 말하는 무아경, 예술가가 말하는 미적 황홀경 같은 것이다. 가령 스키를 타고 슬로프를 질주할 때 우리는 몸의 움직임, 스키의 위치, 얼굴을 스치며 지나가는 차가운 공기, 자신의 몸이 완전히 눈 덮인 산과 일치가 되어 가는 순간을 느낄 것이다. 이 순간에는 갈등이나 모순을 의심할 틈이 전혀 없다. 그 활강이 너무도 완벽하여 우리는 그것이 한없이 계속되기를 바라고 순간의 경험에 완전히 몰입하게 된다. 이러한 경험은 비단 운동선수만이 아니라 예술가 그리고 자신의 일에 몰두한 사람들의 공통된 몰입의 상태일 것이다. 보통사람은 하루가 불안과 권태로 가득하지만 몰입경험은 이 단조로운 일상에서 벗어나는 강렬한 삶을 선사한다. 이러한 몰입경험은 그의 연구방법중의 하나인 경험추출법(Experience Sample Method: ESM)을 이용한 사람의 일상구조에 대한 연구에서 가장 몰입의 정도가 높은 수치를 나타낸 부분은 긍정적 경험이 많이 나타나는 여가시간에서의 능동적 여가활동 및 자기목적이 뚜렷한 과업을 수행하는 사람에게서 가장 많이 나타나는 것으로 지적한다. 물론 일과 경험이라는 부분에 있어서도 경험추출법에 의하면 많은 성인 중에서 몰입경험이 집에서 보다 직장에서 더 자주 나타나는 것으로 보고되었다. 칙센트미하이는 우리가 하는 활동 중에서 게임에 가장 가까운 성격을 가진 것이 일이라는 사실을 지적한다. 일에는 명확한 목표와 규칙이 있고, 일을 무사히 마쳤을 때 그에 대한 보상이 뒤따르게 된다. 이와 같이 일도 게임, 운동, 음악, 예술처럼 몰입할 수 있고 보상이 따르는 활동구조를 갖고 있다. 그는 여기에서 몰입은 자기목적적 경험으로서 자기목적성을 가진 집단과 그렇지 않은 집단과의 차이는 바로 시간을 보내는 방법이라고 주장한다. 수동적으로 여가와 오락을 즐기는 사람은 주관적 경험의 정도가 상대적으로 낮게 나타났고, 능동적 여가와 일을 하는 사람일수록 몰입경험의 정도가 높게 나타난다는 것이다. 문제는 우리 자신의 삶의 지배권을 되찾는 유일한 길을 모색하는 것인데 우리는 먼저 우리 자신의 의지가 원하는 방향으로 마음을 기울이는 요령을 터득하여야 한다. 사람은 누구나 행복한 삶을 살아가길 원하지만 이 때 가장 큰 걸림돌이 되는 것은 나 자신이다. 그러나 나 없이는 살아갈 수 없다. 율리시스처럼 우리도 자아가 불러일으키는 헛된 욕망에 현혹되지 않아야 하고 자아가 벗이 될 수 있으며 도움이 될 수 있고 충만한 삶의 단단한 반석이 될 수 있도록 애써야 한다. 그리고 행복의 관문인 몰입을 경험하기 위해서는 뚜렷한 목표를 가지고, 등반가가 정상에 오르겠다는 뚜렷한 목표를 가진 것처럼 자신의 일이 아무리 하잘 것 없더라도 보다 주인의식을 가지고 행동하였을 때 몰입의 경험은 그에게 새로운 지평을 제공하리라 믿는다. 나아가 몰입은 우리 자신을 위해서만 필요한 것이 아니라 우리를 세상 전체와 이어주는 끈으로서 그 역할을 한다.

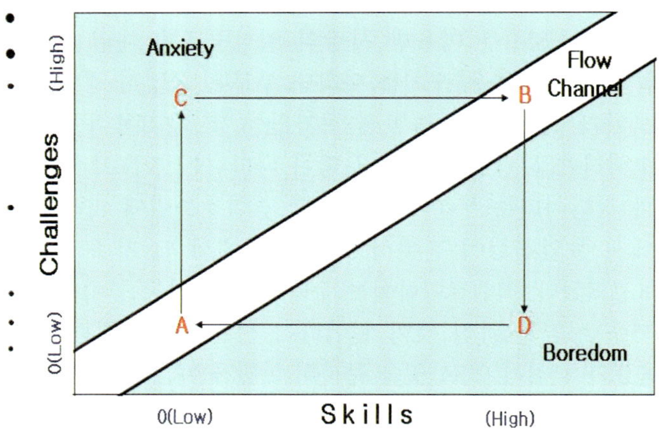

그림 1. Csikszentmihalyi(1990): Flow. The psychology of optimal experience. p.74.

그는 이러한 몰입의 과정을 검토하여, 위의 그림 1.에서와 같이 긴장과 불안 그리고 지루함의 사이에서 몰입의 관이 흐르고 있음을 발견하였다. 이의 과정과 요소들을 살펴보면 첫째, 몰입의 활동은 도전과 기술을 필요로 하고 있음을 발견할 수 있다. 즉 가장 최적의 경험은 우리가 어떠한 적절한 경험과 기술을 가질 때 가능하다고 보았다. 두 번째는 일 혹은 여가활동에 있어서 반드시 그 일에 대한 지각이 접점을 이룰 때 가능하다고 보았다. 무용수를 예를 들어 보았을 때, 무용수가 가장 만족할 만한 수행을 하고 있는 동안 그의 집중력은 완벽하고 그의 마음 또한 흔들리지 않는 순간을 의미한다. 세 번째의 특징은 어떠한 일을 수행하는 순간에 이루어지는 집중력이 바로 몰입의 단계라는 것이다. 액션과 지각의 접점, 자기가 직접 수행하는 과업에서의 집중력이 바로 가장 최적의 경험이라는 것이다. 네 번째의 특징은 자아의식의 결여, 즉 무아지경의 상태이다. 이러한 자아의식의 결여는 그 일을 수행하는 환경과 자아가 완전히 일치되는 것을 의미한다.

4. 여가와 스포츠

인간의 삶의 질은 여가 만족을 통하여 상당부분 결정된다. 여가활동은 기본적 욕구가 어느 정도 충족된 상태에서 논의된 개념으르 궁극적으로 삶의 질을 여가활동의 질을 통해서 평가할 수 있다고 해도 과언이 아니다.(이가옥 외 2002) 그러나 오늘날에 있어서 여가란 일로부터 해방된 일하지 않는 시간이라는 종래의 소극적 해석에서 탈피하여 오히려 인간이 그 생존을 위하여 주체적, 적극적으로 대처해야만 할 실천적인 시간과 활동으로 부각됨으로써 여가는 중대한 사회문제로 등장하고 있다. 즉, 과거에는 의식주가 생활의 주된 관심이 되어 왔으나 이제는 여가의 활용이 인간 생활의 기본문제로 제기되었다. 특히 오늘날 여가의 가치에 대해 거의 모든 세계가 수긍하고 있다. 현대 산업혁명 후 많은 개인에게 일하지 않는 시간이 현저하게 증가하였다.(Kraus 2001) 이러한 여가시간의 증대는 건강한 몸과 마음을 추구하는 웰빙(wellbeing)이 여가스포츠 참여로 이어져 자기성취나 만족 그리고 기분전환 등에 당연히 중요한 가치를 두게 되는 것이다.(Tomas 1994) 이러한 여가활동으로서 신체활동은 참여자들에게 일상생활에서 즐거움과 행복을 가져다주고, 삶의 행복감을 증진시키고 삶의 질을 향상시킨다(강신욱 2000; 김동아 2002; 이상구 1998; 이종길 1992)는 연구결과로 인해 여가스포츠는 삶의 질과 밀접하게 관련되어 있음이 확인되었다. 또한 이에 관련된 사회적 지원과 관심은 개인의 신체적, 심리적 건강과 밀접한 관계가 있음이 보고되고 있다.(Everard etval 2000; 김원 2001)

여가 생활이 현대인에게 가정생활과 더불어 삶의 질을 결정하는 중요한 생활의 국면으로 인식되기 때문에 여가기능은 여가생활에서의 능력임과 동시에 여가 생활에서의 삶의 질을 측정하는 데 핵심적 측면이다.(이계존 1994) 여가는 지역 주민간의 유대감을 형성하는 데 아주 중요한 역할을 한다는 것이다. 즉 여가라는 사회적 이벤트를 통해서 단순한 몇 몇 사람들의 집합이 유대감 · 통합 · 협동 등이 충만하고 응집력 있는 공동체로 변화하게 되며 여가를 통해 개개인의 개성을 개발시키고, 시민들의 사회성을 발달시키며, 자신과 사회의 존재를 깨닫게 하는 역할을 하고 있다.(권욱동 외 1999)

기본적으로 여가스포츠는 인간의 가치 있는 속성 중의 하나인 성취감, 숙련도, 품위, 지혜, 인내 등을 체험하게 한다. 그리고 진취적 기상, 모험, 결단, 용기, 강인함, 상상력, 위험, 우정, 자연과의 교감 등 스포츠의 미적 감각을 개발하는 데 도움이 된다. 이러한 스포츠 참여로 인하여 획득되는 산물들은 우리의 삶을 영위하는 데 필수적으로 필요한 것들이다. 여가 속에서 행해지는 스포츠는 엘리트 스포츠처럼 훈련의 양으로 만들어지거나 상징화된 승부나 결과에 집착하기보다는 자기성취나 기분전환 등에 중요한 가치를 두고 있다. (Thomas 1994) 일반적으로 여가스포츠에 참여하는 사람들의 경향을 살펴보면 기본적으로 사회적 제도들의 작용에 의해 강요된 고정관념을 탈피하고 자신의 독창적인 능력을 향상시키는 것을 볼 수 있다. 또한 문명의 지배적인 가치를 거부하고 자신을 초월하는 영역을 새롭게 만들어가면서 자아의 존재의 가치를 찾아가는 데 주안점을 두고 있다.(Dumazedier 1974) 또한 현대의 여가스포츠는 자연 속에서 다양한 생태계를 체험하는 경향을 나타내고 있다. 자연의 매력과 생명체의 귀중함을 발견해 나가는 자연친화적 스포츠활동에 참여하는 추세가 증가하고 있다.

여가활동이 '삶의 질'의 중요한 한 부분을 구성하는 만큼 정부의 여가 및 문화투자 확대가 여가산업의 육성이라는 대안적 제시가 강하게 요구되며, 현대의 한국인들은 참여의 주체로서 여가를 보내야 더 많은 즐거움을 느낀다고 할 수 있다.(권욱동 외 1994) 따라서 신체적 여가 활동에 참여함으로서 높은 수준의 여가 만족과 삶의 질에 바람직한 영향을 미칠 것이다.

5. 우리 삶의 여가와 경험

우리 전통사회의 여가개념을 살펴보면 서구와 마찬가지로 계급 및 사회적 구조 속에서 여가는 지배계층의 전유물이었다. 정신노동계층인 지배계급은 사회문화 및 생활관습을 통해 정신과 도덕수양에 제일의 가치를 두고 육체노동을 천시함으로써 여가문화의 발달을 저해하였다.(김문겸 1993) 이러한 현상은 근대사회로의 이행기에 와서 실학자들에 의해 육체노동의 가치가 일시적으로 강조되었으나 그들이 정치적 실세로 등장하지 못함으로써 큰 변화를 이끌어 내지는 못하였다. 한편, 한국의 전통적 여가문화의 특성은 근대사의 시련기를 거치면서 심각한 단절을 겪게 된다. 서구의 경우 중세의 라틴문화로부터 벗어나 민족문화의 해방을 지향한 낭만주의 문화운동이 예술지상주의를 표방하고 전통주의 및 민족주의와 어울려 자연스럽게 근대화과정으로 이어져 올 수 있었다고 본다. 그러나 한국의 경우 근대 시련기에 제국주의에 의한 정치적 공백과 서양문화의 획일적 유입으로 그 동안 자생적으로 자라온 전통적 여가 문화가 심각하게 변질되었던 것이다. 이 같은 과정은 현대 한국인의 여가개념의 형성과 여가유형의 정착에 큰 영향을 미쳤다고 하겠다. 그 주요 현상들을 요약하면 다음과 같다.

첫째로는, 사회·문화적 차원의 여가의 분화현상을 들 수 있다. 한국의 전통사회는 농경사회로 그 여가유형이 '두레', '계' 등의 집단적 놀이형태가 많으며, 그 성격도 집단적인 '흥(ecstasy)'을 추구하는 것이 주요 특질이다. 이에 반해 근대화 과정에서 유입된 여가유형들은 관람형 여가(영화, 연극, 음악회 등), 활동형 여가(스포츠, 무용 등), 오락형 여가(화투, 마작 등) 등을 들 수 있는데, 이것들은 거의 도시에 집중되고 농촌에 그 혜택이 주어지지 못함으로써 농촌과 도시의 여가형태의 분화현상을 초래하였고 농촌인구의 도시유입이라는 사회문화적 문제로 발전하게 되었다.

둘째로는, 계층적 차별화에 의한 전통여가의 퇴조현상을 들 수 있다. 서양의 이질적 여가문화는 전통적 여가형태와 쉽게 접목되지 못하고 서구 취향적 감성을 지닌 일부지식인 계층에서만 활용 보급되었다. 또한 일제의 문화정책에 따라 '집단축제'나 '농악' 등의 공동체적 놀이가 민족운동의 요소를 지녔다는 점에서 철저히 배제되었다. 이에 따라 농촌사회의 여가는 단순한 오락형 여가에 국한되는 등 전반적인 전통여가의 퇴조를 초래하게 되었다.

셋째로는, 근대화의 과정에서 발생하는 노동(일)에 대한 가치증대로 여가개념에 대한 인식의 왜곡(detour)현상을 들 수 있다. 1960년대 이후 한국사회는 경제도약의 국가적 목표아래 노동지상주의 정책이 자리 잡음으로써 사회적으로 여가는 단지 일을 벗어난 휴식이라는 개념이 지배하게 되었다. 프랑스의 사회학자인 Dumazedier(1974)가 말한 것처럼 여가의 기능이 휴식(relaxation), 기분전환(entertainment), 자기개발(personal development)의 세 가지 요소를 포함한다고 볼 때, 이 시대의 한국인의 여가개념은 휴식이나 기분전환의 개념에 국한되어 수동적이고 소극적 의미로 여겨왔다고 하겠다.

이와 같이 현대 한국인의 여가개념에 대한 인식과 활동유형들은 역사적으로 볼 때 여가문화의 단절로 인한 전통놀이의 퇴조와 여가개념의 변질 등을 겪어 오면서 변천된 것으로, 오늘날 그 같은 영향하에서 한국인의 전통의식과 사회적 상황에 어울려 전반적인 '여가의 정체현상'을 나타내고 있다고 하겠다.

이 같은 현상은 과거 영국의 경우에서 산업혁명의 시기에 일시적으로 '여가의 정체기'를 맞이한 적이 있었던 점에 비추어 유사성을 찾아볼 수 있다. 그러나 일정기간이 지난 후 산업사회에 적합한 새로운 놀이문화가 창출되었다. 그 대표적인 것이 스포츠 분야에서 나타났다. 예를 들어 오늘날 세계제일의 팬을 확보하고 있는 '축구'나 '테니스'가 그것이다. 그리하여 영국은 오늘날 근대스포츠의 발상지로 손꼽히고 있으며, 아마스포츠와 프로스포츠의 분화를 이루는 눈부신 발전을 보게 되었다.(김문겸 1993)

이러한 점을 참고해 볼 때, 현재 한국의 여가 문화는 단순 오락형 구조에서 탈피하여 새로운 여가형태로 다변화된 여가문화를 적극 수용할 단계라고 여겨진다.

지금까지 한국에서의 여가개념에 대한 인식의 변천과 아울러 질적 차원에서의 여가 개념을 살펴보았다. 이를 통해 질적 차원에서의 경험은 다양한 스포츠 활동에서 가장 많이 획득되어짐을 알 수 있다. 그렇다면 이러한 접근이 한국의 여가개념 정착에 질적 차원의 패러다임이 과연 적용되어질 것인가를 살펴보겠다.

현대인들은 종전의 문화적 오락형 여가에서 탈피하고자 하는 현상이 두드러지고 있다는 점이 최근의 많은 연구결과를 통하여 제시되고 있다. 예를 들어 한국의 20세 이상 남녀 1000여명을 대상으로 행한 여가의식조사에서 나온 결과를 보면 영화, 전시회 및 공연 등의 감상으로는 그리 큰 만족을 느끼지 못하며, 여행 등 휴양형 여가활동에서 가장 큰 만족도를 느끼고 있다고 조사된 바 있다. 이를 분석해 보자면 현대의 한국인들은 참여의 주체로서 여가를 보내야 더 많은 즐거움을 느낀다고 할 수 있으며, 또한 사치성이나 향락형 여가 활동은 그 참여의 수가 증가 할수록 만족도가 기하급수적으로 떨어진다는 것을 보여 준다고 하겠다.

이와 같이 앞으로의 여가활동은 자신의 주체적 참여로 인하여 외적 만족을 얻을 수 있는 질적 차원의 경험을 중요시하는 여가 개념이 정착될 것을 예견할 수 있다. 또한 이러한 경험의 장은 다양한 스포츠 참가 시 얻어지는 것으로 앞으로 여가개념의 형성에 중요한 요인으로 작용할 것이다.

6. 맺는말

현대 사회에서 우리는 수많은 자극에 노출되어 있고 자신에게 필요한 정보를 획득하기 위하여 많은 시간을 투자해야 한다. 그 과정에서 다양한 스트레스에 직면하게 된다. 이에 대한 대안으로 생각 바꾸기, 기분전환하기, 긴장이완하기, 상담하기 등 스트레스나 불안 등을 어떻게 해결할 것인가에 대한 문제에 대하여 꾸준하게 연구가 이어져 왔다. 따라서 우리는 부정적 정서나, 스트레스, 불안 등의 부정적 심리 상태에 어떻게 대처해야 하는지, 이를 어떻게 극복해야 하는지의 문제에 대해 스스로 고민해 볼 필요가 있다. 여기서 더 나아가 우리의 삶속에서 소위 삶의 질을 확보하기 위한 다양한 시도는 끊임없이 이루어져 왔다. 글의 시작에서 제기한 우리의 삶은 과연 행복한가라는 질문에 우리는 어떻게 대답할 수 있을까? 여가는 지금까지 단순히 시간적 개념과 활동적 개념으로 인식되어 왔고, 당연히 수동적 개념으로 이해되어 왔다. 그러는 가운데 우리는 어디에서도 삶의 행복을 만끽한다는 사실이 여전히 나와는 다른 어디에 존재한다고 막연히 믿어왔다. 이 글은 바로 이러한 문제의식에서 우리 내면의 자유감을 여가 속에서 어떻게 인식하고 내 삶의 주체적인 여가하기에 대하여 얘기하고자 하였다. 이 문제에 대한 대답으로 우선 여가경험을 통한 몰입의 방법을 제시하였다. 어차피 살아가는 우리의 삶 속에서 긴장과 지루함 사이에 흐르는 몰입의 관은 분명히 존재한다는 사실을 확인하였다. 그리고 이러한 몰입의 관은 여가활동 중에서 스포츠 및 다양한 여가경험을 통하여 획득되어진다는 사실을 확인하였다.

두 번째는 여가활동의 경험에서 여가스포츠에 참여함으로써 얻어지는 경험은 우리의 삶의 행복에 상당한 관련을 맺고 있음을 발견할 수 있었다. 특히 여가스포츠에 심신의 주체적 참여로 얻어지는 다양한 경험들은 실제의 삶의 질을 높이는 주요한 수단임과 동시에 목적임을 알 수 있다. 그러기에 수많은 사람들은 일차적으로 자신의 건강을 목적으로 시작한 여가참여가 나아가 삶의 존재를 확인하는 주요한 계기를 덤으로 제공한다는 사실을 발견한다.

우리나라와 같이 겸손과 절제를 중시하는 문화권에서는 우수한 성과를 타인의 공로로 돌리거나 행복감 표현을 자제하는 성향이 강하다.(권석만 2008) 여가활동은 삶에서 순간순간 겪는 스트레스나 실패, 역경을 잘 극복하는 것도 중요하지만 다양한 긍정적 경험 또한 잘 즐길 수 있어야 한다는 것을 알아야한다. 그리고 그러한 삶이 충만한 경험을 일과 노동만이 아니라 여가 속에서 발견할 때 우리가 행복한 삶을 살아갈 수 있는 토대도 마련된다. 이러한 관점에서 주체적 경험이 수반된 여가활동은 결과물이 아닌 역동적이며 상호작용하는 현상임과 동시에, 긍정적인 경험을 지속하고 강화하는 삶의 주요한 수단이라는 사실을 기억할 필요가 있다.

❖ 참 고 문 헌

강신욱: 「생활체육 참가자의 운동중독과 삶의 질에 대한 연구」, 『한국체육학회지』, 41(5), 2000.

권욱동/윤여탁: 「여가개념의 변천과 스포츠의 질적 요소 적용」, 연세대학교 체육연구소, 제1권 제1호, 1994.

권욱동/정희준/김숙영: 「도시인구 밀접 지역 내 신설 체육시설의 효율적 운영을 위한 사전조사」. 『한국스포츠 사회학지』, 제11권, 1999.

권석만: 『긍정심리학: 행복의 과학적 탐구』, 학지사 2008.

김동아: 「에어로빅스 운동을 통한 신체상 및 몰입경험이 삶의 질에 미치는 영향」, 한양대학교 대학원 박사학위논문 2002.

김문겸: 『여가의 사회학』, 한울 1993.

이가옥: 『노년기 삶의 질에 관한 연구』, 노인문제연구소 2002.

이계존: 『성인 남자의 여가 생활과 여가기능에 대한 분석』, 서울대학교 1994.

이상구: 「생활체육 참가와 주관적 안녕감의 관계」, 한국체육대학교 대학원 박사학위논문 1998.

이종길: 「사회체육과 생활만족간의 관계」, 서울대학교 대학원 박사학위논문 1992.

홍성희: 「중 노년기 여가 프로그램 개발을 위한 기초연구」, 『대한 가정학회지』, 제 38권, 2000.

배명복: 「창조적 아이디어는 지루하다 느낄 정도로 빈둥거릴 때 나온다」, 중앙일보 31면. 2012.

B. Berger: The Sociology of Leisure. Some suggestions, New Haven 1983.

C. K. Brightbill: The Challenge of leisure, Englewood Cliffs: Prentice-Hall 1960.

M. Csikszentmihalyi: Flow. Tthe psychology of optimal experience. New York 1990.

—: Finding flow. The Psychology of engagement with everyday life. New York 1997.

S. De Grazia: Of time, work and leisure, Millwood, N.Y. 1962.

J. Dumazedier: Sociology of leisure, Amsterdam 1974.

—: Sociologie empirique du loisir, Paris 1974.

M. Everard/W. Lach/B. Fisher/C. Baum: Relationship of activity and social support to the functional health of older adults. Journal of Gerontology, 55B(4), 2000.

G. Godbey, G.(1986). Non-participation in public leisure services. A model. in: Journal of Park and Recreation Administration, 3(1), 1-13.

O. Gunter: Lehren und Lernen zwischen Didaktik und Ästhetik in: Didaktik und Ästhetik. 1998.

S. E. Iso-Ahola: The social psychology of leisure and recreation, Springfield 1980.

M. Kaplan: Leisure. Theory and policy, New York 1975.

J. R. Kelly: Leisure. Englewood Cliffs, N. J. 1982.

R. Kraus: Recreation and Leisure in Modern Society, 6th edition, Sudbury, Massachusetts 2001.

B. D. Mcpherson: Sport Participation Across the Life Cycle. A Review of The Literature and Suggestions for Future 1984.

R. Thomas/A. Haumont/Levet: Sociologie de sport, Presses Universitaires de france 1994.

역사에서 인간행위의 법칙

최 영 태(대구대 역사학)

1. 인간행위는 어떻게 결정되는가?

역사가 인간의 과거를 연구대상으로 한다는 것은 역사학의 특성 중의 하나이다. 그러므로 역사가가 역사를 연구할 때 중요한 문제 중의 하나가 과거 역사적 인물들의 중요한 행위가 어떻게 결정되는가 하는 것이다. 역사가는 이러한 문제를 해결하기 위해 역사적 탐구 방법 중의 하나인 감정이입적 이해를 통해 문제를 해결하려고 할 것이다. 그러나 인간의 행위는 일회적이며 개별적이기 때문에 인간의 행위들에 어떤 규칙이나 법칙을 설정한다는 것은 대단히 어려운 것이 사실이다. 그렇다고 인간의 행위들이 결정될 때마다 순간순간의 인간의 감정에 의해 이루어진다고 한다면 역사의 학문성을 찾기는 어려울 것이다. 인간행위 결정에 법칙이나 규칙이 그 행위자의 행위를 결정하는 문제에 내재되어 있다는 것이다.

이 글에서는 이러한 인간행위결정이 어떻게 진행되며 그 결정에 가장 영향을 미치는 것이 무엇인지 알아보고 이러한 것을 바탕으로 해서 인간행위결정의 문제를 역사이해에 활용하는 이론적 바탕이 되었으면 한다.

위와 같은 논의를 위해 먼저 역사에서 논리실증주의와 신관념론의 역사지식의 이해와 역사교육과의 관계를 알아보고 특히 인간들의 행위 결정에서 드레이와 헴펠의 논의를 또한 살펴보고자 한다. 그리고 인간의 행위결정에 중요한 영향을 미친다고 볼 수 있는 구조와 어떤 관계인지를 검토해 봄으로써 인간 행위의 결정에서 어떤 규칙이나 법칙을 설정하는 것이 가능한지 알아보기로 하겠다.

2. 논리실증주의에서 역사지식의 이해

논리실증주의자들은 역사가들이 이해나 설명을 전혀 하지 않고 다만 사실적 자료 즉 사료만 제공하면 된다고 생각한다. 그들은 랑케의 "본래 있었던 그대로"를 서술하라는 격언에 충실할 수 있다는 것이다. 이것을 카(E. H. Carr)는 19세기의 사실숭배(fetishism)라고 비난하였다.[1] 논리실증주의적 견해는 사료가 사실의 충실하고 정확한 정보라고 인정해 버리는 입장이며 사료는 역사적 사실의 모사라고 보는 데서 이 견해는 인식론적으로 모사설에 빠져있다. 논리실증주의자들은 역사도 과학적 지식의 일종이므로 과학철학의 연구대상이 되며 역사적 탐구의 특성을 다르게 인정할 수 없다는 입장이다.

그렇다면 역사적 사료에 대응되는 사실이 있었다고 인정하는 것이 가능한가 하는 것이다. 즉 사실과 사료의 일치라는 것을 역사에서 가능하다고 한다면 사료만을 가지고도 역사라는 말을 쓸 수 있다는 것이다. 역사서술에서는 '혁명' 이나 '자본주의'라는 역사개념을 사용하고 있지만, 사료 그 자체는 '혁명'이나 '자본주의'의 개념을 표현하지 않는다. 그러나 논리실증주의자들은 이와 같은 개념을 실증과정에서 얻어진 규칙이나 법칙에서 얻어진 가설이라고 본다는 것이다.

또한 역사가들은 역사서술을 할 때 어느 정도의 인과적인 연관을 피할 수 없다. 역사가들은 역사서술에서 설명적 표현으로 '때문에', '그런 고로', '그로 인하여'(since, therefore, because) 등을 사용한다. 따라서 역사가는 '왜(why)'에 대해 대답해야 하며 설명해야 한다.[2] 여기서 역사적 설명의 문제가 제기된다.

월쉬(Walsh)는 역사적 설명을 적절한 개념하에 사건들을 '총괄하는 과정(process of colligating)'이라고 규정했다.[3] 그는 이것을 준과학적 유형의 설명으로서 일반원리를 특수한 사례에 적용하는 것이라고

---

1) E. H. Carr: What is history, London, 1962, pp. 3~4.
2) Dray: Philosophy of History, Eaglewood Cliffs, N. J; Printice Hall Inc. 1964, p. 5.
3) W. H. Walsh: Philosophy of History. An Introduction, New York 1960, pp. 58~65.

했다. 그러나 월쉬는 역사에서 설명은 과학적 설명과 비교할 때 그 합리성이 낮은 단계에 머물러 '일종의 피상적인 합리성(a kind of surface rationality)'을 추구하는 데 불과하다는 것이다. 예를 들면 1936년 히틀러의 라인란트 재점령은 히틀러 집권이후 계속 추구해온 독일 영토 팽창정책의 일환으로 이해될 수 있다는 의미의 설명이다. 월쉬는 한 사건을 일련의 일반적 운동이나 동향에서 혹은 일반 정책의 표현으로 설명하는 것을 역사적 설명이라고 이해했다.[4] 설명이 보다 특수한 사례를 포괄하는 보다 일반적인 원리에 포섭시켜서 이해하는 것을 말한다면 월쉬의 견해도 성립될 수 있다.

그렇다면 과학적 탐구에서 설명이란 어떤 한 현상이 인과관계에 의해 한 법칙에 따른다는 것을 명시하는 방법이라고 규정할 수 있다. 경험과학에서 설명은 왜(why)에 대한 대답(answer)을 할 때 경험적 일반법칙에 설명되는 사례를 포섭시키는 형식을 취한다. 헴펠에 의하면 인과적 설명은 하나의 동으로 된 막대의 길이의 증대는 온도의 증가에 의해 야기된다든가, 혹은 달이 지구둘레를 계속 원운동하는 것은 지구와 달과의 사이에 작용하는 인력 때문이라고 설명한다. 우리는 "왜 이 동으로 된 막대의 길이가 늘어났는가"라고 물을 수 있다. 그러면 우리는 "온도가 높아지면 동 종류의 금속은 팽창한다"는 일반법칙에 의해서 인과적으로 연관되어야 한다.[5]

과학에서 관찰 사실은 하나의 선택과정, 즉 특히 '재연 가능한' 면만의 일반화가 불가피하다. 따라서 자연법칙이란 우리가 관찰과 실험을 거쳐서 파악한 경험적인 규칙성이라고 보지 않으면 안 된다. 논리실증주의자들은 자연법칙이란 실증적 일반화의 산물이며 '연역적 개연적 일반성(deductive-probabilistic generality)'이라고 보는 것이다. 헴펠은 과학적 설명의 유형을 포괄법칙의 연역적 포섭에 의한 설명(explanation by deductive subsumption under covering laws)혹은 간단히 말해 연역적 설명(deductive explanation)[6]이라고 불렀다. 이것은 간단

4) 같은 책, 59쪽.
5) 같은 책, 60~63쪽.

히 헴펠공식이라고도 하고 드레이는 포괄 법칙형(covering law of model explanation)이라고 한다.[7] 이것은 즉 C(원인)라는 특수한 사건이 일정한 때와 장소에서 일어날 때에는 언제나 E(결과)라는 특수한 종류의 사건이 먼저의 사건이 일어나는 때와 장소와 특수한 방식으로 관계를 맺고 있는 때와 장소에서 일어난다. 원인 C는 결과 E를 일으킨다는 것이다. 과학에서 일반법칙은 모두가 이러한 보편적 가설이라고 부를 수 있다.[8]

헴펠은 이러한 일반법칙이 자연과학에서나 역사에서나 유사한 기능을 하며 그 이상적 형태는 어디까지나 자연과학적 지식에 두고 있다고 주장한다. 역사적 설명도 그 개념이나 구조에서 과학적 설명과 다를 바 없고 과학적 설명에 부단히 접근하려는 것이라고 본다.

그러나 역사는 법칙의 정립을 목적으로 하지 않는다고 할 수 있다. 헴펠도 실제 역사적 설명은 개인 심리학과 사회 심리학에 관한 보편적 가정을 암암리에 적용하는 것이 많으나 그런 것들은 과학에서와 같이 공식화하는 것이 불가능하다고 인정했다.[9] 이제 역사가들이 설명적 기능을 할 수 있는 방도는 오로지 다른 과학들에서 법칙을 빌려다 쓸 수밖에 없게 된다. 헴펠에 의하면 역사적 사건의 설명은 일반법칙이 확실하게 정립되지 아니하며 특히 개인 심리나 사회심리에 관한 것은 일상적 경험에 의해 숙지된 것을 암암리에 전제하는 경우가 많고 또한 이러한 법칙들은 경험적 증거와 완전히 합치되도록 정식화하기 곤란하다는 것을 인정한다. 즉 법칙과 원인이 명확히 제기될 수 없고 그저 막연하게 제시될 수밖에 없으므로 '설명스케치(explanation sketch)'[10]에 만족해야 한다는 것이다. 그러므로 설명스케

6) C. Hempel: Reasons and Covering Law in Historical Explanation, in: P. Gardiner (ed.): The Philosophy of History, Oxford 1984, p. 91.

7) Dray: The Historical Explanation of actions Reconsidered, in: Patrick Gardiner(ed.): The Philosophy of History, Oxford 1984, p. 67.

8) C. Hempel: 앞의 글, 91쪽.

9) C. Hempel: Philosophy of Natural Science, Prentice-Hall 1966, p. 138.

10) C. Hempel: The Function of General Laws, in: Patrick Gardiner (ed.): The Philosophy of History, Oxford 1984, p. 351.

치는 과학적 방법의 근사물이라고 볼 수 있다.

이에 대해 드레이도 역사가들은 일반법칙에 대해 언급하려고 하지 않으며 알려고 하지 않으며, 또한 역사에서 '원인'들은 과학적 이론의 일반법칙이 아니며, 그렇다고 경험적인 개연성을 인정할 수 있는 가설도 아니라는 것이다.[11] 드레이는 실증주의적 설명이 역사에 적용할 수 있는 근거로서 역사적 언어의 문제를 제기하였다. 역사가가 사용하는 언어는 과학자가 사용하는 언어처럼 일반적인 것이 아니다. 과학자의 언어들은 그들만이 의사소통 할 수 있는 고도로 전문화된 언어인데 반해 역사가들은 일상적인 언어를 사용함으로써 그 만큼 과학적 설명과 멀어진다는 것이다.[12]

그러나 오늘날 역사철학에서 논리실증주의의 대표적인 사람인 헴펠의 역사서술은 설명의 역할을 불가피하게 내포하므로 그 기본적 성격과 구조에서 자연과학이나 사회과학과 다를 바 없는 '인식적 지식(cognitive knowledge)'이라는 것에 기초하고 있다. 드레이의 지적에도 불구하고 실증주의 역사인식을 바탕으로 역사에 설명의 문제를 어떻게 활용할 것인가를 고민해야 할 것이다. 왜냐하면 역사에서는 설명을 필요로 하는 경우들이 많으나 역사를 설명하는 데 있어 논리성과 체계성이 없다는 점에서 과학적 설명과는 거리가 멀다. 왜냐하면 지금까지 이루어진 역사서술이나 역사의 설명은 어떤 체계에 따른 논리적 배열이라기보다는 단순한 사실들의 나열이며, 사용하는 개념 자체의 정확성과 적절성의 수준도 떨어지는 것이 일반적이었기 때문이다.

과학적인 논리에 따른 역사의 설명이 이루어지기 위해서는 법칙과 사례가 합리적으로 선택되어야 하며, 인과관계를 논리적으로 구성하여 용어의 선택이 보다 명료하게 이뤄져야 할 것이다. 특히 인과관계의 설명에도 포괄법칙의 사용이 필수적이다. 즉 "A가 있을 때마다 B가 필연적으로 따라온다"라는 엄격한 인과관계는 어렵겠지만(때로

11) Dray: Philosophy of History, pp. 5~6.
12) 같은 책, 8쪽.

는 우연을 원인으로 간주하므로) “A가 있을 때마다 B의 발생이 기대된다”라는 확률적 설명의 원리가 적용되어야 한다는 것이다.[13)]

위와 같은 여러 조건들을 고려해서 헴펠은 역사 설명에서 과학적 논리의 적용 방법을 몇 가지로 구분하고 있다. 첫째, 한 사건의 원인에 관한 설명을 제공하는 방식(연역적 · 법칙적 설명논리), 사건들의 연속적인 진행과정을 설명해야 하는 경우(발생적 설명논리), 인간행위를 설명하는 경우(상황의 논리) 등이 있다.[14)] 연역적 · 법칙적 설명논리에서는 역사가 필요에 따라 사회과학이나 자연과학에서의 법칙, 혹은 인간성에 관한 일반적인 이론 같은 법칙을 자유롭게 이용해도 무방하다. 만일에 제시된 법칙이 지나치게 결정론적인 경우에는 확률 통계적 설명으로 수정할 수 있다.[15)]

둘째는 발생적 설명논리로서 두 개 이상의 사건들의 연속적인 진행과정을 설명해야 하는 경우에 이용할 수 있다. 발생적 설명은 어떤 현상을 하나의 전개과정의 최종단계로 제시하며, 그 과정의 각 단계를 차례로 묘사함으로 현상을 설명한다.[16)] 각 단계 사이의 논리적인 연결을 위해서는 어떤 법칙이 필요한데 각 단계마다 별개의 법칙이 사용된다. 발생적 설명은 하나 혹은 시간적으로 앞선 사건들과 후속적인 결과 사이에 어떤 종류의 계속성을 세우려고 하거나 최소한 그것을 나타내는 것으로 일방적인 시간의 결과를 강조한다.[17)] 세번째, 상황의 논리는 역사에서 설명논리를 쉽게 적용하기 어려운 부분이 인간의 행위를 설명해야 할 경우이다. 인간의 행위에 관한 설명은 일반적으로 과학적 설명의 논리가 적용되기 어려운 분야로 알려져 있다. 그러나 포퍼는 행위자의 상황에 대한 이상화된 재구성을 시도함으로써 행위자의 행위를 합리적으로 이해 가능한 것으로

---

13) D. H. Fischer: Historians Fallacies, London 1971, p. 183.

14) E. Nagel: The Structure of Science, New York 1961, pp. 51~64. (『과학의 구조 1, 2』, 전영삼 역, 아카넷 2001).

15) 같은 책, 54쪽.

16) L. Stone: The Causes of the English Revolution 1529-1642, London 1972, p. 112.

17) W. B. Gallie: Explanation in History and the Genetic Sciences, in: P. Gardiner (ed.): Theories of History, Oxford 1984, p. 391.

만들려고 하였다. 상황의 분석(situational analysis)이라고 불리어지는 이 방식은 인간의 행위에 관한 설명에다 '합리성의 원리(rationality principle)'를 적용한 것으로 볼 수 있다.[18] 즉 '상황의 논리'란 인간을 어느 정도 합리적 존재로 보고 '합리성의 원리'를 인간행위의 상황에 적용하는 방법이라고 할 수 있다. 그러면 이러한 '합리성의 원리'는 과학적 논리를 가진 것이라고 할 수 있을까?

대부분의 사회적 상황에는 논리성의 요소가 존재한다. 그리하여 "만일 누구든지 A의 상황에 놓이면 X와 같이 행동할 것"이라는 합리적 추론이 가능하다. 여기에는 사람들이 어떠한 상황에 놓이면 어떻게 행동할 것이라는 인간행동에 관한 일반법칙이 내포되어 있다. 그리하여 헴펠은 합리성의 원리를 인간행동에 관한 일반법칙과 동일시한다. 또한 상황의 논리에는 인간의 어떤 결정이나 행동을 가진 신념이나 성격의 특징 혹은 행동의 일반적 경향 등으로 설명하는 방법을 성향적 설명 방식도 적절히 이용할 수 있을 것이다.

3. 신관념론의 역사지식의 이해

논리실증주의자들이 역사적 지식을 과학적 지식과 근본적으로 구별하지 않고 양자를 경험과학의 범주형태로 이해했다면, 신관념론자들은 그와는 다른 입장 즉 과학의 대상이나 방법과 역사의 그것들은 전혀 다르다는 입장을 취한다. 역사를 자연과학과 다른 영역으로 구분하려는 시도는 이미 독일 서남학파에서도 나타난다. 빈델반트는 법칙정립적(nomothetisch) 학문과 개성기술적(idiographisch) 학문으로 구별하고 전자는 보편성을 추구하는 데 반해서 후자는 일회적인 것을 추구한다고 해서 역사는 바로 이 후자에 속한다는 것이다.[19] 이 이분

18) K. R. Popper: The Poverty of Historicism, London, 1961, p. 149.

19) H. Rickert: Kulturwissenschaft und Naturwissenschaft, 1926, p. 111. (『문화과학과 자연과학』, 윤명로 역, 삼성문고 1988.)

법을 리케르트는 방법론적 면에서 개별화의 방법을 쓰는 것은 역사적 방법이요 일반화의 방법은 과학적 방법이라고 보았다. 또한 리케르트는 자연과학은 "몰가치적"으로 파악하는가 하면 문화과학은 "가치관계적"으로 파악한다는 견해를 제시하였다.[20] 딜타이 역시 인간세계는 물리학, 화학, 생물학과 같은 자연과학과 인간의 정신 영역을 취급하는 정신과학으로 구분하였다. 그는 역사생활에서는 정신이, 의식이 결정적인 작용을 하며, 사회법칙들이란 정신행위의 표현들이라고 보았다. 그러므로 역사를 파악하는 데 있어서는 정신생활의 구조연관을 통찰하는 일이 일차적인 과제이다. 그리고 이것을 인식하는 주체는 생동적인 역사 속에 있으므로, 불합리한 성격도 지니고 있는 생의 구조를 이해해야만 한다. 여기에서 그는 정신의 구조와 그 작용관계를 치밀하게 분석하여 해석학적 이해이론을 세웠다.[21] 이해는 다른 사람의 정신세계에 자신의 입장을 전이(Transposition)시킴으로써 이루어진다. 이러한 입장의 전이에 필요한 심리적 조건이 상상이다. 입장의 전이는 추체험(Nacherleben)을 통하여 이룩된다. 추체험이란 다른 사람의 체험을 상상적으로 다시 체험하는 것 내지는, 재구성하는 것이다. 추체험에 의하여 우리는 표현 속에 들어있는 삶의 관계를 재생시킬 수 있다는 것이다.[22]

역사적 사건의 유일성에 관심을 갖는 사람들로는 드레이, 오커쇼트(Oakeshott), 콜링우드(Collingwood) 등이 있다. 오커쇼트는 '역사가들의 고유하고 되풀이되지 아니하는 일련의 사건에 대한 관심'을 역사적 탐구의 전제조건이라고 주장한다.[23] 그는 역사적 설명에서 일반법칙은 불필요하다는 것이다. 식물학자는 개별적인 표본이 그것의 종류를 대표하고 있는 경우에만 관심을 둔다. 그러나 역사가는 프랑스 혁명이나 찰스 1세의 처형과 같은 개별적인 사건에 관심이 있으며

---

20) 같은 책, 168쪽.

21) W. Dilthey: Der Aufbau der geschichtlichen Welt in den Geistes Wissenschaften, Frankfurt/M. 1970, pp. 140~143.

22) 같은 책, 243쪽.

23) Dray: Philosophy of History, pp. 8~9.

일반적인 혁명이나 처형에 관심이 있는 것은 아니라는 것이다.[24)]그의 역사적 이해는 과학적 설명에서와 같이 규칙성이 아니라 연속적 계열(continuous series)의 설명이라고 볼 수 있겠다. 즉 그에 의하면 역사적 이해는 보다 완전하고 상세한 서술에 의해서 달성된다는 것이다. 오커쇼트는 실증주의적 과학의 일반화보다는 사건들 간의 계기와 연결을 역사에서 이해의 기준으로 삼고 있다. 그의 이해란 이야기에서 연결적 설명이라고 할 수 있다.[25)] 즉 이야기하는 사람이 이야기 줄거리가 납득이 가도록 연이어 가는 연결성을 지적한 것이나 다름없다.

콜링우드 역시 역사이해의 논거로 내세우는 것은 역사가 일회적인 사건에 대한 연구라는 주장이기보다는 역사가가 설명해야하는 연구대상이 '자연적 사건이 아니라 이성의 요망에 합치하려는 그들 인간의 행동'이라는 것이다.[26)] 콜링우드에 의하면 역사가의 연구대상이 되는 과거의 사건은 사건의 외면과 내면의 통일로서의 행동이다. 그는 자연적 사건은 단순한 사건이며 단지 현상에 불과하다는 것이다. 그러한 자연과학의 대상이 되는 사건은 외면만을 가지고 인간행동은 그 외면과 더불어 내면, 즉 사상 면을 가진다는 것이며 이것이 콜링우드가 말하는 이유이다. 역사가의 임무는 콜링우드에 의하면 어떤 사건의 외면에서 내면으로 들어가 그 사상을 재사고(rethinking) 해야 한다는 것이다. 이러한 재사고의 산물로서 역사는 사상사(the history of thought)가 되는 것이다.[27)]

따라서 역사적 사건의 설명은 '그 행위자의 사상의 발견'을 요구한다. 이러한 설명은 어떤 행동을 그 행위자의 사상에 연결시켜 설명하는 것이라고 드레이는 말하였다.[28)] 이 사상을 파악하는 유일한 방법

24) 같은 책, 10쪽.

25) 같은 책, 11쪽.

26) Collingwood: The Idea of History, Oxford University Press 1973, pp. 213~215.(『서양사학사』, 김봉호 역, 탐구당 1974.)

27) 같은 책, 329~334쪽.

28) Dray: 앞의 책, 11쪽.

이 재사고라고 할 때 이는 카이사르의 어떤 사상이 카이사르로 하여금 그렇게 행동하도록 했는가를 발견하는 것이다. 이러한 재사고가 다름 아닌 이해라고 드레이는 보고 있다.[29]

콜링우드는 재사고를 재연(re-enact)이라고 하였다. 즉 사상의 역사는 모든 역사가 과거의 사상을 역사가 자신의 마음속에서 재연(re-enact)하는 것이다[30]라고 함으로써 역사적 지식은 역사가의 마음속에서 과거의 인간 활동을 재연하는 일이라고 주장한다. 콜링우드의 이해 즉 재연을 헴펠은 감정이입적 또는 자기 투영적인 이해방식으로 규정했다.[31] 이는 하나의 설명가정에 도달하는 방법으로 이해에 도달하는 한 방법이지 그것 자체는 진정한 설명이 못 된다는 것이다.[32] 콜링우드는 역사가가 행위자의 행동을 이해하는 일은 그 행위자의 신념, 목적, 원칙 등이 그가 행하는 바 행동을 하게 한 이유를 명시하는 것이다. 이러한 설명을 '이유에 의한 설명(rational explanation)'이라고 드레이는 말하였다.[33]

드레이 역시 역사에서 설명의 대상을 인간행동으로 규정하고 역사가가 한 역사적 행동을 설명하려고 할 때 행위자가 무엇을 행하기 위하여 가졌던 이유가 무엇인가를 알아야 한다는 것이다.[34] 드레이는 이해를 역사가 한 사람의 행위, 다시 말해서 이 행위자가 주어진 그 신념과 목적과 관련해서 행한 바의 합리성을 알 수 있을 때 성취된다. 다시 말해 그 행동이 합당한 행동이었다고 설명될 수 있을 경우일 때라는 것이다.[35] 드레이에 의하면 역사적 설명은 그 필연적인 포괄법칙형의 원인을 적시하는 데까지 이른바 설명의 완성을 꾀하지는 않고 다만 그 행동이 그 경우에 합당한 행동이었다는 설명이면 충분하고, 때로는 동기, 목표, 목적 등을 명시하는 것으로도 된다는 것이

29) 같은 책, 75쪽.
30) Collingwood: The Idea of History, p. 215.
31) Hempel: The Function of General Laws in History, p. 350.
32) 같은 책, 352쪽.
33) Dray: 앞의 책, 12쪽.
34) 같은 책, 13~14쪽.
35) 같은 책, 1쪽.

다.[36] 즉 역사적 설명은 한줄기 인과계열로 이론적 정합성을 세우려고 하기보다는 하나의 사실이나 사건을 놓고 무한히 많은 인과계열 즉 연속적 계열들이 세우질 가능성이 열려있는 데 그 특징이 있다는 것이다. 이런 설명형이 바로 연속적 계열형(Continuous series model)이다.[37] 이는 개개의 사건이나 행동을 여러 갈래의 계기적 계열들로서 말하는 것이며, 일반법칙과의 관련이 없이도 화자가 하나의 관점을 만들어 설정하고 그 일상 언어의 수준에서 하나의 문맥으로 그 사건 경과를 추적해 나가는 것이다. 결국 듣는 사람이 사건의 추이를 불합리하지 않게 그렇지 않을 수가 없다는 사리(rational)의 연관 하에 이해하는 것이 이유에 의한 설명이라는 것이다. 이것은 실증주의적 설명의 엄밀성을 완화해서 사건과 사건과의 합리적 연속성(rea- sonable continuity)을 세우면 그만이므로 그 특성상 헴펠의 설명스케치와는 무관한 것이다. 이 이유에 의한 설명에서 근본 전제는 독자나 청취자가 그 설명을 이해하려면 화자와 독자 혹은 청취자간에 인간행동의 아주 통상적인 범주 형태나 성향, 관습 등이 암암리에 공유되어 있어야 한다. 즉 공동의 생활공간 속에서만 가능하다는 뜻이다.

위와 같이 관념론자들의 역사인식 방식은 대체로 추체험, 감정이입이나 재연, 재사고와 같이 주로 이해와 관련된 것들이라고 할 수 있을 것이다. 이처럼 관념론자들은 자연과학과는 다른 이해라는 방식을 통해서 진실에 도달하려고 하였다. 또한 이들은 주로 역사가의 주관성을 강조한다는 면에서는 역사의 현재성을 인정하고 있다는 점은 공통된 것이라고 하겠다.

딜타이와 콜링우드는 역사적 이해가 자연과학적 방법에 의해서는 가능하지 않다고 주장한다. 드레이 역시 자연과학적 방법만으로는 충분한 역사적 이해에 도달할 수 없다고 강조하면서도 자연과학적 방법도 역사적 이해를 위해 필요하다는 점은 인정하고 있다. 또한 딜타이와 콜링우드는 개개의 인간 행위를 이해하는 데 관심을 두고

---

36) 같은 책, 9~10쪽.
37) 같은 책, 15쪽.

있지만, 드레이는 인간 행위의 원리를 규명하는 데 초점을 맞추고 있다. 한편, 딜타이는 역사를 포함한 모든 정신과학에 대한 이해의 대상과 범위를 제시하고 이에 대한 이해가 심리학적 방법에 의해서 가능하다고 보고 있으나, 콜링우드는 역사의 독자적인 이해 영역을 구축하고자 하였으며, 심리학은 일종의 자연과학이므로 역사적 이해는 심리학적 방법에 의해서는 가능하지 않다고 주장하고 있다.[38] 또한 딜타이는 정신과학의 이해 방법인 추체험을 역사가의 직접적 체험과 같은 성격으로 보지만, 콜링우드는 이를 부인한다. 그러나 이들 세 사람은 모두 과학의 통합이라는 실증주의적 신념에 반대하면서, 다른 학문과 구분되는 역사적 이해의 논리를 제시하고 있다.

따라서 역사적 이해는 자료에 바탕을 두게 되며, 시간의 변화에 따른 역사적 맥락에 대한 지식을 필요로 하게 된다. 이상의 논의에 비추어 보면 역사적 이해는 두 가지 점에서 다른 학문에서의 이해와 구별된다. 첫째는, 인간의 내면을 이해의 주된 대상으로 한다는 점이고, 둘째는, 역사적 자료에 대한 해석을 바탕으로 한다는 점이다. 이러한 역사적 이해를 하는 데 있어 무엇보다 필요한 것은 역사가의 상상적 이해일 것이다. 왜냐하면 상상은 사물이나 현상에 겉으로 드러나 있지 않은 어떤 것을 발견하거나, 감각을 통하여 직접 얻을 수 없는 것을 인식하는 것을 의미하기 때문이다. 즉, 사물의 외면에 나타나 있는 것 이상이나 거기에 빠져 있는 것을 보거나, 새로운 관점에서 기존의 해석과는 다른 대안적 해석을 생각해 내는 것이 상상이다.[39] 따라서 역사에서의 상상적 이해란 역사적 자료에 빠져 있거나 명백히 나타나 있지 않은 의미를 파악하는 것이라고 할 수 있다.

역사적 자료는 본질적으로 과거의 사실 중 선택된 내용만을 담고 있으며, 자연과학이나 사회과학에서와 같이 연구 과제에 대한 명확한

---

38) Collingwood: The Idea of History, p. 221.

39) M. Greene: What Happened to Imagine, in: K Egan/D. Nadaner (eds.): Imagination and Education, Milton Keynes: Open University Press 1988, p. 49.

답을 제공해 주지 못하는 경우가 많다. 이 경우 역사적 이해는 자료에 대한 분석이나 비판만으로는 가능하지 않으며, 상상에 의하여 자료에 내포된 의미를 파악해야 한다. 역사가는 과거 행위자가 처했던 상황을 규명하지 않으면 안 된다. 인간 행동에 대한 역사가의 연구는 개인 또는 집단과 당시 상황을 연결시키면서 그들이 실제로 그렇게 행동하게 된 이유를 이해할 수 있도록 설명해 준다.[40] 상상적 이해도 상황과의 관련 속에서만 이루어질 수 있다. 과거 사건을 상상적 추체험에 의하여 이해하는 데는 사건의 배경에 대한 지식이 필수적이다. 딜타이에 의하면 행위의 주체인 인간과 환경과의 상호작용이 곧 이해의 원천이 된다고 한다. 이해는 행위자의 특성 및 능력의 파악에서 한걸음 더 나아가 무역과 교통, 사회생활, 직업, 가족 등 우리를 둘러싸고 있는 것에 대한 통찰력을 가져야 한다는 것이다. 내적 맥락 속에서 이해하기 위해서는 변화하는 환경을 고려해야 한다.[41]

역사가의 상상은 논리적이어야 할 뿐 아니라 사실의 추구이어야 하며, 이를 위한 방법은 증거를 고려하고, 증거에 토대를 두고 반복해서 연구를 함으로써 이루어질 수 있다는 것이다.

역사적 상상은 증거를 토대로 하는 것이기 때문에, 역사에서 상상적 이해는 신비롭거나 저절로 일어나는 것이 아니라 역사가가 준비를 해서 자료를 분석하는 활동이다.[42] 역사가가 찾는 증거의 종류와 그것을 어떻게 모을 것인가에 대해서는 차이가 있을 수 있지만, 인간의 과거에 대한 신뢰성 있는 해석을 하기 위해 남아있는 자료를 분석한다는 점은 모든 역사적 이해에 공통되는 "역사적 방법"인 것이다.

이와 같이 역사인식에서 관념론자들은 기본적으로 역사 또는 역사지식에 대해서 실증주의자들이 생각하는 과학적 지식이라고 인정하지 않는다. 역사는 이해의 대상이 인간의 내면이므로 역사적 사료만의 분석으로는 불충분하여 상상이 필요한 추체험, 재연, 감정이입

---

40) M. Mandelbaum: The Anatomy of Historical Knowledge, Baltimore 1977, p. 6.

41) Dilthey: Der Aufbau der geschichtlichen Welt in den Geistes Wissenschaften, pp. 263~265.

42) D. Stockley: Empathetic Reconstruction in History and History Teaching, in: History and Theory, Vol, 22, (1983), p. 58.

등과 같은 것이 강조된다. 그러나 역사에서는 막연한 상상을 통한 과거의 이해가 아니라 보다 단계별로 역사적 이해가 필요할 것이다. 이러한 이해를 위해서는 다른 학문들을 적극적으로 활용하여야 하는데 특히 인지심리학이 그러하다. 왜냐하면 상상은 결국 인간의 인지발달수준과 밀접히 관련되어 있기 때문이다. 그 대표적인 사례가 피아제의 인지발달론[43]을 역사에 적용하려는 노력일 것이다. 피일(E. A. Peel)은 기술(description)과 설명(explanation)의 개념을 사용하여 사고를 구분한다. 기술은 현상의 각 부분을 서로 관련짓는 것만을 필요로 하지만, 설명은 현상을 앞서 경험한 현상이나 일반화, 독립적으로 형성된 개념과 관련지어 언급하는 것을 포함한다.[44] 할람(R. N. Hallam)도 역시 역사적 자료에 대하여 형식적 조작을 할 수 있느냐를 판별하는 기준의 하나로 자료에 대하여 '모든 가능한 설명을 상상하고 어느 것이 사실인지를 발견할 수 있는 능력', '가설을 세우고, 이것을 자료에 의해 확인하거나 취소할 수 있는 능력'을 들고 있다.[45]

물론 이러한 적용에 대해 비판의 목소리도 있다. 디킨슨(A. K. Dickinson)과 리(P. J. Lee)도 피아제가 말하는 사고의 개념이 자연과학에 적합한 것으로 역사적 사고와 다르다고 하며, 부우스(M. B. Booth)도 역사적 사고는 기본적으로 가설, 연역과 귀납, 또는 고증이나 새로운 법칙의 창조에 있는 것이 아니라 과거에 대한 신뢰할 만한 해석을 하는 것으로 이해하였다.[46] 또한 와츠(Watts)는 역사에서 직관적 사고는 비합리적인 행동을 하는 정적 단계가 아니라 조작적 사고를 위한 준비단계이며 따라서 학생들이 조작적 사고의 수준에 도달한다고 하더라도 직관적 사고는 여전히 역사적 사고의 중요한 부분을 차지한다고 역설하였다.[47]

---

43) B. J. Wadsworth: Piaget's Theory of Cognitive Development, New York 1972, p. 116. (『삐아제의 인지발달론』, 정태위 역, 배영사 1972.)

44) E. A. Peel: Intellectual Growth during Adolescence, in: Educational Review, Vol 17(3), (1965), p. 171.

45) R. N. Hallam: Attempting to improve Logical Thinking in School History, in: Research in Education 21, (1979), p. 165.

46) D. H. Fischer: Historians Fallacies, p. 16.

4. 드레이와 헴펠의 인간행위에 대한 이해

역사라는 말이 보통 갖고 있는 두 가지 의미를 구별하는 일부터 시작해야 한다. 첫째, 우리는 역사라는 말을 사건의 과정, 곧 현실의 어떤 지층을 가리키는 말로 사용하고 있으며, 역사가는 사건의 경과를 연구하는 것을 전문적인 일로 삼고 있다. 한편 우리는 역사라는 말을 역사가의 연구 자체를 나타내는 데 사용하기도 한다. 곧 역사라는 말로 우리는 어떤 종류의 주제에 대한 일종의 탐구를 나타내기도 한다. 이러한 두 가지 의미에 따라 철학의 분과가 갈라지는데, 흔히 비판적인 역사철학과 사변적 역사철학을 가리킨다.[48]

인간행위에 대한 이해에서 법칙이나 일반화를 시도하게 된 결정적 계기는 비판적 역사철학의 등장이라고 할 수 있다. 경험과학의 언어와 같이 역사를 취급하려는 헴펠과 같은 역사철학자들이 과학으로서 역사학을 고집하였다. 이에 반해 역사를 일상 언어에 속하는 것으로 보는 드레이나 가디너는 역사의 설명을 과학적 설명과는 다른 것으로 이해하였다. 즉 가디너는 역사적 설명이 형식적 구조면에서 과학적 설명과는 유사함을 인정할 수 있으나 역사가들은 과학적인 이상적인 언어가 아닌 일상적 언어의 수준에서 서술하는 것이므로 원인과 결과에 대하여 과학에서와 동일한 설명을 사용하지 않는다고 하였다.[49]

이들의 설명은 상식(common sense)세계에서 설명이며 이는 잘 알지 못하는 것을 잘 아는 것으로 환원하는 것이다. 설명 형식 내지 종류는 헴펠류의 과학적 설명과 동기, 의도, 태도, 이유에 의한 설명이 있다. 가디너는 후자를 진정한 원인에 대한 역사적 설명의 분석은 모든 사건에 귀속되는 특수한 성질을 실재적 원인으로 파악하는 것이 아니라 역사가의 관점, 역사가가 그것에 의거해서 이야기하는 일반화의 수준을 드러내는 것으로 보았다.[50]

---

47) 같은 책, 331쪽.
48) Dray: 앞의 책, 8~9쪽.
49) P. Gardiner: The Nature of Historical Explanation, London 1952, p. 24.
50) 같은 책, 105쪽.

여기에서 역사가의 관점은 말하는 사람에 의거하는 일반화의 수준으로 일상 언어 수준에서 맥락으로 이해하는 것이다. 가디너는 실증주의자들의 과학적 설명의 원인을 너무 일의적이고 단순하다고 이해하였다.[51)]

가디너가 말하는 것처럼 역사적 설명에는 규칙형과 인간행위의 설명형이 있다는 것이다.[52)] 인간행위의 설명형은 역사가가 인간들의 의도, 욕구, 사상, 계획, 정책의 관련성에 관심을 가진다는 것으로 이러한 설명은 인간존재의 활동에 관련되어 사용되는 것이다. 그는 인간행위가 아무리 의도, 욕구, 목적 등을 가진 복잡한 행위라고 할지라도 일정한 '정상적 행위의 유형(the pattern of normal behaviour)'을 설정할 수 있고 일정한 조건하에서 행위자가 행하는 일이 예상 될 수 있는 한 사례로서 파악될 수 있다고 보았다.[53)] 가디너는 '정상적 행위의 유형'을 상식의 세계, 일상 언어의 수준에서 예상될 수 있는 행동으로 이해하였다.

이에 드레이는 역사적 설명을 준과학적 설명이거나 과학적 설명의 낮은 정도로 파악하지 않고 오히려 역사 고유의 이해 가능성이 있다고 보았다. 드레이도 역사가들은 일반법칙에 대해 언급하려고 하지 않으며 알려고 하지 않으며, 또한 역사에서 '원인'들은 과학적 이론의 일반법칙이 아니며, 그렇다고 경험적인 개연성을 인정할 수 있는 가설도 아니라는 것이다.[54)] 드레이는 실증주의적 설명이 역사에 적용할 수 있는 근거로서 역사적 언어의 문제를 제기하였다. 역사가가 사용하는 언어는 과학자가 사용하는 언어처럼 일반적인 것이 아니다. 과학자의 언어들은 그들만이 의사소통할 수 있는 고도로 전문화된 언어인데 반해 역사가들은 일상적인 언어를 사용함으로써 그 만큼 과학적 설명과 멀어진다는 것이다.[55)]

---

51) 같은 책, 106쪽.
52) 같은 책, 114쪽.
53) 같은 책, 125쪽.
54) Dray: 앞의 책, 5~6쪽.
55) 같은 책, 8쪽.

드레이 역시 역사에서 설명의 대상을 인간행동으로 규정하고 역사가가 한 역사적 행동을 설명하려고 할 때 행위자가 무엇을 행하기 위하여 가졌던 이유가 무엇인가를 알아야 한다는 것이다.[56] 드레이는 이해를 역사가 한 사람의 행위, 다시 말해서 이 행위자가 주어진 그 신념과 목적과 관련해서 행한 바의 합리성을 알 수 있을 때 성취된다고 본다. 다시 말해 그 행동이 합당한 행동이었다고 설명될 수 있을 경우일 때라는 것이다.[57] 드레이에 의하면 역사적 설명은 그 필연적인 포괄 법칙형의 원인을 적시하는 데까지 이른바 설명의 완성을 꾀하지는 않고 다만 그 행동이 그 경우에 합당한 행동이었다는 설명이면 충분하고, 때로는 동기, 목표, 목적 등의 명시하는 것으로도 된다는 것이다.[58] 즉 역사적 설명은 한줄기 인과계열로 이론적 정합성을 세우려고 하기보다는 하나의 사실이나 사건을 놓고 무한히 많은 인과계열 즉 연속적 계열들이 세워질 가능성이 열려있는 데 그 특징이 있다는 것이다. 이런 설명형이 바로 연속적 계열형(Continuous series model)이다.[59] 이는 개개의 사건이나 행동을 여러 갈래의 계기적 계열들로서 말하는 것이며, 일반법칙과의 관련이 없이도 화자가 하나의 관점을 만들어 설정하고 그 일상 언어의 수준에서 하나의 문맥으로 그 사건경과를 추적해 나가는 것이다. 결국 듣는 사람이 사건의 추이를 불합리하지 않게 그렇지 않을 수가 없다는 사리(rational)의 연관하에 이해하는 것이 이유에 의한 설명이라는 것이다. 이것은 실증주의적 설명의 엄밀성을 완화해서 사건과 사건과의 합리적 연속성(reasonable continuity)을 세우면 그만이므로 그 특성상 헴펠의 설명스케치와는 무관한 것이다. 이 이유에 의한 설명에서 근본 전제는 독자나 청취자가 그 설명을 이해하는 데는 화자와 독자 혹은 청취자간에 인간행동의 아주 통상적인 범주 형태나 성향, 관습 등이 암암리에 공유되어 있어야 한다. 즉 공동의 생활공간 속에서만 가능하다는

56) 같은 책, 13~14쪽.
57) 같은 책, 12쪽.
58) 같은 책, 9~10쪽.
59) 같은 책, 13쪽.

뜻이다. 즉 드레이는 역사적 이해에서 과학적 설명인 포괄법칙적 설명이 필요조건이기는 하나 충분조건으로는 파악하지는 않았다.

즉, 드레이는 역사가들이 어떤 일이 그렇게 될 수 있었는가를 설명하는 것에(explain how something could be so) 관심을 가진다는 것이다.[60] 즉 역사가는 '왜 이 일이 일어났는가?(Why did this happen?)'가 아니라 '어찌하여 이 일이 일어날 수 있었는가(How could this have happen?)'에 관심을 가진다고 드레이는 보았다.[61] 이러한 역사가의 질문에는 그 사건이 일어나지 않을 수 없었던 이유(reason)를 밝힘으로써 잘 답할 수 있다.

드레이는 이러한 역사적 설명에 대한 이해를 바탕으로 그가 제시한 역사적 설명을 '이유에 의한 설명(rational explanation)'이라고 하였다.[62] 역사가가 역사적 행위를 설명할 때 드레이는 '그 행위자가 그것을 행하기 위하여 가졌던 이유가 무엇인가(What reason the agent had for doing it)'를 알아야 한다는 것이다.[63] 결국 드레이는 인간행동을 목적, 목표, 동기를 가진 행동으로서 헴펠과 같이 실증주의적 설명으로는 파악되지 않는 연구대상으로 이해하였다.

역사가가 역사적 행위를 이해한다는 것은 역사 행위자에게 가능하다고 여겨지는 행동의 여러 선택에 의한 바람직한 결과와 그리고 행위자가 달성하기 원하는 것을 포함해서 그가 처한 상황이 어떤 것이라고 믿었던 바에 관한 정보를 탐색하는 것이라고 드레이는 이해하였다. 즉 역사가는 행위자의 목적, 목표, 동기에 관한 정보를 탐색하는 것이다.[64]

드레이는 행위자가 주어진 그 신념과 목적과 관련해서 행한 결정의 합리성을 알 수 있을 때 역사에서 이해를 성취할 수 있다고 본다.

---

60) 같은 책, 18쪽.

61) 같은 책, 19쪽.

62) Dray: The Historical Explanation of actions Reconsidered, in: S. Hook (ed.): The Philosophy of History, New York 1963, p. 108~110.

63) Dray: 같은 글, 106쪽.

64) 같은 곳.

즉 행위자의 행동이 그 경우에 합당한 행동이었다는 설명이면 충분하며 때로는 동기, 목적, 목표 등의 명시만으로도 이해가 가능하다는 것이다. 드레이의 인간행위에 대한 이해를 도식화하면 다음과 같다.[65)]

· 행위자 A는 C1, C2 …Cn 종류의 상황 하에 있었다. · C1, C2 …Cn 종류의 상황 속에서 해야 할 적절할 일은 X이다. · 그러므로 행위자는 A는 X를 행하였다.

결국 드레이는 행위자의 선택이 역사가가 볼 때 비합리적이라고 할지라도 역사가는 그 당시 상황에서 행위자의 선택이 적절하였음을 밝히는 것으로 이해했다. 그러나 이러한 드레이의 행위이론에는 행위주체로서 인간을 설정하고 있음을 알 수 있다. 위의 표에서 A가 의지박약으로 X를 행하지 않고 Y를 행한다거나 또는 A가 X를 행할 능력이 안 되거나 외부의 조건의 방해를 받아 X를 수행하지 못한 경우에는 드레이 도식에 문제점이 발생한다.

인간행위에 대한 실증론을 대표하는 사람은 헴펠과 포퍼이다. 포퍼는 행위자의 상황에 대한 이상화된 재구성을 시도함으로써 행위자의 행위를 합리적으로 이해 가능한 것으로 만들려고 하였다. 상황의 분석(situational analysis)이라고 불리어지는 이 방식은 인간의 행위에 관한 설명에다 '합리성의 원리(rationality principle)'를 적용한 것으로 볼 수 있다.[66)] 즉 '상황의 논리'란 인간을 어느 정도 합리적 존재로 보고 '합리성의 원리'를 인간행위의 상황에 적용하는 방법이라고 할 수 있다. 그러면 이러한 '합리성의 원리'는 과학적 논리를 가진 것이라고 할 수 있을까?

대부분의 사회적 상황에는 논리성의 요소가 존재한다. 그리하여 "만일 누구든지 A의 상황에 놓이면 X와 같이 행동할 것"이라는 합리

65) 양호환 외: 『역사교육의 이론과 방법』, 삼지원 1997, 196쪽.
66) K. R. Popper: The Poverty of Historicism, London 1961, p. 149.

적 추론이 가능하다. 여기에는 사람들이 어떠한 상황에 놓이면 어떻게 행동할 것이라는 인간행동에 관한 일반법칙이 내포되어 있다. 그리하여 헴펠은 합리성의 원리를 인간행동에 관한 일반법칙과 동일시한다. 또한 상황의 논리에는 인간의 어떤 결정이나 행동을 가진 신념이나 성격 특징 혹은 행동의 일반적 경향을 강조한다. 헴펠은 행위자가 합리적으로 행위를 하려는 성향이 있으며 그 행위자가 같은 상황에서 항상 아니면 높은 확률로 같은 행동을 할 것이라고 가정하고 있다.[67]

> · 행위자 A는 C 종류의 상황 처해 있었다.
> · A는 합리적으로 행위하려는 성향이 있었다.
> · 합리적으로 행위하려 하는 사람은 누구나 C 종류의 상황에 처하면 변함없이(또는 높은 확률로) X라는 행위를 한다.

헴펠은 위에서 행위자가 합리적으로 행위하려는 성향에 대한 일반화 내지 법칙화에 중점을 두고 있을 알 수 있다. 그러나 헴펠의 성향적 설명이론이 행위자의 행동에서 성향에 어떤 일반화나 법칙화를 하는 것이 가능한가 하는 회의가 없지 않으나 행위자가 어떤 선택을 하려고 할 때 그의 성향에 맞는 선택을 할 가능성이 높다는 것으로 이해할 수 있을 것이다.

5. 인간행위와 사회구조의 관계

인간의 행위가 독특한 성격을 전제할 수 있는 것은 인간이 합리적 존재라는 것, 인간은 신념과 욕구와 관련 있다는 것, 어떤 인간인가 하는 것은 그것에 대해 취해지는 태도나 입장에 좌우된다는 것, 인간

67) 양호환 외: 『역사교육의 이론과 방법』, 201쪽.

의 태도는 상호적이라는 것, 인간은 언어적 의사소통을 할 능력이 있다는 것, 인간은 특별한 방식으로 의식적이어야 한다는 것, 즉 그들이 행위하고 있음을 인식하고 그 행위에 대해 책임을 질 수 있어야 한다는 등의 전제조건이 필요할 것이다.[68]

"인간은 역사를 만들어 간다. 그렇지만 그들은 자신들이 원하는 대로 만들어 가는 것이 아니다. 그들은 자신들이 선택한 상황 속에서 역사를 만드는 것이 아니며 과거로부터 주어지고 전승된 상황에 직접적으로 당면하면서 만들어 나가는 것이다."[69]

위의 말은 인간행위 주체와 사회구조 간의 관계에 대한 맑스의 인식을 보여주는 말이다. 위의 '상황'이 개인 행위나 집합 행위에 한계를 지어주고 개인들이 선택할 수 있는 대안들의 범위를 제한한다는 것처럼 보인다. 그러나 사회구조의 역할이 행위에 제약을 가하는 것으로만 이해해야 하는 것으로 보인다.

앤더슨은 인간들이 '역사를 만들어 간다'는 말의 세 가지 의미를 구별하고 있다. 물론 각각의 행위들은 서로 다른 종류의 목적을 지닌 행위들을 함축하고 있다. 첫째로 가장 전형적인 역사적 행위는 '사적' 목적 추구이다. 여기에는 '밭 일구기, 배우자의 선택, 기술의 연마, 가계의 유지, 자신의 이름 짓기' 등이 포함된다. 두 번째의 행위주체는 첫 번째 것과 마찬가지로 기존의 사회관계의 틀 속에서 활동하는 행위자이다. 여기에는 '공공의 목적'을 달성하려는 종류의 일들, 예를 들어 전통적인 구술사의 대상이 되는 '정치적 투쟁, 군사적 충동, 외교적 절충, 상업적 탐험' 등이 포함된다. 마지막으로 전체적인 사회변형을 집합적으로 추구하는 '전에는 존재치 않았던 행위주체의 유형'이 있다. 이러한 행위 주체는 미국혁명과 프랑스 혁명에서 최초로 나타났으며 노동자운동과 혁명적 맑스주의가 등장하고 나서야 비로소 완벽하게 성숙한 것으로 앤더슨은 구분하고 있다.[70] 물론 앤더슨

68) D. Dennett: Brainstorms, Brighton 1981, pp. 269~285.

69) K. 맑스: 『루이 보나파르트의 브뤼메르 18일』, 태백 편집부 역, 103~104쪽.

70) P. Anderson: Arguments with in English Marxism, London 1980, p. 20.

은 행위주체란 '의식적이고 목적 지향적인 행위자'[71]라고 정의하고 있다. 이러한 앤더슨의 이해는 베버가 인간들은 '의식적이고 목적 지향적 행위'[72]를 하기 때문에 자연 대상들과는 구분된다는 이해와 맥을 같이 한다. 더욱이 베버는 구조에 대한 행위의 우월성 즉 구조는 단순히 개별 행위들의 의도하지 않은 결과로 인식된다는 점에서 행위의 우월성을 주장하였다.[73]

행위와 구조 간의 문제에서 알튀세르는 역사란 행위주체나 목적과는 무관하게 진행되는 과정으로 보며 변동은 구조적 모순이 축적된 결과로 나타난다는 것이다. 이 과정 속에서 인간들의 역할은 단순히 갈등의 담지자로 그친다. 알튀세르는 사람들이 스스로를 역사적 투쟁에 참여하는 행위자로 인식하는 것은 사실과 다르며 역사적 투쟁에 참여하는 행위자라는 인식은 단지 자신들이 일관되고 자율성 있는 행위주체라는 이데올로기적 환상으로부터 연유한다는 것이다. 이에 반해 톰슨은 역사란 인간들이 자신의 삶을 끊임없이 만들어내고 또 새로 만들어냄으로써 이루어지는 과정으로 보았다. 구조가 인간행위를 제약할지라도 행위자들은 사회세계를 의식적으로 통제하기 위하여 투쟁함으로써 극복될 것으로 보았다.

엘스터는 "사회과학을 자연과학으로부터 구분지어 주는 특징은 의도적 설명에 있다"고 한다.[74] 어떤 행위에 대해 의도적 설명을 한다는 것은 그 행위를 유발한 신념과 욕구를 그 행위에 귀속시킨다는 뜻이다. 즉 어떤 행위자가 p를 욕구하고, x라는 행위를 하는 것이 p를 낳은 것이라고 믿는다면, 그는 x라는 행위를 한다는 설명이다. 의도적 설명은 인간행위를 어떤 특정한 면에서 다른 자연 대상들과 구분한다. 의도적인 행동은 근본적으로 미래와 관련되어 있는 것이

---

71) 같은 책, 19쪽.

72) M. Weber: Economy and Society, Berkeley 1978, Ⅰ, ch 1,(『경제와 사회』, 문학과 지성사 2004.)

73) 행위와 구조의 이해에서 행위의 우월성에 무게 두는 사람들을 방법론적 개인주의라고 부르기도 한다. 여기에는 얼스터(J. Elster), 로머 등이 있다.

74) J. Elster: Explaining Technical Change, Cambridge 1983, p. 69.

다. 그것은 현존하지 않는, 아직 실현되지 않은, 단순히 상상되거나 표상되는 목적에 의해 인도되는 행위이다. 이것은 인간의 행위에서는 실재하지 않은 가능성들 사이에서도 대안을 선택할 수 있다는 것이다.[75] 다시 말해 의도적 설명이란 행위자의 언술에 의미를 부여하는 것과는 분리될 수 없는 해석적 과정이라는 것이다. 행위자들의 행위를 해석하는 것은 여러 가지가 될 수 있다. 그렇다면 결국 행위자의 행위를 해석하기 위해 필요한 것은 합리성 아래에서 그의 행위를 설명할 수밖에 없다. 또한 이 합리성은 합리적인 행위자가 자신의 목적에 적합한 하나의 수단을 선택할 뿐만 아니라, 그가 선택할 수 있다고 믿는 모든 수단 중에서 최적의 수단을 선택한다는 것이다.[76] 즉 행위자들이 최적화 행위를 한다는 가정이 있고 설명하고자 하는 행위자의 신념과 욕구를 안다면, 이것은 행위자들이 왜 그러한 행위를 하는지를 설명할 수 있다는 것이다.[77] 즉 이들은 행위자가 하나의 의도체계로서 일관성을 갖고 있다는 생각을 전제한다. 행위자들은 신념과 욕구를 형성할 수 있는 능력이 있기 때문에 우리는 그들의 신념과 욕구를 통해 행위를 설명한다. 신념과 욕구를 가지고 있는 것은 행위자의 어떤 한 측면이나 일부분이 아니라 행위자 그 자체이다. 행위자를 어떤 의미에서 하나의 주체로 인식하는 한다는 것이다.

이에 반해 행위란 단순히 개인들의 속성이나 신념, 욕구 등에 의해서만 설명될 수 없으며 제도나 구조에 의해서 설명될 수 있다고 보는 입장도 있다.[78]

먼저 우리들이 다자[79]로 구성되어 있다면 앞의 논의는 성립되기 어려울 것이다. 사람들은 그들이 처한 환경에 따라 속성이 변하는, 초월적인 개인과 무의식적 개인이라는 다자로 구성되어 있는 세계에

75) 같은 책, 71쪽.
76) 같은 책, 72쪽.
77) 사회과학에서 이와 같은 것을 '정통적 행위주체 개념'으로 부르고 있으며 방법론적 개인주의를 바탕으로 하고 있다.
78) 이것을 방법론적 전체주의라고 한다.
79) 한 개인이 다자로 이루어졌다는 우리 내부에 미래를 설계하는 계획자와 현재의 쾌락을 추구하는 실행자가 있어 대립한다는 것이다.

살고 있다.[80] 즉 주체는 지속적인 하나의 단위로 인식하는 것이 일상적인 언어로 가능하지만 진리는 아니다.

"다자가 다자 그 자체로서 하나의 실재로 적절히 취급될 때에만 일자와 맺었던 관계를 끊게 된다. 다자에게는 주체도 객체도 없다. 그것은 속성이 단지 변하지 않고는 수적으로 증가할 수 없는 한정성과 크기 그리고 차원들을 가지고 있을 따름"이라는 것이다.[81]

하버마스는 우리들 각자를 다자로 인식하는 문화들도 존재한다고 말한다. 즉 문화가 자연으로 자연이 문화로 동화되는 상호 동화의 결과로서 자연이 인간의 형상을 입어 사회적 주체들 사이의 의사소통 연결망으로 끌려 들어와 의인화되며 다른 한편으로는 문화가 다소 자연화되고 물상화되어 익명의 힘들의 객관적 관계망 속에 흡수된다는 것이다.[82] 이러한 사고방식은 정통적 행위주체 개념과 분명 커다란 간격이 있음을 알 수 있다. 즉 17세기 근대 물리학이후 만들어진 '절대적 실재 개념'으로 인간은 물리적 세계와 엄격히 구분되었으며 사고와 의도의 주체의 내적 세계에 한정된 것으로 보게 되었다. 이것은 주체가 형성하는 주체가 아니라 형성되는 주체로 인식되는 것을 의미한다. 이러한 경향은 푸코가 우리의 문화 속에서 인간들을 주체로 만드는 방식에 대한 역사에 관심을 집중한 것과 같은 맥락이다. 즉 푸코는 "특정한 육체, 특정한 몸짓, 특정한 담론, 특정한 욕구와 같은 것들이 개인과 동일시되고 개인을 구성하는 것은 이미 권력의 주된 영향으로 나타난 것이라고 믿는다"고 말한다.[83] 물론 푸코는 지배적인 규범과 가치들을 주체가 내면화하는 과정을 염두에 두고 있는 것이 아니라 내면화할 수 있는 능력을 가진 주체로서 그들이 존재한다는 사실 자체가 권력의 결과라는 것이다.

여기에 기든스는 사회적 관계는 그 사회를 구성하는 특정한 행위주체들의 성격에 의해서 그 성격이나 존재가 좌우되지 않는다는 특징이

---

80) G. 들뢰즈/F. 가타리: 『천개의 고원』, 김재인 역, 새물결 2001, 56쪽.

81) 같은 책, 14~15쪽.

82) Habermas: The Theory of Communication Action, Ⅰ, London 1984, pp. 47~48.

83) M. Foucault: Power/Knowledge, Brighton 1980, pp. 98.

있으며 행위자들이 이해하지 못하는 심지어 인식하지도 못하는 규칙성이 나타난다는 것이다. 또한 어떤 사회가 어떤 구조를 가지고 있다고 말하는 것은 다른 종류의 사회로 넘어가지 않는 한 그 사회가 변할 수 있는 데는 한계가 있음을 말하는 것이다.[84]

"사회체계는 개인이나 집단들 간의 규칙적인 상호의존적 관계를 포함한다. 여기서 말하는 체계란 구조를 좀 더 정확하게 말한다면 구조적 속성을 지니고 있는 것이다. 구조란 필연적으로 체계 또는 집합체의 속성이며, 주체의 결여로 특징지어지는 것이다."[85]

이것은 결국 우리들의 행위는 사회적 환경, 제도 그리고 그것들이 기능하는 방식들에 의존하지 않고는 설명될 수 없음을 말하고 있다.[86] 그러나 사회구조가 단순히 행위를 강압하거나 행위자들이 선택할 수 있는 대안들을 제한하는 정태적인 한계로서 존재하는 것이 아니라 그것을 가능하게 해주기도 하고 행위자의 행위 속에 존재하기도 한다. 이것은 구조에는 항존하는 조건(물질적 원인)과 계속적으로 재생산되는 인간 행위의 결과가 있음을 의미한다. 구조는 행위의 결과일 것이다. 그러나 행위 자체가 이미 구조를 포함하는 조건하에서 발생한 것이다.

이상에서와 같이 인간행위결정에서 인간의 주체와 사회구조 중에서 어느 것이 인간행위결정에 영향을 주는지 고민해야 할 것이다. 인간행위주체의 이론에서 인간행위의 결정을 인간 주체에 의해 모든 것이 결정될 수 있다는 것이 가능할 것인지 아니면 사회구조에 의해 인간행위가 좌우되는지 생각해 볼 문제이다.

---

84) A. Giddens: Central Problems in Social Theory, London 1979, p. 76.
85) 같은 책, 64~66쪽.
86) K. Popper: The Open Society and its Enemies 2, London 1966, p. 90.

6. 인간행위는 구조를 변화시키는가?

역사에서 인간행위결정이 어떻게 이루어지는가 하는 것은 중요한 문제이다. 역사가 결국 인간을 대상으로 하기 때문에 인간행위는 역사가에게 관심의 대상이 될 수밖에 없다. 그러나 인간행위결정이 개개인의 의지나 신념에서 의해서 아니면 그 행위자의 사회구조에 의해서 결정된다면 거기에 어떤 법칙이나 원리가 존재할 수 있는가하는 것에 특히 역사이해적 측면에서 관심이 가는 문제이다.

만약에 행위에 법칙이나 일반적인 원리가 있다면 훨씬 수월하게 역사를 이해할 수 있을 것이다. 헴펠이나 포퍼처럼 인간의 성향에 어떤 법칙성이 가능하다는 것에 무게를 두는 것이 가능하다면 역사는 그 만큼 미래를 예견할 수 있을 것이다. 그러나 인간의 성향에 어떤 법칙성을 부여할 학문적 뒷받침을 찾기란 쉽지 않다. 찾는다 하더라도 그것은 통상적인 우리의 인식을 뛰어 넘는 것은 아니기 때문에 큰 의미가 없다고 하겠다. 그러나 드레이처럼 인간행위결정에 중요한 이유를 찾는 역사적 설명을 추구하는 역사적 이해는 행위자의 개개인의 특수한 상황을 고려해야만 하기 때문에 그 행위결정의 특수한 상황을 기술해야 하는 어려움이 있다.

위의 두 사람의 인간행위결정에 앞서 먼저 고민해야 할 문제가 행위 주체와 사회구조 중에서 어느 것이 인간행위결정에 더 영향을 미치는가 하는 문제일 것이다.

먼저 행위주체 이론에서 만약 행위자가 선택할 수 있는 대안이 두 개 이상 존재하지 않는다면 주체는 별 역할을 하지 못할 것이며 또한 그 행위가 미리부터 구조에 의해 결정되어 있다면 신념과 욕구를 행위주체에 포함시키는 것은 별 의미가 없게 될 것이다. 사회구조에 무게를 둘 경우 행위는 행위할 수 있는 능력을 행사할 수 있는 한에서만 성립될 수 있고, 행위자들의 능력은 부분적으로는 사회구조에 의존하는 것이며 또한 그것에 의해 결정되는 것이다.

그러나 인간행위결정에서 주체와 사회구조의 문제만큼이나 중요한 또 하나의 문제가 인간본성(human nature)과 인간의 속성(nature of man)의 문제 일 것이다. 본성이 인간이 가지는 있는 모든 영속하는 특징들의 집합인 전반적인 특징을 뜻하며 속성이란 어떤 주어진 상황하에서 인간의 전반적 특징을 뜻한다. 인간 본성은 정의상 변하지 않는 것인 반면에 속성은 가변성을 인정한다. 그렇다면 인간의 본성과 속성이 어떻게 결합되어 인간행위를 결정한다면 인간의 본성과 속성을 이해하는 것 또한 인간행위를 이해하는 데 선행되어야 할 문제일 것이다. 다음에 기회가 된다면 인간의 본성과 속성을 이해하는 데 어떤 이해의 도구가 있는지 알아보기로 하겠다.

❖ 참 고 문 헌

양호환 외: 『역사교육의 이론과 방법』, 삼지원 1997.
김한종 외: 『역사교육과 역사인식』, 책과함께 2005.
최상훈 외: 『역사교육의 내용과 방법』, 책과함께 2007.
이영효: 「포스트모던 역사인식과 역사학습」, 『역사교육』 74, 2006.
P. Anderson: Arguments with in English Marxism, London 1980.
E. H. Carr: What is history, London 1962.
Collingwood: The Idea of History, Oxford University Press 1973.
W. Dilthey: Der Aufbau der geschichtlichen Welt in den Geistes Wissenschaften, Frankfurt/M. 1970.
Dray: Philosophy of History, Eaglewood Cliffs, N. J; Printice Hall Inc. 1964.
J. Elster: Explaining Technical Change, Cambridge 1983.
E. Nagel: The Structure of Science, New York 1961.
D. H. Fischer: Historians Fallacies, London 1971.
P. Gardiner: The Nature of Historical Explanation, London 1952.
J. Habermas: The Theory of Communication Action I, London 1984.
C. Hempel: Reasons and Covering Law in Historical Explanation, in: P. Gardiner (ed.): The Philosophy of History, Oxford 1984.
K. R. Popper: The Poverty of Historicism, London 1961.
L. Stone: The Causes of the English Revolution 1529-1642, London 1972.
B. J. Wadsworth: Piaget's Theory of Cognitive Development, New York, 1972.
W. H. Walsh: Philosophy of History. An Introduction, New York 1960.

소수자 담론과 문화 지형도

강 민 건(대구대 영문학)

> 아일랜드에 속해있다는 것 그리고 아일랜드의 방언을 말한다는 사실이 세계의 축제로부터 고립을 의미하지는 않는다. 왜냐하면 축제라고 하는 것이 각자의 삶의 틀이라는 테이블 위에서, 누군가가 말을 하는 언어에 의해서 가미된, 각자가 먹는 음식과도 같은 것이기 때문이다. (…) 만약 내 자신이 우연하게 혹은 상상적으로 내가 태어난 곳의 언어와 접촉하고 있다는 사실을 인정한다면, 나는 나의 정체성이 불구적이라거나 오류를 가지고 있다거나 아니면 반역적이라는 혹자의 비판을 받아들이기가 힘들다.(Molino 84)

1. 들어가는 말: 탈식민주의 개념으로부터 시작하기

탈식민주의 이론은 서구지식의 전 지구적 지배에 대하여 비서구의 저항담론을 실천적으로 구축함으로써 전복적 지식 체계에 기여하고 있다. 탈식민주의 이론이 형성되기 이전의 비서구세계의 저항 담론은 단지 본질적 독자성을 강조함으로써 서구의 지배에 효과적으로 대응하지 못했거나, 서구 식민지배의 비윤리성을 서구적 휴머니즘[1]에

1) 서구의 휴머니즘이 보편적이고 타고난 인간 본성을 식별하는 것이 가능하고, 합리성이라는 공통의 언어로 드러난다고 가정한다면 다시 말해서, 인간적이고 진보적이며 정의로운 사회질서를 개념화하는 것과 관련하여 책임 있는 개인들 사이의 합리적이고 보편적인 합의의 가능성을 지지한다고 한다면, 탈식민주의와 관련해서 이러한 지지는 휴머니즘이 제시하는 보편성과 합리성에 의문을 제기한다. 즉, 서구의 휴머니즘은 식민화 과정에서 인간본성의 궁극적인 이질성을 거부하고, 서구의 사고 틀 안에서 식민화된 주체를 계몽하는 방식으로 보편성과 합리성을 제시하고 있다. 이러한 논리는 인간 존재의 외연적인 보편적 구조를 성인적 합리성(adult rationality)의 규범적 조건 즉 유럽사회의 특수한 역사성에서 비롯된 가치로 식민사회의 피식민지인들을 제한한다. 서구의 휴머니즘은 인간성을 이런 식으로 설명함으로써, 사실상 '비인간'이라는 관념이 피식민 지배인들에게 억압의 개념으로 존재하고 유통된다. 결국 유럽의 성인다움과 어린아이 같은 미성숙단계로 규정해 버리는 식민화된 타자 사이에 특징적으로 교육학적이고 제국주의적인 위계질서가 설정되고 작동되어 진다. 간디(Leela Gabdhi)는

근거하여 비판함으로써 서구의 지적 헤게모니를 용인하는 결과를 낳고 있었기 때문이다. 이러한 기여에도 불구하고 지금까지 탈식민주의가 간과하고 있는 주요 주제는 피식민지인의 정체성에 관한 것이다. 이는 탈식민주의 이론이 제 1세계에서 활동하고 있는 제 3세계 지식인에 의해 형성되고 주도되고 있다는 점에 기인한다. 문제는 그들이 주도하고 있는 이러한 탈식민주의 이론이 저항적 이론의 틀을 제공하기는 하지만, 피식민 세계에 위치한 집단이 누구인지 그리고 그러한 집단은 어떻게 형성되는지에 별 관심을 보이지 않고 있다[2]는 사실이다. 이런 점에서 정체성의 문제를 민족과 소수집단에 초점을 맞추어 그 상관관계와 갈등관계를 분석해보는 것은 탈식민주의 이론이 지속하는 한 가치있는 작업이 될 수 있을 것이다. 이는 글쓰기 주체와 관련하여 현재 식민경험을 가지고 있는 작가의 정체성과 위치를 추적하는 데에도 일조한다고 볼 수 있다.

가령 영문학의 범주 안에서 글쓰기 주체를 설정할 경우, 대영제국의 식민지배 하에 놓여 있었던 아일랜드는 식민내전을 경험하면서

이러한 서구의 휴머니즘적 지배시스템이 식민공간 안에서 성숙 대 미숙, 문명 대 야만, 발전 대 퇴보, 진보 대 원시 등과 같은 엄격한 대립을 통해서 식민담론을 전형적으로 합리화시키고 있다고 말을 한다.(48) 반면 최근 스피박(Gayatri Spivak)과 같은 탈식민적 여성주의자들은 이런 서구 휴머니즘의 관점을 비판하면서 중심과 탈중심의 궤도를 남성과 여성이라는 개념으로 전이하면서 여성주의 운동의 동기를 모색하고 있다. 나중에 논의 되겠지만 스피박은 특히 이러한 남성과 여성의 이분법적 논리를 극복하기 위해서 집단성과 개별성의 문제를 논의의 주제로 노정시키고 있다. 자세한 내용은 그의 논저 「하위 계층은 말할 수 있는가? Can the Subaltern Speak?」를 참조할 것.

2) 탈식민 운동이 파농(Frantz Fanon)을 중심으로 알제리 독립투쟁의 과정에서 실천적 운동으로 발생하여, 그 이론적 틀거지가 서구의 포스트모더니즘과 맞물려 재생산된 상황을 고려한다면, 그 이론의 주체는 서구지식 주체이거나나 아니면 그 혜택을 받은 제 3세계 출신 제 1세계 지식인인 경우이다. 그들은 한결같이 의식의 개혁을 외치면서 이론의 실천성을 정당화하기는 하지만, 결국 아카데미즘이라고 하는 학문 공간 즉 대학의 새로운 커리큘럼 생성과 관련하여 다문화적인 관점으로만 보고자 하는 경향을 띤다. 이런 경우, 이론적 발전은 어느 정도 담보할 수 있으나, 그 이론이 피식민 토착 공간 안에서의 탈식민화 과정으로써 실질적인 실천적 대안으로 자리매김 될 수 있는가는 의문이다. 결국 지식인들은 자신들 스스로를 지식노동자로 자처하면서 피식민지인 특히 하위주체(subaltern)를 대변하는 듯이 보이지만 이러한 태도는 서구에서 바라보는 식민공간의 모습일 뿐 실제 그 공간 안에서 어떠한 억압과 경험이 있었는지는 외면하거나 무관심할 수밖에 없다.

아일랜드 내의 토착 작가들과 영국의 전통 안에 포함되었던 아일랜드 작가를 설정할 수가 있다. 다시 말해서, 이들 작가들은 특수한 지형학적(topographic) 상황 하에서 민족적 정체성이라는 공통점을 가지고 있으면서 동시에 각기 다른 역사적 인식과 개인적 삶에 대한 이질적인 글쓰기 소재와 주제의식을 가지고 있다. 이는 고유의 아일랜드성(Irishness)이라고 하는 정체성의 문제를 전면에 부각시키기 위한 각자의 방식이다. 예이츠(William Butler Yeats)의 경우는 분명 유럽 중심주의의 틀 안에서 상상되어진 조국 아일랜드를 발견하였으며, 히니(Seamus Heaney)는 개인적 주제의식에 영향을 끼친 아일랜드 내에서 탈영토화를 글쓰기 내에서 유희한다. 그는 고유 언어와 문화의 재영토화를 통해서 개인적이며 동시에 민족적 정체성을 글쓰기 주체로 드러낸다.

특히 아일랜드의 탈식민 운동은 단순히 아일랜드의 고립된 현상이 아니라 분명 영국이라고 하는 식민국가를 대상으로 하는 것이다.(Deane 7) 이러한 지적은 유럽에서 유일하게 식민지 체험을 가지고 있는 아일랜드의 민족주의가 지니는 특수성을 파악하기 위해 중요한 단서가 된다. 즉 아일랜드와 영국의 관계, 가톨릭과 프로테스탄트의 관계, 표준 영어와 아일랜드 영어를 주축으로 하는 분파성은 보편적 자유를 대립 항으로 놓고 거기서 아일랜드의 특수성이 모색되어야 한다는 것이다. 식민 상황의 산물인 아일랜드의 민족주의는 특수성을 창조해 나가는 역설적인 힘이 있다(Eagleton 27)고 볼 수 있다.

따라서 식민사회 내에서의 글쓰기 해방은 자기 주체화 과정 및 세계를 역사적 과정의 열린 체계로 재구성 하는 과정에서 필연적인 조건이 된다. 이러한 필연성을 정당화하기 위해서는 우선 탈식민주의의 개념을 살펴 볼 필요가 있다. 탈식민주의를 넓은 의미에서 식민체계를 벗어난 이후 정신적이고 심리적인 식민주의의 후유증을 경험하고 있는 공간에서, 식민주의의 비판과 극복을 위한 담론적 실천이라고 가정 한다면, 우선 영어식 표기인 '포스트-콜로니얼리즘(post-colonialism)'이라는 말의 의미와 범주를 규정하기는 그다지 어렵지 않다. 포스트(post-)라는 접사가 가지는 중첩적인 의미를 고려한다면 우리는 우선 그 용어의 의미를 정의할 필요가 있다.

슬리몬(Stephen Slemon)은 그의 저서『제국 묘사하기: 탈식민주의와 텍스트성 Describing Empire: Post-Colonialism and Textuality』에서 포스트-콜로니얼리즘이라는 용어를 '식민주의 이후' 혹은 식민체계로부터 독립한 후의 상황인 '신식민주의'라고 정의하고 있다. 그는 이 용어를 독립 후에 이루어진 민족 집단에서 토착민의 열망에 대한 명칭(45)을 의미한다고 정의 내리고 있다. 그가 단지 공간적 의미에서 탈식민주의를 정의 내렸다면, 듀링(Simon During)은 그 의미를 더욱 실천적 의미로 확대하여, 제국주의를 경험한 민족 혹은 집단들이, 유럽 보편주의자 혹은 서구개념과 이미지에 오염되지 않고, 정체성을 획득하려는 욕구(27)라고 정의내리고 있다. 다시 말하자면 듀링은 오히려 탈식민주의의 표현이 가지는 과정성에 의의를 둔다고 할 수 있다.

탈식민주의 전략으로써 글쓰기와 글읽기에 나타난 방법으로 용어의 개념을 적용한다면 티핀(Helen Tiffin)의 주장은 더욱 그 의미에 명확성을 더해준다.

> 탈식민주의는 과정의 단계이지 완료형은 아니다. 그것은 바로 지배자와 피지배자 사이의 지속적인 변증법의 관계를 가진다. 그 변증법 속에서 제국의 지배하에 놓였던 식민주의의 후유증을 드러내 보임(dis-mantling)으로써 탈식민주의는 과정으로서 의의를 가진다. 그것은 유럽의 식민적 지배체제로부터의 완전한 독립이라고 하는 외형적인 형식을 가지는 것이 아니기 때문에, 탈식민주의 전략이라고 하는 것은 존재하는 두 세계 안 혹은 그 사이에서 유럽의 담론을 해체하고 담론적 전략을 창출한다.(95)

결국 탈식민주의 담론이 문학 내에서 하나의 탈식민화 과정으로써 힘을 발휘하기 위해서는 완료되거나 현상적 의미에서의 탈식민주의 개념을 설명해내는 것이 아니라 오히려 탈식민주의가 서구 제국주의가 기획했던 억압, 차이, 인종, 성 등의 문제를 전복하는 의미로써 말하기, 글읽기, 글쓰기 과정에서 일종의 실천적 담론으로 담보되어야 한다는 것을 의미한다. "포스트-"라는 말은 이제 단순히 식민 상태에서 벗어난다는 역사적 흐름을 설명하기보다는 오히려 식민주의에서 벗어나려는 노력인 탈식민화과정으로 인식해야 한다. 즉, 식민주의 상태와 탈식민주의 상태 사이의 쉽게 넘어설 수 없는 간극을 지칭하는 말로 받아들일 수 있다. 이런 측면에서 탈식민주의는 현재 정신적인 식민 상황을 경험하고 있는 현실 속에서, 식민주의의 고통스런 잔해들로부터 끊임없이 벗어나려고 하는 태도로 정의할 수가 있다.

본 논문은 이러한 탈식민주의 담론의 정의를 개별성과 집단성 전략적 측면에서 바라보고 이를 규명하기 위해 대표적인 탈식민주의자들인 파농, 잔모하메드(Aubdul JanMohamed), 그리고 스피박과 제임슨(Fredric Jameson)의 각각의 논의을 통해서 탈식민주의 담론이 과연 글쓰기 혹은 글읽기 과정에서 실천적인 담론으로 자리매김할 수 있는지를 타진해 보는 것이다.

2. 이론과 실천의 범주 : 소수자 담론의 개별성과 집단성 전략

> 지역주의는 보편적인 것이다. 즉 이것은 가장 근본적인 문제를 다루기 때문이다. (…) 결국 어떤 이유로든 우리는 우리 지역 신문의 작은 부분에서 관심사를 찾는다. 가령 예를 들면 '오늘은 누가 돌아가셨지?' 혹은 '그 사람 농장이 팔렸단 말인가?'와 같은 사소한 문제에서 우리의 보편성이 발생하는 것이다.(Heaney 139)

잔모하메드가 「소수 담론 이론을 위하여: 무엇을 할 것인가? Toward a Theory of Minority Discourse: What is to be done?」에서 주장하듯이 제3세계에서의 집단성의 특성을 제1세계와 대비되는 제3세계 모든 사회들의 공통적이며 본질적인 특성으로 묘사하는 것은, 이제 그것이 긍정적인 표현이든 그렇지 않든 이론적 단순화라는 비판을 피하기는 어려울 것이다. 본질론적 민족주의나, 오리엔탈리즘과 탈식민주의 전략으로써 집단성은 분명히 구분되어야 한다. 물론 제국주의에 대한 저항을 기치로 삼는 제3세계 민족주의가 탈식민주의 배태에 영향을 주었고, 유용한 참조점을 제시했다는 사실은 부인할 수 없을 것이다. 다만 현재의 탈식민 담론의 본질적인 민족주의와 구별됨으로써 가질 수 있는 효과와, 그 담론이 본질적 민족주의와 혼동됨으로써 야기할 수 있는 위험에 대해 생각해 볼 필요가 있다는 것이다. 따라서 집단성[3]이라고 하는 것은 제3세계인들에게 본질적으로 내재하는 특성이 아니라 사회적이고 역사적인 산물임을 전제한다.

이러한 문제의식을 출발점으로 하여 탈식민주의의 집단성과 개별성을 밝히는 작업은 여러 가지 질문에 답하는 과정으로 이해될 수 있다. 즉 제3세계의 집단성은 어떻게 형성되었으며, 탈식민 담론은 그것을 어떻게 전유해야 하는가? 그리고 탈식민 담론의 집단성이 소수자 담론들 간의 관계를 연결해주는 집단성으로 확장될 수 있는가? 탈식민 담론을 포함한 다양한 입장을 가진 소수자 담론들 간의 집단적 연대는 가능한가? 마지막으로 집단성이 탈식민 담론에 유효한 전략이 된다면 개별적 전략은 폐기되어져야 하는가? 이러한 질문의 해결점들을 본고에서 집단적 전략과 개별적 전략이 갈등관계인지 아니면 내부적 긴장관계인지를 밝혀보고 그 긴장관계를 유지함으로써 정치적 실천을 수행할 수 있을 것인지를 고민해보는 것이다.

탈식민담론에서 집단성의 문제는 그 개념으로부터 도출된다. 즉, 본질론으로써 민족·민족성·공동체·집단성이 아니라 사회 역사적 구성물로서의 그 개념들이 현실적으로 폐기해야 할 만큼 효과를 상실한 것인지 아닌지를 고민하는 과정이다. 이 문제에 대해 파농은

---

3) 집단성은 두 가지 측면 즉, 민족공동체적 집단성, 그리고 그것을 넘어서는 전지구적 연대를 가능하게 하는 집단성을 가지고 있지만, 여기서 제3세계의 집단성에 대한 언급은 '민족주의'적 집단성을 의미한다. 그리고 전자의 집단성이 후자 즉 국제주의적 집단성으로 확장될 수 있는가에 대한 문제는 논의에서 진행될 것이다. 민족주의라는 표현이 포함하는 특성들을 고려할 때 오해의 여지도 있을 수 있겠으나, 여기서 제시하는 민족주의란 식민해방이후의 국가 주도적 정책을 의미하는 것이 아니라 개별적 탈식민 투쟁의 과정을 통해 역사적 사회적으로 형성화된 집단성을 의미하기로 한다.

다음과 같이 이야기 하고 있다.

> 1) 토착민 지식인들은 식민지에서 사실상 충분한 존재이유를 획득하고 있다. 오히려 그들은 탈식민화의 과정에서 무가치한 것으로 판명되게 된다. (…) 그들은 개인주의의 이념을 본국으로부터 배웠으나 이것은 사라져야 할 가치이며, 이미 토착민들은 그러한 가치의 허구성을 간과하고 있다. (…) 원주민들은 개인적으로 취급된 적이 없고, 그들은 항상 함께 고통당하는 공동체였기 때문이다. 식민지 지식인들이 그들의 악습을 벗어나지 못한 상태에서 탈식민화가 이루어지는 곳에서는 그들은 토착민들의 생활을 더욱 악화시키며 그들의 개인적 이권을 챙길 수 있는 장치를 제도화하려 한다. (WE 47)

> 2) 식민주의는 구조상 다름 아닌 분리주의이며 지역주의이다. (…) 이에 반해 폭력은 앞서 말한 바와 같이 민중을 통합시키고 결과적으로 지역주의와 종족주의를 청산하는 작업을 수행한다. (…) 개인적인 차원에서의 폭력은 정화작업을 수행한다. 폭력은 토착민들을 열등감, 절망과 무기력에서 해방시켜주고, 자존심을 회복시켜준다. 그들은 자신들의 행위가 맺은 열매를 지키기 위해 노력한다. 폭력은 그들의 의식을 일깨우며 원주민들은 어떠한 화해도 거부하게 된다. 폭력을 통해 그들은 단결된 투쟁 속에서 구체적으로 요구하는 법을 배운다. 이제 신비화는 불가능하게 되었다. (BW 94~95)

즉, 파농은 식민지 원주민들의 집단적 · 공동체적인 성격을 인정하고 식민지 지식인들의 개인적인 성향을 수입된 것으로 전제하고는 있으면서 그런 성격의 원인을 전적으로 지식인들의 이론적 실천적 제1세계로의 동화과정으로 인식하고 있다. 이러한 지식인들의 개인적 성향에 반해 본국 토착민들은 개인으로 언급된 적이 없으며 그렇게 될 수도 없으며, 그들은 함께 고통당하는 공동체적 존재이기 때문에 그들은 집단적인 행동을 할 수밖에 없으며 그들에게 개인적 정체성은 부여되지 않는다. 사이드(Edward Said)가 주장하고 있듯이 유럽이 그 이외의 사회를 항상 집단적으로 취급하면서 '비서구'라는 이질적인 동시에 전체적인 거대한 하나의 관념으로 규정하고 있다(13)는 주장은 이러한 파농의 논지를 더욱 견고히 해주고 있다.[4)]

파농에 의하면 서구사회에 의해 강요된 식민지의 집단적 · 공동체적 성격은 그들이 선택한 것도 아니고 자연발생적인 것도 아니다. 그러나 파농은 그렇게 강요된 집단성을 적극적으로 사유화(appropriation)하여 탈식민주의, 반제국주의 해방운동의 전략으로 제시한다. 파농은 그러한 탈식민주의적 실천 운동이 지식인들이 개화되고 개인적이며 분석적인 전략에 의해 이루어질 수 있는 어떤 것도 아니라고 말하고 있다.[5)]

잔모하메드 또한 집단성이 제3세계를 타자로 대상화하는 이분법적 사고에 의해 발생했음을 인식하는 동시에 제3세계가 공유하는 독특한 체험의 재현을 인정하고 있다.

> 소수문화에 가해진 피해로부터 —이러한 피해가 개인적이고 인종적인 정체성의 서구적인 모델에 따른 제3세계 문화의 발전을 방해하고 있다는 파농의 지적은 유효적절하다— 인식적인 차원에서가 아니라 현실적인 차원에서 집단주체성의 가능성이 나타나는 것이다. 소수자담론의 집단적 성격은 재능의 부족 때문이 아니라 문화적

---

4) 사이드는 "동양은 유럽인들의 마음속 깊은 곳으로부터 반복되어 나타난 타인의 이미지이기도 했다. 나아가 동양은 유럽이 스스로를 동양과 대조되는 타자의 이미지, 관념, 성격, 경험을 갖는 것으로 정의하는 데 도움이 됐다"(12)고 하면서 타자적 동양을 관념적이면서 동시에 집단적으로 취급하고 있다. 최근 오리엔탈리즘(Orientalism)에 대하여 지금까지 설명해온 지속성과 힘을 부여하는 것은 바로 헤게모니이며, 더욱 정확히 말하자면 문화적 헤게모니가 작용한 결과이다. 이러한 집단적 관념은 유럽인(식민지인)들은 비유럽인(피식민지인) 모두에 대치되는 것으로 인식시키는 것이라 할 수 있다. 곧 유럽이 아닌 모든 민족과 문화를 능가하는 것으로서 스스로를 인식하는 유럽인의 유럽관이 바로 오리엔탈리즘이라 할 수 있다.

5) 파농은 극단적인 식민지 통치하에서 개별화된 지식인 전략의 대안으로 토착민들의 '폭력'적 저항을 제시한다. 탈식민주의는 "우리에게 땅과 빵을"이라는 구체적인 목표를 향한 집단적인 폭력에 의해 이루어질 수밖에 없다. 즉, 애초에 폭력적 상황인 식민지 상황에서 토착민에 의한 개별화된 폭력 행사는 그것을 집단적인 힘으로 행사할 때 제국주의에 대항하는 유효한 전략으로 탈바꿈 할 수 있는 가능성을 내재하고 있다. 다시 말해서 그가 상징적으로 대변하는 집단적 폭력성이라는 것이 단순한 물리적 폭력의 환원주의가 아니라, 일종의 문화운동으로서 서구가 개념화한 집단성으로부터의 이질화를 의미한다. 자생적으로 재생산화된 이러한 집단성은 탈식민화 운동과정에서 식민지배 방식과는 또 다른 형태의 실천방식을 제공하게 되는 것이다.

> 이고 정치적인 다른 요인에 의한 것이다. (…) 하지만 보다 중요한 것은 모든 소수자담론의 집단적 성격은 소수문화의 개인들이 항상 총체적으로 이해되는 경험을 공유하고 있는 것에서 기인한다는 사실이다. 부정적이고 총칭적인 종속민의 위치를 강요당했기 때문에 억압당하는 개인들은 그러한 위치를 집단적이고 능동적인 것으로 변화시키는 방식으로 반응하고 있는 것이다.(9)

여기서 그가 말하는 소수자 담론이란 구체적으로 탈식민 담론을 지칭하는 것으로,[6] 특히 제3세계의 소수자 담론의 집단성은 두 가지 발생 동기를 가진다. 현실적인 차원에서 집단성은 서구가 제3세계에 가한 역사적이고도 경제적인 피해의 결과이며, 동시에 인식적인 차원에서 집단성은 단순화, 대상화, 타자화의 결과인 것이다. 이를 보다 구체적으로 논의하면 제임슨에게서 차용한 '민족적 알레고리(national allegory)' 개념이다. 제임슨에 의하면, 제1세계와 제3세계 문학 작품은 리비도적인 것과 정치적인 것, 사적인 것과 공적인 것이 뚜렷하게 구분되지 않기 때문에 개인의 경험에 대한 서술이 민족공동체의 문화가 된다고 주장하고 있다.(69) 정치적이고 공적인 경험이 특히 민족공동체의 범주 안에서 설명되는 이유는 제3세계의 경우 자본주의로의 전환이 제국주의에 의해 강요되었기 때문이다. 즉 전자본주의적 생산 양식이 자본주의적 생산양식으로 이행하는 과정[7]은 식민지에 의한 철저한 파괴와 분열의 과정과 일치한다는 것이다. 따라서 그들의 반자본주의적 투쟁은 반제국주의적 투쟁, 즉 민족주의적 투쟁과

---

6) 잔모하메드가 염두에 두고 있는 것은 탈식민 담론뿐만 아니라 이와 연계하는 여성주의, 생태운동, 동성애자 운동 등을 포함하는 소수자담론의 연대 가능성이지만 그러한 다양한 층위의 담론들 중 그가 구체적인 논의의 대상으로 삼는 것은 바로 탈식민 담론이다. 바로 그의 정치적 입장이 탈식민 담론에서 효과적으로 드러나기 때문이다.

7) 식민지배화 과정과 일치하는 제 3세계의 수동적 자본주의화는 노동자 주체가 생산되면서도 중심의 국민국가 이데올로기의 중심에 들어가지 못하고 있다는 사실이다. 즉 주변부의 노동계급이 잉여가치의 실현으로부터나 소비자로서 받는 "인간다운" 훈련으로부터 더욱 축출되는 현상, 주변부 노동의 이질적인 구조적 지위뿐만 아니라 자본주의적 노동이 대규모로 존재하는 현상을 다루지 못한다. 이는 주체적 타자를 철저히 부정하는 결과로부터 발생한다.

다르게 진행될 수 없다.

제3세계의 집단성에 대한 논의는 본질론적 민족주의의 옹호와는 구분되어야 한다. 파농과 제임슨이 주장하듯이, 자본주의와 제국주의가 파괴한 것은 바로 제3세계의 집단성이었고 따라서 그에 대항하는 방식은 그 집단성을 회복함으로써 자본주의적 획일화에 대안을 제시하는 작업일 것이다. 이런 점에서 제3세계 민족주의가 소수자담론의 연대를 보장할 것인지, 민족주의적 전략에서 소수자담론의 연대가 탈식민주의담론에 어떤 영향을 가할 것인지는 흥미로운 일이다.

3. 제3세계 탈식민주의 담론과 제1세계 소수자 담론

한 개인의 감수성의 반은 그것을 드러내기를 원하는 것이 무엇이든간에 하나의 장소, 조상, 역사, 문화에 속하는 곳에서 출발하는 정신의 드러냄이다. 그러나 자아에 대한 의식과 투쟁은 로렌스(D. H. Lawrence)가 말했던 소위 "자신의 교육의 목소리"의 결과물이다.(Heaney 35) 탈식민주의론과 소수자담론의 연대가능성을 적극적으로 지지하는 잔모하메드의 주장은 논의의 시발점이 된다.

> 1) 여기서 바로 소수자들의 융합의 근거가 있다. 계속 지켜야 할 그들의 엄청난 문화적 차이에도 불구하고 그들은 서구 헤게모니와의 관계에서 공통적으로 억압받고 있으며 열등한 문화적, 정치적, 경제적 주체의 위치를 공유하고 있는 것이다. 그들의 차이를 무화시키지 않으려는 노력이 중요한 만큼, 그들의 공통의 정치적 기반을 인식하는 것 또한 중요하다. 그것을 부정하는 것은 순응의(affirmative) 가장 근본적인 형태이다.(6)

> 2) 물론 그들의 작업 사이에 공유되는 부분이 없는 것은 아니나, 그들 사이의 가장 중요한 차이는 서구적 전통의 차이에 있으며, 그것의 정체성 해체란 내부에서 시작되는 자기반성이지만, 소수자담론의

> 경우 그들의 작업은 서구를 마주하면서 형성된 그들의 경제적, 문화적 주변화에 뿌리를 둔 객관적인 비정체성(nonidentity)의 자리에서부터 시작해야 한다는 것이다. 서구의 비판적 지식인들이 담론적으로 (재)생산해내려는 비정체성이란 소수자들에게는 주어진 사회적 조건일 뿐이다. 하지만 그러한 조건들이 주어진 것이 결코 탈구조주의가 그 자체로, 그리고 실질적인 투쟁의 과정으로부터 떨어져 나와 제공할 수 있는 해방－형식적이고 관념적인 차원에서 조차－의 징표는 될 수 없다.(15)

즉, 소수자들, 구체적으로 탈식민주의자들에게는 해체될 만한 주체가 애초에 존재하지 않았고, 혹 그에 비견될 만한 정체성 따위가 있었다고 하더라도 그것은 외부 즉 서구에 의해 강요된 것이다. 따라서 구조주의자들의 자기반성적인 주체해체 전략은 애초에 그들과는 문제의 시작이나 성격이 다른 제3세계 탈식민주의자들에게 해방의 메시지가 될 수 없다는 것이다. 스피박 또한 그녀의 글에서 유사한 논지를 펼치고 있다.

> 오늘날 서구에서 가장 진보적인 비평의 일부는 서구의 주체, 혹은 주체로서의 서구(subject of the West or the West as Subject)로서의 서구를 보전하려는 욕망에서 나온 것이다. 주체효과(subject-effect) 이론은 주체의 권위를 손상시킨다는 환상을 주지만 이런 인식 주체를 은폐하는 덮개를 제공하고 있는 것이다.(15)

근대적 의미의 주체를 해체하는 반휴머니즘의 대표주자인 탈구조주의의 주체효과이론이 현실적인 차원에서는 탈구조주의 이론가라는 또 하나의 선명한 주체를 만들어내며, 이러한 주체 역시 근대적 주체만큼이나 억압적이라는 것이다. 또한 스피박은 그들이 권력과 욕망을 재정의하는 과정에서 권력과 욕망의 주체와 대상간의 구분을 철회하기 때문이라고 주장한다. 그녀는 이러한 모호함이 권력과 욕망의 과정에서 억압자와 피억압자의 구분을 불가능하게 만든다는 점에 주목한다.

이러한 주장에 대해 탈구조주의자들을 탈식민 담론에 끼어 들이는 것이 단지 그들이 서구인이라는 이유로 배제하는 것이라는 반론을 생각할 수가 있다. 그러나 이러한 반론은 그녀의 말을 빌자면 "음흉한 의도가 깔린(tendentious)" 오독일 뿐이다. 물론 헤게모니가 부여한 특권의 위치에 있는 지식인들이 제3세계, 혹은 그의 주변부의 하층민들에 대한 언급을 삼간다는 것은 아니다. 단지 지식인들의 주변부에 대한 발화가 스스로 특권적 위치를 은폐하면서 동시에 현재에도 지속되고 있는 주변부에 대한 전지구적인 경제적인 착취를 은폐하면서 이루어지기 쉽다는 것이다. 이는 주변부의 피억압적 상황의 근본적인 문제들을 회피하면서 그러한 구조를 고착화하는 데 일조함으로써 주변부에 유리하게 작용하기보다는 오히려 악영향을 끼칠 수가 있으며 그러한 위험에 대해 경계해야 한다는 것이다.

실제로 스피박이나 잔모하메드도 부분적으로 탈구조적 이론의 사유화를 생산하면서 탈식민담론에 유용한 참조점을 제공할 수 있음을 인정하고 있다. 사이드가 푸코(Michael Foucault)의 담론 이론에 근거하여 서구가 동양을 타자화, 단순화, 대상화하는 작업을 비판하는 논의를 펼치면서도 그러한 서구적 담론의 의도성을 강조하고 비판한 것은 바로 탈구조주의 담론을 효율적으로 전유한 것이라고 볼 수가 있다.[8)]

이러한 논의를 구체화하기 위해서 소수자들의 연대가능성을 타진하는 푸코의 논리를 추적해보면 스피박은 다음과 같이 말을 한다.

> 프롤레타리아의 투쟁에 우리가 연계하는 것은 맑스적 프로젝트에 완전히 몰입한다는 것은 뜻한다. 그러나 우리가 투쟁하는 대상이 권력 자체라면 권력을 참을 수 없는 것으로 여기는 모든 사람들이

---

8) 스피박의 경우, 맑스 이론이 다루는 지구적 자본주의(경제적 착취)와 민족국가연합(지형학적 지배) 사이의 관계는 너무나 거대해서 권력의 미세한 결을 설명해낼 수 없다는 점을 인정한다. 또한 그러한 단점을 보충하기 위해 이데올로기 이론들, 거대구조를 응결시키는 이해관계들을 미세하게 작동시키는 '주체형성' 이론들로 나가야 한다는 것을 인정한다. 반면 사이드는 푸코에 의존하면서도 푸코가 우회하고자 했던 '주체의 의도성(intentionality of subject)'을 강조함으로써 논리성을 상실했다고 본국 이론가들은 그를 비판하기도 한다.

> 자신을 발견하는 곳마다 투쟁을 시작할 수 있고 그들 자신의 행위이기도 한 그런 투쟁에 참여하면서 그들은 혁명적 과정에 들어가는 것이다. 확실히 프롤레타리아 연합전선으로서 말이다. 권력은 자본주의적 착취를 유지할 수 있는 방식으로 행사되기 때문이다. 그들은 자신들이 억압받는 곳에서 싸움으로써 프롤레타리아 명분에 복무하고 있다. 여자들, 죄수들, 용병들, 환자들과 동성연애자들은 이제 자신들에게 행사되는 권력의 특정한 형식, 제약과 통제에 맞서는 구체적인 투쟁을 시작하였다.(85)

스피박이 말하는 푸코의 이러한 연대 프로그램은 착취와 지배를 구분하면서 지배 쪽이 연대정치에 기반을 둔 저항의 가능성을 더 많이 가진다고 판단하기 때문이다. 그러나 스피박은 이러한 논지에 대해 제3세계의 하층계급에게 연대프로그램이란 역시 적절한 사태의 돌파구가 아니라고 말을 한다.(83) 제3세계는 푸코가 언급하는 연대정치(coalition politics)를 통해 모든 곤란에 맞서서 저항의 토대를 준비하도록 하는 정치적 이데올로기로부터 분리되어 있기 때문이다. 따라서 스피박은 푸코의 연대 프로그램이 지역화된 연대프로그램으로서는 유효하고, 맑스 전선을 따르는 거대 투쟁에 대한 대안은 되지 않더라도 이것을 보충할 수 있는 가능성이 있다고 평가를 내리지만 이러한 지역적 프로그램이 보편화된다면 주체의 특권화를 자신도 모르는 사이에 수용하는 셈이며, 이데올로기 이론이 없는 상태에서 이것은 위험한 유토피아로 귀결될 수가 있다고 본다.

4. 결론 대신하기: 집단성과 개별성의 공조 전략 가능성

이제 넘쳐나는 언어가 일어나야한다
토착의 서식지 깊은 곳 찰랑거림으로부터
자음으로 구획된 영지에 넘쳐흘러야 한다,
모음의 포용력으로.

But now our river tongue must rise
From licking deep in native haunts
To flood, with vowelling embrace,
Demesnes staked out in consonants.(SP 111)[9)]

이제 집단성의 문제는 그 형성에 있어서 관념적 차원과 현실적 차원에 있어서 그 기원을 찾을 수가 있다. 관념적·이론적 차원에서 서구는 주체 형성 과정을 통해 필연적으로 비서구에 대한 타자의 위치를 강요했다. 현실적인 차원에서 서구의 자본주의는 제국주의를 통해 비서구가 영위하고 있는 전자본주의적 생산양식을 파괴했다는 것이다. 이러한 관점에서 제3세계에 부과된 집단성 즉 민족 국가적 전략은 제3세계가 넘어진 자리인 동시에 딛고 일어설 수 있는 유일한 땅이기도 하다. 다시 말해 제3세계의 집단성은 민족주의[10)] 이름으로

9) 아일랜드 작가들은, 일반적으로 언어의 주체성을 이야기할 때, 표준 영어가 가지는 자음의 의미를 영국적인 의미로 보고 모음의 의미를, 아일랜드적인 의미로 받아들인다. 식민 공간 안에서 흔히 일어나는 언어의 주체성 문제는 그들의 민족주의 개념과 밀접한 관계를 가지고 있다. 그러나 히니는 민족주의 발생과정에서 제기되는 제국에 대한 저항 의식과 언어 식민화의 과정을 오히려 긍정적인 현실로 받아들이고 있다. 다시 말해서 그는 시 「새로운 노래 A New Song」를 통해서 아일랜드 영어를 의미하는 새로운 노래를 부를 것을 재촉한다. 빼앗겼던 영토는 아일랜드 영어에 의해 다시 복원되고 두 민족의 언어 공동체 의식은 신화적 은유에 의해 더욱 빛나는 긍정으로 표현된다. 히니의 많은 시들은 과거시제로 식민사를 반추하는 것으로 시작되어, 현재시제로써 식민사적 고정관념을 뒤집는 긍정으로 끝나 현재의 역사를 수용하여 미래로 밀고 나가려는 집단성과 개별성의 전략을 동시에 가지고 있다고 볼 수 있다. 로이드(David Lloyd)가 지적하고 있듯이 개인의 정체성으로서 히니가 가지는 성실성은 어느 정도는 개인 스스로 정체성을 확립하는 것으로 표현되어지며, 국가적 정체성에서 나타나는 차이들을 통합한다. 이러한 차이의 동일화는 아일랜드에서 이루어지며 곧 이것은 정치적 선택이라기보다는 정치의 필수조건인 유럽식 민족주의의 전체적인 스펙트럼을 가로지르는 일이다. 즉, 정치로부터 미학적 영역에 대한 외관적 자유는 그 자체가 하나의 중요한 정치적 개념이다. 로이드는 이러한 히니의 태도를 글쓰기에 나타난 미학적 정치(aesthetic politics)라고 주장한다.(15-19)

10) 여기서 민족주의(nationalism)는 파농의 민족주의적 관점을 따르기로 한다. 그에 의하면 "민족주의적 현상은 (…) 국가 영토를 분명히 하거나 구 식민세력의 지위를 철저히 뿌리 뽑아 국민국가로서의 독립과 주권을 회복하는 것 이외에, 국민생활의 전영 역에 걸친 결정력의 재탈환을 목적으로 삼는다. (…) 역사적으로, 근본적으로 투쟁이란 민족해방을 위한 것이며, 모든 것의 중심에 있는 바로 그 정체성의 탈환을 위한 도구이다"(WE 13)라고 민족주의를 정의하고 있다. 그러나 파농의 정체성 문제는 오해의 여지가 있으나 분명한 것은 그가 흑인 정체성을 간직한 순수 흑인 사회를 회복하자는

제국주의에 맞서는 근거가 되는 동시에 자본주의에 맞서는 모든 진보적 담론들과 소수자 담론들의 연대의 근거가 되기도 한다.

하지만 이러한 집단성의 확장 과정에서 문제가 발생한다. 제1세계의 진보적 소수자담론은 제3세계 하위 계층과 중심적 주체에 대항하는 협력자이면서도, 제3세계의 피해에 관념적, 현실적 차원에서 기여하는 바가 있기 때문이다. 이를테면 관념적으로는, 제1세계 진보적 담론의 주체해체 전략은 제3세계에 강요된 타자성, 타자화의 부당함을 발화하는 것이 아니라 오히려 그것을 무화시키거나 은폐할 수 있고, 현실적인 관점에서는 역시 식민지적 피해에 의한 열악하고도 극단적인 제3세계의 경제적 상황을 제1세계의 상황과 동일한 것으로 축소, 왜곡할 수 있다는 것이다. 결과적으로 제1세계의 연합전선과 탈식민주의의 무비판적 연대는 유용하다기보다는 오히려 위험한 쪽에 가깝다.

이러한 집단성의 오류를 극복하고자 새로운 저항 전략이 제시되어질 수가 있다. 고이치 이와부치(Koichi Iwabuechi)는 그의 글「공모된 이국성: 일본과 그것의 타자 Complicit Exoticism: Japan and its Other」에서 반오리엔탈리즘적 세속화(anti-orientalistic secularization)의 개념을 도입해 개별성을 중시하는 전략을 제시하고 있다. 그는 민족주의적 탈식민주의 전략이 종종 국가적 폭력을 은폐하는 장치로 사용될 수 있는 현실을 인식해야 한다고 주장한다. 제3세계 입장에서 서구가 비서구에 가한 관념적인 피해에 의해 형성된 집단성을 수용하는 태도는 왜곡된 오리엔탈리즘이며, 오리엔탈리즘의 단순화된 본질주의적 관점을 공유하고 있다. 국가는 그러한 이데올로기를 남용함으로써 국민의 열망을 잠재우고 계급간의 사회적 갈등을 서구의 근대화의 질병으

흑인 본질주의(Negritude)의 오류를 지적하고 있다는 것이다. 즉, 흑인 본질론이 오히려 식민주의자들에 의해 이데올로기적으로 이용당할 수 있음을 파농은 역설하고 있다. 파농이 말하는 식민 상황에 대한 올바른 이해는, 식민자들에게서 주입된 흑과 백이라는 어떤 본질적인 특성에 의거한 민족적 차별성에 의존한 것이 아니라, 그 식민 상황의 경제적, 정치적 요인에 의해 파생된 구조적 현상을 통해 이루어져야 한다는 것이다.

로 왜곡한다.

> 정체성의 논리가 자아와 타자라는 이항대립에 기초하고 있는 한 우리는 항상 세계를 지배적인 문화 지형도(dominant cultural map)에 따라 분류하게 된다. 서구는 이제 타자를 단지 서구라는 자기의 화석화 혹은 그에 대한 대립적 기능으로서 존재하는 것이 아니라 진정한 타자로서 인식해야 할 시기인 것 같다. (…) 이제 서구와 일본의 오리엔탈리즘적 공모는 해체되어져야 한다. 우리는 파편화되고 다중적이며 유동적인 모든 개체성들을 주시해야 한다. 반오리엔탈리즘적 속성을 통해 우리는 탈 지역적으로 모든 다원화된 목소리들의 특수성을 인식할 수 있을 것이다. (…) 어떤 정체성도 고정된 것은 아니다. 우리는 완고한 국가적 시각의 문화 경계를 허물고 국가대 국가로서가 아니라 인간 대 인간으로서, 자아와 타자 사이의 배타적이고 일방적인 말하기가 아니라 서로 돕고 말하는 의사소통에 의해서 그러한 다양성들에 권위를 부여해야 한다. 이를 통해 우리는 모든 서로 다른 특정한 경험으로부터 서로에 대해 이야기할 수 있을 것이며 주변화 되거나 소외되지 않을 수 있다.(7~9)

서구의 주체형성 과정은 다양한 제3세계를 단순화하여 거대하고 절대불변의 타자로 대상화하는 과정과 일치한다. 그래서 고이치의 주장은 상당한 설득력을 지닌다. 따라서 주체해체 전략의 비판이 또 다른 주체를 세우는 작업, 또 다른 타자를 만들어 내는 작업에 의해 이루어져서는 안 된다는 것이다. 주체 형성에 대한 개별화된 세속적인 전략으로 인해 우리는 성찰이 부족한 상태에서 집단적 전략을 택함으로서 빠질 수 있는 관념화된 오류에서 벗어날 수 있다. 즉 개별성을 중시하는 태도는 논의를 구체적으로 나와 연관지어 발화할 수 있는 태도, 즉 연구의 대상과 나를 분리시키지 않는 태도를 의미하므로 오히려 문제의식의 구체화에 도움을 줄 것이며, 그렇게 함으로써 보다 성찰적인 논의를 보장해줄 것이다.

결국, 푸코식의 전지구적 연대는 더 큰 단위의 집단성을 말하고는 있지만 각 개인들이 민족적 공동체로부터 분리되어 나와 개별화, 파편화되는 것을 상정하므로 지금 제3세계의 민족 단위의 전략이 어떤 식으로든 제국주의의 피해라는 이슈에 대항하는 집단적 전략의 폐기를 말하고 모두가 하나 된다는 전략은 제3세계에서만 적용되는 피해를 망각하라는 말이나 다름없기 때문이다. 개인적 차원에서는 집단적으로 가해진 피해, 상처가 외면되거나 다른 종류의 문제 속으로 파묻혀 버리게 될 것이 분명하기 때문이다. 따라서 집단성을 불가피한 전략으로 삼는 이들은 반본질론적 민족주의가 현실적으로 불가능하다는 비판을 너무 냉소적이고 허무주의적이라고 비난할 것이 아니라, 보다 성찰적이어야 한다는 충고로써 받아 들여야 한다.

이 논문에서 탈식민주의 담론에 대한 가능성 논의는 집단적 전략이나 개별적 전략의 이론적 한계가 아니라 각각의 전략이 식민지배의 상처가 아직도 보상되지 않았다는 정치적 입장을 공유하고 있다는 사실이다. 실제로 집단성이나 개별성이라는 것은 이분법적으로 대립되는 성질의 문제는 아니다. 탈식민 담론의 생산이 이론에 그치는 작업이 아닌 이상, 이러한 탈식민 담론의 공통된 실천적 입장을 밝히려는 시도는 유효하다.

제임슨은 제3세계 문학을 알레고리(allegory) 개념으로 설명하는데, 이것은 알레고리가 상징이나 리얼리즘과는 달리 일대일 대응 관계를 상정하는 것이 아니라 관계 사이의 다차원성을 상정하고 있기 때문이다. 이것은 탈식민론과 여타의 소수담론 사이의 관계를 설정하는 데에도 유효하게 적용될 수 있다. 탈식민 논쟁에서 제3세계의 민족적 알레고리는 다양한 영역들 사이의 집단성으로 확대될 수 있는 가능성을 내포하고 있다. 나아가 알레고리는 세계가 모순적 통일을 이루고 있으므로 최종심급에서의 결정(자본주의적, 사회주의적)과 다른 한편으로 중첩된, 상호 침투하는 역사성 사이의 긴장을 보는 것을 가능하게 할 수도 있을 것이다.

위에서도 언급했듯이 제3세계의 집단성, 민족주의는 반본질론적인 것이며, 반본질론적 민족주의란 민족이라는 집단성을 영원히 지켜

나가야 할 어떤 것으로 상정하지는 않는다. 전략으로서의 민족주의는 민족주의로 민족주의를 극복하자는 것이며, 민족차원의 상처가 보상되는 순간, 즉 그것의 유효기간이 다하는 순간 민족주의를 폐기하고 또 다른 효과적인 방향으로 나아갈 것이다. 그러나 개인적이고 구체적인 인식적 지도그리기(cognitive mapping)를 포기한 집단성의 추구는 그 토대를 잃어버릴 것이고, 집단성의 추구를 전제하지 않는 개별적 전략들은 보다 근본적인 문제들을 외면한 채 공허한 이론에 머물 것이며, 결국 개별적 전략과 집단적 전략은 탈식민주의 담론에 서로 상호 침투하는 상보적 관계라고 말할 수 있다.

따라서 탈식민주의는 아직 유효한 그리고 불가피한 민족 · 국가단위의 집단성 전략을 포기하지 않으면서, 그 집단적 전략이 현실적으로 가져올 수 있는 관념적 도덕론에 빠지지 않도록 적극적인 성찰을 게을리 하지 말아야 할 것이다. 이때 개별적 전략은 끊임없이 구체적인 개인의 입장을 확인하는 '인식적 지도 그리기'의 작업을 통해 성찰과 실천을 보장해줄 수 있을 것이다. 특히 탈식민주의의 집단성과 개별성 전략은 문학적 글쓰기에서 식민문학에 반동으로 발생한 탈식민 문학을 탄생시켰으며, 탈식민 문학은 곧 탈식민주의가 글쓰기 안으로 들어와 작가의 집단적 민족주의와, 개별적 글쓰기의 자율성을 획득하는 데 기여한다고 볼 수 있다.

❖ 참 고 문 헌

이경덕: 「모더니즘, 포스트모더니즘, 제3세계」, 『실천문학』, 1994년 여름.

S. Deane: Celtic Revivals, London 1985.

S. During: Postmodernism and Post-colonialism Today, in: Textual Practice 1: 1, 1987.

T. Eagleton: Nationalism: Irony and Committment, in: F. Jameson/E. Said (eds.) : Nationalism, Colonialism, and Literature. University of Minnesota Press 1990.

F. Fanon: The Wretched of the Earth, New York 1963.(WE로 표기함)

—: Black Skin and White Mask, London 1967.(BW로 표기함)

S. Heaney: Preoccupations. Selected Prose 1968~1978, London 1980.

—: Selected Poem 1965~1975, New York 1985.(SP로 표기함)

K. Iwabuchi: Complicit Exoticism: Japan and its Other, in: The Australian Journal of Media and Culture, Vol. 8 No. 2, 1994.

F. Jameson: Third World Literature in the Era of Multinational Capitalism, in: Social Text 15, 1986.

A. JanMohamaed: Manichean Aesthetics, Chicago 1983.

D. Lloyd: Anomalous States. Irish Writing and Post-colonial Moment, Durham 1993.

M. Molino: Questioning Tradition, Language, and Myth. Washington D. C. 1994.

D. Porter: Orientalism and its After, in: The Politics of Theory, Colchester 1983.

E. Said:. Orientalism, New York 1978.

S. Slemon: Describing Empire, in: C. Tiffin/A. Lawson (eds.): Post-Colonialism and Textuality, London 1994.

G. Spivak: Can the Subaltern Speak?, in: C. Nelson/ L. Grossberg (eds.): Marxism and the Interpretation of Culture, Basingstoke 1988.

H. Tiffin: The Post-colonial Reader, eds. B. Ashcroft/ G. Griffiths, New York 1997.

'대안적 경제', '사회적 경제'로 시장과 복지를 보완

김 재 훈(대구대 경제학)

1. 서 론

한국사회는 1980년대 후반 단군 이래 최대의 호황이란 '3저호황'을 겪으면서 1970년대에 추진했던 중공업화를 완성했다. 그렇게 해서 근대적 시장경제의 형태를 거의 완성했고, 1987년의 민주화대투쟁을 통해 민주화도 궤도에 올리게 되었다. 그러나 10년만에 닥친 1997년의 경제위기로 IMF의 강요를 통해 '개발국가(developmental state)' 체제를 벗어던지고 자유방임적 자본주의 시장경제체제를 확립했다. 그 과정에 진행된 전반적 구조조정은 정보화를 추동시켜 세계경제에 'IT강국'의 지위를 차지할 수 있게 했지만, 반면에 (청년)실업률 상승과 분배 악화를 초래해서 국민의 삶의 질은 최악에 이르게 했다.

이에 대한 체제적 해결책으로 국가의 재분배기능 강화, 즉 복지체제의 확립이 절실히 필요하다. 복지체제에 관해서는 별도로 검토한 바가 있다[1](그 기본적인 구조가 기초소득제도라 할 수 있다.)[2] 그러나

---

1) 사민주의적 복지국가의 의의와 필요성에 관해서는 김재훈(2009; 2010; 2012)을 참조하라.

2) 기초소득제는 모든 국민이 국가로부터 조건 없이 권리로서 기초소득을 제공받는 것이다. 기초소득은 기존의 국가연금은 포함하면서, 복잡한 급부체계와 면세혜택을 대체하는 것이다. 이 제도는 다음과 같은 다양한 이점이 있다. ①인구를 취업자와 실업자로의 집단 구분을 없애서 빈곤의 덫을 제거한다. ②지하경제 범주에 드는 많은 영역을 합법화하는 효과를 낳게 된다. 보수를 받지 않는 돌봄노동과 가족노동, 그 외 비공식부문에서 보수 없이 행해지는 많은 노동의 가치를 사회적으로 인정받게 한다. ③노동시장의 이동을 더 자유롭게 해서 기업의 경쟁력을 높이게 된다. ④힘들고 괴로운 일에 대한 보수는 더 높아져서, 쾌적한 일의 보수는 더 높고 힘든 일의 보수는 더 낮은 모순을 시정할 것이다. 기초적 생계비를 벌기 위해 고용관계에 종속적인 구조에서 벗어나기 때문에 가능한 것이다.(J. Robertson, 115) 이 제도 실시를 위한 재원으로는 소득세를 높이는 방안과 소비세를 높이는 방안이 있는데, 전자는 노동의욕을 꺾는다는 문제, 후자는 역진적이라는 문제가 있다. 이 제도에 관해서는 찬반양론이 있다. 찬성론자들은 생계용이 아닌 사회적 유용노동 혹은 개인적으로 보람을 느끼는 일에 종사할 수

그것만으로는 부족하다. 현재 삶의 벼랑 끝에 몰려있는 국민의 삶을 개선하기 위해서는 한국경제가 젖 먹던 힘을 다 해서 좇아오려(catch-up) 했던 자본주의 시장경제 그 자체에 대한 근본적인 재검토가 필요하다. 이 재검토에 우리가 또한 염두에 두지 않으면 안 될 것은 그 체제의 특징을 사유재산제도와 시장경제라 규정하고, 그 대안으로 사유재산제도의 폐지와 국가에 의한 계획경제를 설정한다면 이는 1990년대에 종언을 고한 소비에트경제의 한계로 또 다시 빠져든다는 점이다.

그런 점에서 여기서는 자본주의경제가 갖는 모순을 극복하는 방안으로는 경제 주체의 자각과 자발적 참여에 의한 대항력을 키우는 쪽을 살펴본다. 그것은 자본주의 세계경제를 폐기하려는 것이 아니라 그 내부에서 그 체제에 대해 대항력을 키움으로써 인간의 삶의 기본 욕구가 충족되는 '대안적 경제'이다. 식료품, 주거, 교육에 관한 기본적 욕구가 충족되게 하고, 모든 사회구성원들이 건강과 문화적 즐거움을 누릴 수 있어야 한다.

특히 우리는 폴라니의 연구를 참고할 수 있다. 자유방임적 자본주의체제는 1920년대 세계대공황을 사전에 예방할 수도, 발생한 이후 그 스스로의 힘으로 벗어날 수도 없었고, 제 2차 세계대전을 통해서야 벗어날 수 있었다. 그리고 그 후에는 국가의 재분배 개입을 통해서야 그 타고난 불안정성과 불평등을 일부나마 완화할 수 있었다. 거기에 대중 스스로의 호혜적 경제 조직이 세계 곳곳에서 재생됨으로써 시장과 재분배가 갖는 한계를 보완하고 있다. 그 호혜적 경제조직이 바로 '사회적 경제' 영역이다. 생산자협동조합, 소비자협동조합, 신용협동조합으로 구성되는 협동조합 조직, 사회적 기업과 마을 기업, 그리고 지역화폐 등은 한국사회가 확립한 자본주의 시장경제의 체제적 한계를 보완할 뿐만 아니라, 특히 오늘날 FTA로 대표되는 세계화

있다는 점을 강조하는 반면 반대론자들은 무책임한 게으름이 늘어날 것이라고 비판한다. 그러나 사회 소수 부유층의 게으름은 창조의 원천이기 때문에 비난받을 일이 아니라는 F. A. Hayek(90~102)의 주장을 거꾸로 해보면 사회 다수 대중의 창조력을 자극하기 위해서는 약간의 게으름도 필요하다는 관점이 가능하다.

(globalization)의 광풍에 대중의 삶을 보호해줄 또 하나의 방패막이로 작용할 것이다.

2. '똑똑한 소비'

자본주의 경제의 인간 파괴에 대항해서 인간과 자연의 자존을 강화하기 위해서는 우선 소비자의 각성부터 필요하다. 자본주의의 기본적인 특징을 '소비자주권' 사회라고 강조하기 때문이다. 실제 자본주의 시장에서 소비자의 선택은 큰 위력을 발휘한다. 그런데 가만히 보면 사실은 소비자는 스스로의 필요(needs)에 따라 선택하는 게 아니라 종속적이다. 기업, 전문가조직, 국가에 종속되어 그들의 필요에 따라 현혹되고 조작되고 있다. 경제생활 속에서 인간의 역량이 강화(enabling)되고 환경이 보존(conserving)되기 위해서는 종속적 소비로부터 탈피해야 한다. 이를 '똑똑한 소비'라 이름 붙이고, 아래와 같이 나누어서 살펴보자.

2. 1. 기초적 소비의 확보

자본주의경제에서 통칭 '소비자는 왕'이라 한다. 물론 그때의 소비자는 소비하려는 의도만 있어서는 안 되고, 구매력을 갖추어야 한다. 즉 돈을 가진 소비자에게만 시장에서의 발언권, 즉 선택권이 있는 것이다. 이런 소비자와 생산자의 2분법은 그런 선택권을 획득하기 위해 한편에서는 무한의 이윤 추구, 또 한편에서는 무한의 착취를 감내하는 비인간적, 소외의 일반화를 초래했다. 소비와 생산 모두 인간성의 확대라는 관점이 시종일관 견지되어야 하는 것이다. (Matarazzo Suplicy 2003) 이를 위해서는 비인간적 소득 획득을 거부할 수 있어야 하고, 그렇게 거부할 수 있게 하기 위해서는 사회의 모든 구성원들에게 최소한의 소득을 제공하여야 한다. 이것이 곧 복지체제의 기초로서 '기초소득제도'의 정신이다. 모두가 최소한의 소비는 할 수 있어야 한다는 것이다.

2. 2. 소비와 생산의 통합: 지역적 소비

구매력, 즉 소득의 획득을 위해서는 번듯한 공식적 직장에 취업을 해야 한다는 것이 자본주의경제에서의 일반적 관념이다. 그러나 민간영역이든 공공영역이든 이른바 공식경제 영역에서는 더 이상 취업을 보장해주지 못하는 것이 세계적인 추세이다. 때문에 이제 과거 비공식부문이라 평가되던 부문에서 소득을 창출할 수 있어야 한다. 가정에서, 마을과 지역에서 소비와 생산이 이루어져야 한다. 지역 외부에 본부를 둔 외부의 기업들이 지역에 투자해서 영업하는 경우에는 그 기업의 필요에 따라 언제든지 그 영업점과 공장을 축소하거나 철수할 수 있다. 판단의 기준이 외부에 있는 것이다. 이런 상태에서는 지역경제의 지속성이 확보될 수 없다.(J. Robertson, 41~52)

여기에 농산물의 경우 교통수단의 발달로 요즘에는 세계 곳곳에서 생산된 것들을 구입할 수 있게 되었으나 상업적 생산과정에 사용되는 약물에 관한 불신, 장거리 수송을 위한 각종 처리에 대한 불신 또한 못지않게 고조되고 있다. 이에 따라 마을 또는 지역 차원에서 생산자와 소비자가 믿음 속에 맺는 지속적인 조달 관계가 선진국을 중심으로 늘어나고 있다. 이 방식은 선진국들이 표면적으로는 시장개방과 무한 자유무역을 주장하면서 그 내부에는 비시장적 무역장벽을 강화하는 이중적 행태로 작용하고 있기도 있다. 우리 사회도 자유무역의 광풍에 대항해서, 소비자로서는 양질의 생산물을 믿고 소비할 수 있는 이점이 있고, 생산자는 안정적인 수요처를 확보함으로써 지속적인 투자를 가능케 하는 지역적 소비를 확대할 필요가 있다.

2. 3. 기본욕구 충족을 위한 착한 소비

소비의 최대한도도 사회적으로 필요하다. 무제한적 탐욕을 추구하는, 소비를 통해 자신의 '우월함'을 과시하려는 소비는 결국 돈벌이에만 도움을 주는 어리석음을 의미할 뿐이다. 물질적인 측면에서는 기본 욕구(needs)를 지향하고, 그 이상의 소비욕구는 수준 높은 문화를 향해야 한다. 필요 이상의 소비는 경제를 필요 이상으로 확대시키고(거품경제), 결국 그만큼 자연 파괴를 재촉하는 것이다. 한정된 지구자원으로 3세계의 빈곤층도 기본적 소비가 가능하도록 배려하는 지구적 관점에서의 소비가 필요하다.

특히 급속하게 성장하는 경제에서는 탐욕적 소비가 우상화되어 왔다. 그런데 신대륙이 발견되고 자본주의적 성장을 시작했을 때 유럽에서는 아프리카, 아시아, 아메리카 대륙으로부터 약탈해온 향료, 온갖 진기한 동식물로 부를 과시하곤 했다. 이를 기독교 문화를 배경으로 해석해서 인간이 과거 에덴동산에서 추방됨으로써 잃어버린 낙원에 대한 향수로 보기도 했다. 어쨌든 거기에 동원된 것들은 신대륙에서 헐값으로 약탈된 것들이었다.(K. Rushby, 149~201)

그런데 오늘날 이른바 신흥경제지역이라 불리는 제 3세계의 개발도상국에서는 급속한 경제성장이 극심한 빈부격차를 당연시하는 가운데 진행되고, 그 부유층들은 선진국의 돈벌이에 부질없이 기여하는 이른바 '명품' 소비에 열광하는 한심함을 보이고 있다. 선진국에서는 대중적 소비 대상인 음식점과 찻집이 후진국에서는 명품으로 탈바꿈해서 비싼 값을 지불하게 하고 있다. 이러한 소비행태는 소비하는 상품의 가치를 소비로부터 자신이 얻는 만족으로 평가하는 것이 아니라 남의, 시장에서의 가격으로 가치를 부여하는 비주체적인 소비의 표현이다. 자유방임적 시장경제라 해서 개인의 소득에 대한 무한의 처분권을 과시용으로 사용하는 바보 소비자가 될 것이 아니라, '착한' 소비를 하면서 잉여의 소득은 자선에 사용하고 인격과 문화를 고양시켜서, 경제의 지속적 발전을 꾀해야 한다.

2. 4. 도덕적 소비

소비자는 소비 행위를 통해 사회를 변화시킬 수도 있다. 소비는 생산을 일정한 방향으로 유도하기 때문이다. 유통과정에 폭리를 취하는 상품은 소비자가 힘을 발휘해서 시장에서 퇴출시킬 수 있다. 장시간 저임금노동으로 생산되는 것들은 소비자가 소비를 거부함으로써 인간을 파괴하는 생산과정을 사라지게 할 수 있다. 지구 환경을 파괴하면서 생산되는 상품들도 불매운동을 통해 지구 환경 파괴를 저지할 수 있다. 과거 서구에서는 '인종차별주의자들의 과일 사지 않기 운동', '네슬레가 아이를 죽인다'라는 운동들이 있었다. 최근에는 후진국의 극악한 노동환경을 개선하기 위한 '공정무역 상품 소비운동'도 벌어지고 있다.

3. '사회적 경제'

폴라니(1957, 51~100)에 의하면 산업혁명 이후 서구 시장경제체제는 인간사회의 총체적 기능과 완전성을 박탈해버리고, 인간과 자연을 상품화하여 자기조정적 시장이라는 '악마의 맷돌' 속으로 던져버렸다. 이를 되돌려 사회의 안전성을 유지하면서도 인간 생존에 필요한 것을 생산하고 분배하는 사회를 재구성하는 것이 우리 시대의 과제이다. 이를 다시 말하면 교역 교환 물물교환이라는 모든 경제행위가 경제적 이익을 위해 행해지고, 이로 인해 시장에서의 매매를 위해 생산된 것이 아닌 것들까지도 허구의 상품화하여 시장이 통제하게 된 상황을 부분적으로라도 역전시킬 필요가 있다. '악마의 맷돌'이 갖는 폭력성을 '인간을 위한 맷돌'로 순치시키자는 것이다.

이를 위해 16세기 서유럽에서도 아직 남아있었다는 상호성의 원리, 재분배의 원리, 가정경제의 원리를 복원해서 제도화하자는 것이 한편으로는 국가개입에 의한 재분배 기제, 또 한편으로는 협동조합, 사회적 기업(마을기업) 등의 '사회적 경제' 영역이다. 복지국가체제가 일방적 수혜자를 양산함으로써 국가재정을 위기에 빠트리고 있다는 문제제기에 대해 '사회적 경제'는 또 하나의 대안이 될 수 있다. 이것은 시장경제에 대항해서 화폐를 매개로 하지 않고, 가정과 이웃 간에 인간적 관계를 매개로 서로의 필요에 도움을 주려는 호혜의 원리를 강화하려는 것이다. 시장교환을 기준으로 공식경제(formal economy)와 비공식경제(informal economy) 영역으로 나누던 것을 재통합하자는 관점이다.

비공식경제 영역을 강화하는 전략의 장점은 ①구성원의 경제적 후생이 높아진다. 실업 문제와 육아 돌봄 등 사회서비스의 압박 문제를 해결할 수 있다. 연령에 따른 경제활동인구의 구분 자체가 의미가 없어진다. ②공식경제의 효율성을 높일 수 있다. ③인간의 자본주의 시장에 대한 종속을 완화할 수 있다. 광폭하고 불안정한 세계경제로부터 가정경제와 지역경제의 보호벽을 쌓아서 인간의 삶을 지키는 길이다.(J. Robertson, 35~52)

3. 1. 협동조합

3. 1. 1. 협동조합의 형성과정: 빈곤 퇴치 기능

초기 조합운동은 영국에서 빈곤층이 주도해서 시작했다. 그들은 기술이나 기업 능력이 부족해서가 아니라 경제가 산업혁명의 거대한 변화를 겪었기 때문에 가난하게 된 것이다. 그들이 스스로 협동조합을 결성하자 헌신적인 중간계급 지지자들과 정치가들이 도움을 주었고 우호적인 법률체계가 만들어졌다. 소비자, 노동자, 농민, 주택, 신용조합 등 친숙한 형태 외에도 상호의료, 실업보험 형태를 띠기도 했다. 조합, 상호부조, 협회, 노동조합 등이 사람들을 빈곤에서 구제했고, 재빈곤을 막아줬다. 그 후 유럽 다른 지역에도 확산되었다. 2차 대전 이후에는 독일과 일본의 재건에 소비자조합과 농업조합이 핵심적인 역할을 했다. 서유럽에서는 복지국가가 만들어지면서 상호부금이 정부와 파트너십을 형성해서 의료보험과 사회보험을 제공하기도 했다.

협동조합의 기능은 현재도 긍정적이다. 지역경제 발전에 신용조합이 핵심적 역할을 하고 있고, 공공부문 주택부지 같이 사회적 배제 영역에 다양한 형태의 조합이 참여하여 도움을 주고 있다. 뉴욕에서의 주택조합, 핀란드에서의 노동조합, 그리스에서 여성들의 농촌 관광조합, 러시아에서 소비자조합 등 빈곤 감소에 기여한 다양한 사례 조사가 있다.(Simmons & Birchall, 2133) 유럽에서만 13만 2천개 조합에 8,350만 명의 가입자가 있고, 230만 명에게 일자리를 제공하고 있다.(ICA 1998) 이태리와 스위스에서는 소비 유통의 30~40%가 소비자 협동조합을 통해 이루어지고 있다.

그 대표적인 사례가 스페인 바스크지방에 있는 몬드라곤 공동체이다. 1941년 돈 호세 마리아 신부가 내전으로 곤경에 빠진 국민들과 함께 공과대학을 설립했는데, 그것이 자영협업체들의 기초가 되었다. 재정 지원을 위해 신용조합이 설립되었고, 1986년에는 다양한 협업체로 구성된 지역이 생겨났다. 103개의 산업협업체(고급 연구소 포함), 8개의 농업협업체, 4개의 서비스 협업체들(의료봉사 포함), 1개의 소비협업체, 17개의 주거협업체, 2만명의 노동자들을 위한 46개의 교육 협업체들이 그것들이다.

2010년도 매출은 148억 유로(23조원)로 스페인 내 9위이지만 고용 규모는 8만5천명으로 3위에 해당하여, 매출 규모에 비하여 고용 규모가 매우 크다. 고용규모 뿐만 아니다. 비정규직이 15%를 넘지 않고 정규직과 동일한 처우를 받으며, 1년이 넘으면 무조건 정규직으로 채용한다는 점은 더 중요하다. 이는 협동조합의 근본 목적이 조합원이 기여하는 노동이나 자산 제공 또는 상품서비스에 대한 보상을 극대화하는 것이지, 자본주의 기업처럼 투자 자본의 수익 창출이 목적이 아니기 때문에 가능한 일이다.

여기서 일하는 노동자들과 그 가족들은 자신들을 소유자로 간주하지 않고, 경제적 사회적 요소가 통합되어 있는 기업에 공동책임을 진 설립자로 간주한다. 이 몬드라곤 공동체는 2008년 세계 금융위기에 그 진가를 발휘했다. 경영환경이 악화되었는데도 불구하고 단 한 명의 조합원도 해고하지 않았고, 그 대신 종업원 전체가 연봉을 10% 감봉하면서 버텼다. 기술력 면에서도 뒤지지 않는다. 매년 매출의 8% 정도를 꾸준히 연구개발에 투자해왔으며, 한 기계 조합은 우리나라 현대자동차 울산공장에 공작기계를 납품할 정도로 제조업 분야에서 실력을 인정받고 있다.

미국에서는 샌프란시스코 근교 베이 지역(Bay Area)에 315개 소기업들의 연대모델이 있는데, 이를 '브라이어패치 네트워크(The Briarpach Network)'라 한다. 이들은 모두 단순한 생활스타일을 목표로 연계되었고, 공개적이고 정직한 장부 정리와 기업 운영, 상호협조를 실천하고 있다. 이러한 협력을 통해 기업들은 대기업들의 시장 지배에서 벗어날 수 있었고, 많은 새로운 개발의 원천이 되고 있다.(U. Duchrow, 292~293) 축구 선수 매시가 활약해서 세계 최고의 프로축구단으로 평가받는 스페인의 FC바르셀로나, 한국에도 진출했던 프랑스를 대표하는 대형 유통업체 까르푸도 모두 조합기업들이다. 이태리의 북부의 볼로냐는 실업이 없는 도시이고, 그 배경은 영리목적이 아닌 수백 개의 협동조합이 생산과 소비를 주도하기에 가능했다.

인간에게서 삶의 기쁨을 앗아가고 사회를 공동묘지로 만들며, 지구를 파멸에 이르게 하는 경쟁 지상의 자본주의를 극복하며, 서로 착하게 함께 먹고 살 대안사회를 열기 위해 UN에서도 2012년을 세계협동조합의 해로 선언하였다. 이에 따라 우리나라에서도 2011년 12월 29일 '협동조합기본법'이 국회에서 통과되었다. 하위 시행령이 제정되면 우리나라에서도 노동자가 주인이고 함께 일하는 '협동조합기업'이 탄생할 수 있다.

3. 1. 2. 협동조합의 원리: 자유와 연대

협동조합의 원리는 자유로운 개인의 연합을 추구함으로써 개인들이 부족할 수 있는 '사회적 자본'을 보완해주면서 개인의 자유도 누리게 하는 것이다. 그런 만큼이나 '사회적 경제'는 참여의 자유와 자기책임, 과정에서의 민주주의 원칙, 공정한 이윤 분배, 연대의 정신 등을 특징으로 한다. 그래서 오늘날 경제 협력체로서 조합의 성격은 조합과 그 구성원 간 연계성을 강조한다. 따라서 조합은 특정 지역의 경제적 이해를 조직하고, 공통의 자원을 보호하는 데에 허브가 될 수 있다.(Fernández Guadaňo, 107~110)

세계적으로 협동조합의 발전사를 보면 그 잉여를 조합원들 교육 훈련에 사용한 사례들이 많았고, 이는 결정적인 성공 비결로 작용했다. 그 결과 사회적 자본이 네트워크 형성과 발전에 큰 도움을 주었다. 심지어는 유한계급으로부터 지원을 받아내는 등 다양한 엘리트층들과 네트워크를 형성했던 전통이 특징적이다. 19c 후반 영국에서, 전후 일본의 농민과 어민들에서 그 대표적인 사례를 찾을 수 있다. 또 조합 간의 협력 원칙은 더욱 확대된 네트워크를 만들어냄으로써 그 이해를 더욱 확장해 갈 수 있었다. 스페인의 몬드라곤 체제와 북부 이태리 소생산자 조합 클러스터가 좋은 예이다.

이러한 협력과 연대의 정신은 오늘날 그 범위를 국제적으로 확장하고 있다. 즉 1995년 맨체스터 회의 이후 '협동조합은 지역, 국가적, 세계 각 지역, 국제적 수준으로 협력함으로써 회원들에게 효과적으로 봉사하고 조합운동을 강화한다'는 것을 조합 협력의 원칙으로 삼고 있다.(ICA 1995) 특히 경제적 세계화, IT혁명, 국가적 국제적 힘의 균형 변화가 지속됨에 따라 협동조합은 새로운 도전에 직면해 있다. 이에 따라 지역과 그 이상 수준에서 효과적으로 네트워크하는 능력이 생존과 발전에 점점 더 중요해지고 있다. 예컨대 선후진국 조합들 간 공정무역이 극적으로 증가하고 있는 것은 그 단적인 예이다. 또 국제적 네트워크를 촉진하기 위한 국제기구들의 활동도 더욱 활발해지고 있다. 국제협동조합연맹, 세계신용조합위원회, 국제상호보험동맹 등이 그 예이다.(Simmons & Birchall, 2134~5)

3. 1. 3. 협동조합 운동의 확장

선진국에서 경제의 서비스화, 지식집약화는 협동조합운동에서도 새로운 양상을 낳고 있다. 즉 교육, 사회 보건 서비스, 농촌개발, 기업 서비스와 지식공유 서비스 분야에서 새로운 형태의 조합조직이 출현하고 있다. 또 지역적 요인과 조합적 성격 때문에 성공한 사례들도 다양하게 나타나고 있다. 교육조합, 전자상거래 조합, 사회서비스조합 등이 그것이다. 더 일반적으로는 조합의 범위를 넘어서 책임 있는 소비자운동(소비조합, 공정무역 등), 환경보호와 농촌개발(재활용, 생태농업), 대안적 금융(윤리적 자금모금, 마을 저축 등), 사회 재통합 선도(특수고용센터, 직업워크샵, 파트너십 등)와 같은 다양한 형태로 협동조합 운동이 확장되고 있다. 조합이 다른 종류의 사업들과 동맹을 맺기도 한다.

협동조합 운동의 확장은 소규모 기업, 즉 마을기업의 역할 확대와도 관련이 깊다. 마을 차원에서 10명 내의 인력으로 움직이는 마을기업들은 동적이면서 유연한 적응 전략을 구사할 수 있어서 주목을 받고 있다. 이러한 마을 기업들은 협동조합 형식으로 네트워크화함으로써 그 소규모성이 갖는 한계를 탈피할 수 있는데, 이렇게 해서 협동조합 조직은 지역 발전뿐만 아니라 낙후지역의 고용에 중요한 역할을 하는 것으로 EU는 주목하고 있다. 이 점에서 조합은 소구모 지역기업의 뛰어난 예로 분류된다.(Fernández Guadaňo, 116~121) 그리고 최근에는 소규모 (사회적) 기업과 그 협동조합 조직이 (아래에서와 같이) 사회적 배제에 대한 대책으로 사회통합 서비스를 제공하는 새로운 기능을 맡고 있다.

3. 1. 4. 한국의 경우

우리나라에도 다양한 생산자/소비자/신용 분야에 협동조합이 있어왔다. UN이 2012년을 협동조합의 해로 선언하고, 우리나라에서도 이를 더욱 활성화시키기 위해 국회에서 2011년 12월 29일 협동조합 조직의 활성화를 위해 협동조합기본법을 통과시켰다. 이에 따라 2012년부터 우리나라에서도 5인 이상의 사람들이 합의하면 언제든지 자유롭게 협동조합을 설립할 수 있게 되었다. 이에 대해 비공식 협동조합 및 생협 진영을 대표하는 국내 32개 단체로 구성된 '협동조합기본법 제정 연대회의'는 이 법 통과의 의의를 다음과 같이 평가하고 있다.

첫째, 앞으로는 5명만 모이면 협동조합을 자유롭게 설립할 수 있다. 과거에는 지역농협의 경우 1,000명, 생협의 경우 300명이 모여야 설립이 가능했다. 이러한 설립기준은 그 동안 소규모 협동조합의 설립을 막는 근본적인 걸림돌로 작용했다. 이번 기본법에서는 이러한 기준을 대폭 낮추었다.

둘째, 금융·신용을 제외한 모든 산업부문에서 협동조합을 설립할 수 있다. 지금까지는 1차 산업 및 금융·소비 부문의 협동조합만 설립이 가능했다. 그러나 이미 2·3차 산업 비중이 절대적으로 커졌고 산업이 고도화됨으로써, 새로운 산업분야에서의 협동조합 설립이 요구되고 있다. 이번 기본법은 이러한 요구를 전적으로 반영했다.

셋째, 사회적 협동조합을 설립할 수 있게 됐다. 전통적 협동조합과 달리, 사회적 협동조합은 취약계층 고용 등 사회적 목적 실현을 우선시하고 다양한 이해관계자를 조합원으로 한다. 사회적 협동조합은 100년이 넘는 협동조합 역사에서 비교적 최근 발달한 협동조합 형태이다. 이번 기본법을 통해 사회적 협동조합을 설립할 수 있게 됨으로써, 협동조합 법제를 현대적으로 정비하게 됐다.[3]

---

3) 2012년 현재 우리나라의 협동조합기본법 제정 연대회의는 다음의 단체들로 구성되어 있다. 그 단체 면면을 찬찬히 살펴볼 필요가 있겠다.

3. 2. 사회적 기업

3. 2. 1. 사회적 기업의 개념

사회적 기업이란 취약계층에게 사회서비스 또는 일자리를 제공하여 지역주민의 삶의 질을 높이는 등의 사회적 목적을 추구하면서, 재화 및 서비스의 생산 판매 등 영업활동을 수행하는 기업이다(사회적기업육성법 제2조). 즉 일반기업과 달리 기업 활동의 결과가 숲을 푸르게 가꾸거나 빈곤 장애인이나 빈곤 노인을 간병하는 공익적 서비스라는 점과 그렇게 해서 생겨진 수익이 전액 재투자돼 더 많은 실직자와 빈곤 계층의 일자리를 만든다는 점에서 일반 기업과 구별되는 실업대책의 새로운 대안이다.

이렇게 보면 사회적 기업의 개념은 아직 논자에 따라 강조점이 달라지기도 한다. 기업의 목적이 사회적인 데에 있다는 점을 강조하는 사람도 있고, 이윤을 투자자들이 갖지 않고 지역이나 기업에 재투자한다는 점을 강조하기도 한다. 혹은 구성원들이 동등한 권리를 갖고 민주주의 원칙 아래 참여하는 점이 강조되기도 한다. 어쨌든 경제를 3부문으로 나눌 때, 이윤을 추구하는 민간부문과 국가가 계획적으로 자원을 배분하는 공공부문이 아닌, 상호부조와 사회적 목적을 주로 하는 사회적 경제 부문에 사회적 기업이 있다.

유럽, 미국 등 선진국에서는 1970년대부터 활동하기 시작했으며, 영국에서는 55,000여 개의 사회적 기업이 다양한 분야에서 활동 중이다(2006년 현재 전체 고용의 5%, 총매출액 약 50조원). 요구르트 회사

---

iCOOP생협연합회, 공동육아와공동체교육, 나눔의집협의회, 대학생협연합회, 사람과마을, 사회연대은행, 사회투자지원재단, 성공회대사회적기업연구센터, 신나는문화학교교사협회, 신나는조합, 여성민우회생협연합회, 온케어(도우누리), 원주협동사회경제네트워크, 자활공제협동조합연합회, 재활용대안기업연합회, 전국가정관리사협회, 전국실업단체연대, 전국여성가사사업단 우렁각시, 전국지역아동센터협의회, 청소대안기업연합회, 한겨레두레공제조합연합회, 한국대안기업연합회, 한국사회적기업중앙협의회, 한국여성노동자회, 한국의료생협연대, 한국주거복지협회, 한국지역자활센터협회, 한국협동조합연구소, 한국YMCA연맹, 한국YWCA연합회, 한살림연합, 함께일하는재단.

인 '그라민-다농 컴퍼니', 레스토랑 '피프틴', 잡지출판 및 판매를 통해 노숙자의 재활을 지원하는 '빅이슈', 가전제품을 재활용하는 프랑스의 '앙비', 저개발국 치료제 개발 및 판매기업 '원월드헬쓰' 등이 세계적으로 유명한 사회적 기업이다.

3. 2. 2. 사회적 배제와 사회적 기업

이러한 사회적 기업은 오늘날 세계화와 신자유주의 확산으로 심각하게 문제가 되고 있는 사회적 배제 문제에 대한 대처 방안으로서 유력하게 떠오르고 있다. 사회적 배제란 다음과 같은 요인들에 의해 사회구조적으로 차별을 받고 있는 개인 혹은 집단들의 문제를 가리키는 것으로서, 빈곤 못지않게 심각한 문제여서 최근 주목을 받고 있다. ①숙련 부족, 저소득, 노동시장에서의 차별 등(경제적 요인), ②높은 범죄환경, 가족붕괴, 주민간 접촉 부족, 나쁜 건강상태, 사회적 편견 등(사회적 요인) ③주류 지역/서비스로부터 격리, 농촌의 인구과소, 쇠락한 주거지 등(지리적/구조적 요인)

사회적 배제에 대한 사회적 기업의 역할은 다음과 같다. 즉, 경제적으로 ①정규 노동시장에서 고용되기 어려운 장애인이나 노숙인을 고용하고, ②주거지 관리, 공유지 조경, 경비와 같은 서비스에 고용할 수 있다. ③재택 근무하는 자영업자들에게 회계나 판매 기법 등 훈련 프로그램을 제공하고, ④신용조합 등을 통해 관광 혹은 보험 등 금융 서비스를 제공할 수 있다.

사회적으로는 ①아동이나 노인들에 대한 돌봄 서비스를 제공할 수 있고, ②카페와 상점, 근로자 복지클럽 같이 상업적 서비스를 싼 값에 제공할 수 있다. ③특히 돌봄 서비스 분야에 자원봉사자들을 활용할 수도 있다.

지리적, 구조적으로는 ①유휴시설을 인수해서 염가로 중소기업에 제공하거나 다목적 개발 트러스트를 결성해서 인프라 창출로 기업 활동을 촉진할 수 있다. ②재활용 사업을 통해 환경보호 활동을 펼칠 수 있고, ③주거환경개선운동, 주택조합을 통한 주거 서비스 제공이 가능하다.

그 외 직업훈련으로 취업을 지원할 수 있는데, 여성 장애인 전과자 노숙인 난민 등과 같이 사회적으로 배제된 집단들이 주대상으로 된다.

3. 2. 3. 사회적 기업에 대한 지원

3. 2. 3. 1. 정부의 지원

사회적 기업의 위와 같은 순기능을 생각하면 적극적 육성방안을 고려하지 않을 수 없다. 우선 중앙 혹은 지방 정부 차원에서 공공부문과의 계약에 관한 안내를 할 수 있고, 공유 토지재산을 사용하게 할 수 있다. 나아가 금융 지원을 할 수도 있는데, 가령 자원봉사조직이 사회적 기업으로 전환할 때 일정 수준에서 금융 지원을 제공할 수 있다.

3. 2. 3. 2. 비정부적 지원

지방정부, 공공부문, 자원조직과 공동체 부문이 지역에서의 서비스 제공에 관한 파트너십을 합의할 수 있다('지역계약 Local Compact'). 혹은 더 넓은 범위로 지역 차원의 전략적 파트너십을 형성할 수도 있다. 지역의 여러 위원회, 경찰 소방서 등 구조기관, 자선그룹, 기업, 학교, 의료기관 등등이 전문가 풀을 형성해서 지원할 수 있다.

3. 2. 4. 한국의 경우

3. 2. 4. 1. 사회적 기업

한국에서는 재활용품을 수거해서 판매하는 '아름다운 가게'가 효시이다. 그 외 정신지체 장애인이 우리밀 과자를 생산하는 '위캔', 폐타이어 등 재활용품을 활용하여 악기를 만들고 소외계층을 위한 공연을 하는 '노리단', 컴퓨터 재활용 기업 '컴윈', 친환경 건물청소업체 '함께 일하는 세상', 장애인 모자생산업체 '동천모자' 등의 사회적 기업이 있다.

2007년 7월 1일부터 '사회적 기업 육성법'이 시행되어 사회적 기업으로 활동하기 위해서는 정부(고용노동부 지방고용센터)의 인증을 받도록 하고 있다. 인증된 사회적 기업에 대해서는 인건비 및 사업주 부담 4대 사회보험료 지원, 법인세 소득세 50% 감면 등 세제 지원, 시설비 등 융자지원, 전문컨설팅기관을 통한 경영 세무 노무 등의 경영지원을 제공하고 있다. 여기에 지방정부들은 우수 사회적 기업에 대해 공동브랜드를 사용하게 하고(예: '더 착한 서울기업'), 온라인 쇼핑몰 입점과 국내외 전시회에 참가하는 기회를 제공하며, 상품개발과 경영노하우를 전수하고 있다.

인증제도 시행 후 1년이 지난 2008년 9월 현재 나타나는 인증기업의 실태를 통해 사회적 기업의 상황을 파악할 수 있다. 총 인증기업의 수는 108개, 사업유형은 일자리 창출형이 37.0%, 사회서비스제공형 13.9%, 혼합형 27.8%, 그 외 21.3%를 이루고 있다. 조직형태는 상법상 회사가 39.8%, 비영리민간단체 형태가 6.%를 차지하였다. 활동영역을 보면 환경분야 19.4%, 간병가사지원분야 16.7%, 사회복지분야 13.0%의 순위로 비중을 보인다. 기업의 재원 조달은 시장수입을 통해 66.5%, 정부보조금 26.7%, 기부금이나 회비 6.7% 등으로 이루어지고 있었다. 매출은 시장판매를 통해 80.8%, 공공계약을 통해 15.4%, 기타 3.5% 통해 얻고 있었다.(장원봉 2008)

3. 2. 4. 2. 마을기업

최근에 특히 일자리 창출에 목표를 두고 지역 주민 주도의 '마을기업' 사업이 진행되고 있다. '마을기업'의 개념은 지역공동체에 산재한 각종 특화자원(향토 · 문화 · 자연자원 등)을 활용해서 주민주도의 비즈니스를 통해 안정적 소득 및 일자리를 창출하는 마을단위의 기업이다. 업종도 영농조합을 통한 학교급식사업, 반찬가게, 음식점, 농촌

체험 마을 등 다양한데, 2010년에 전국 184곳으로 시작해서 2011년에는 516개로 늘었다. 이웃이 직접 생산한 것이니까 제품에 대한 신뢰도 높고 일자리 창출이라는 점에서도 호응을 얻고 있다.

정부에서는 앞으로 2013년까지 마을기업 천 개를 육성하기로 했다. 지방정부에서 지역의 문제를 비즈니스적 방법으로 해결하기 위한 마을회, NPO 등 지역 단위의 소규모 공동체들 가운데 마을기업으로의 전환을 신청하면 선정해서 지원하는 것이다. 지원대상으로 선발되면 일정액의 지원금(지역에 따라 공동체 당 5천만원 혹은 8천만원)을 제공하고, 교육 및 컨설팅도 제공하고 있다.

4. 대안적 통화 · 금융 체제

4. 1. 대안적 통화

단일한 화폐의 독점적 체제는 19세기 이전에는 별로 알려지지 않았다. 즉 '대안화폐'가 그 이전에는 오히려 정상적이었다는 것이다. 벽돌, 밀랍, 모피, 송아지, 노예, 아몬드 등 다양한 물품들이 화폐로 사용되었다. 그러다가 현대에 들어와서 국가적으로, 그리고 국제적으로 단일 통화가 제안되었다. 주로 정통 경제학자들의 주장에 의해 그렇게 되었는데, 시장의 비효율과 교역의 장애물을 제거해서 이윤을 극대화하는 완전경쟁에 경제가 가까워지기 위해서는 필수적이라는 것이 그 논거였다.(Tibbett, 127) 국가적 화폐가 아닌, 지역화폐나 경쟁적 화폐의 존재는 사회 경제적 비용을 높여서 경제성장을 방해하는, 무정부주의로 비쳐졌다. 유럽에 단일 통화 도입은 작은 나라의 경우 GDP의 1%, 큰 나라의 경우 0.5%에 해당하는 거래비용을 줄일 수 있다고 추산되었다.

그러나 금융의 세계화는 또 다른 사회적 경제적 비용을 초래한 것으로 비난받고 있다. 지역 간 소득불균형을 심화시키고 경제적 주권과 지역의 자립을 훼손한 것으로 비판받고 있다. 임금과 소득을 압박해서 민주주의와 전후 형성되어 온 사회계약을 붕괴시키고 있다는 비판이 있다.(P. Kennedy, 1996) 실제 1970년대 이후 금융의 세계화가 속도를 내면서 물물교환, 대안화폐, 지역교환거래제 등이 세계 곳곳에서 확산되어 갔다.

4. 1. 1. 대안적 통화의 종류

대안적 통화는 ①비화폐적 대체재(담배나 우표 등), ②유통화폐, ③물물교환제(지역교역거래제 LETS 포함), ④지역은행(스위스의 WIR: Wiritschaftring, 스칸디나비아의 JAK: Jord Arbete-Kapital) 등으로 분류된다. 모두 공식 화폐가 희소하거나 불안정해서 교환수단으로 적절하지 못하다고 여겨질 때 그것을 보완하거나 대체하기 위해 사용되었다.

미국에서는 1991년 상업적 물물교환이 24만 거래자들, 450체계 사이에 59억 달러 어치, 10%의 증가율로 유통되고 있는 것으로 추산되었다. 영국에서는 1992년 5개이던 LETS가 1995년에는 270개로 늘어났다. 그 외에도 중동, 중남미 곳곳에서 물물교환이 행해지고 있고, 계획경제 붕괴 후 러시아 동유럽에서 물물교환이나 금과 같은 화폐대용제가 사용되고 있다.(Tibbett, 128)

4. 1. 1. 1. 지역유통화폐

그 가치가 국가화폐와 일정 비율로 고정된다. 예컨대 미국 뉴욕의 아이타카(Ithaca)에서 1991년부터 시작된 지역화폐(Ithaca Hour)는 달러와 1대10의 비율로 설정되었다. 이는 지역화폐로 거래된 액수에 대한 과세를 위해 연방 법률로 규정한 것이다. 그러나 지역화폐(Ithaca Hour)를 일단 소지하면 국가화폐(달러)로 전환은 불가능하고, 지역 내에서의 지출로 사용할 수밖에 없다. 지역 내에서도 전국적 체인에서는 사용할 수 없다. 그러니까 지역 발전에 관심이 있을 경우에만 매력적

이다.(Jayaraman & Oak, 18)

판매대금으로 지역화폐를 받는 입장에서는 그 통화의 신뢰성 문제가 대단히 중요하다. 만약 생산자가 지역통화와 달러 간 호환성을 신뢰하지 못하면 이 제도는 뿌리를 내리기 어렵다. 그래서 지역통화는 그 지역에 오랜 기반을 가진 개인들이 설립하는 경우가 많다. 현재 세계적으로는 미국과 EU, 그리고 브라질, 에쿠아도르, 태국, 세네갈 등 최소한 35개국에서 약 1,500개의 지역화폐가 유통되고 있는 것으로 알려져 있다.

4. 1. 1. 2. 지역교환거래제도(LETS)

화폐가 전국 화폐와 교환 없이 지역에서 분배되는 것이다. LETS는 기억으로서의 화폐 개념—선물 증여의 기록과 유사하다. 현대적 의미의 '다자간(多者間) 품앗이' 제도인 것이다. 지역을 기반으로 이윤추구 않는 거래가 이루어지는 것인데, 이때의 지역통화란 구체적 실체가 있는 것은 아니다. 참가자는 0점에서 시작하는 참여계정을 받게 되는데, 서비스를 판매하면 계정 잔고 (+)로, 구매하면 계정 잔고 (-)로 된다. 이 때 채무에는 이자가 없고, 채무의 한계는 설정되면서, 다른 사람의 계정을 감시할 수단을 갖게 된다.[4)]

제공되는 서비스는 참여자 숫자에 의해 제한된다. 보통 100명을 넘는 경우 드물고 그보다 적은 경우가 대부분이다. 제공되는 서비스의 종류로는 가사일, 장비 대여 및 수선, 정원 손질, 과외지도, 운송, 이발, 애 보기, 치료 의료행위, 타이핑, 사진 촬영, 금융 조언, 시 쓰기, 재즈 부르기, 마술, 세탁기 사용, 휴일 별장 사용, 생태 조언 등등으로 다양하다. 운영 방법은 제공되는 서비스와 필요한 서비스의 목록이 우선 배포된다. A가 차량을 수리할 필요가 있고, B가 차 수리공이라 알려져 있으면, A가 B와 접촉해서 가격을 합의하고 차를 수리한다. 두 사람은 중앙 관리자에게 작업 수행했음을 알리고 A에게서 B로 통화의 이전이 승인된다.

---

4) 여기에서의 채무란 전통적인 의미의 채무(debt)와는 다르다. 그래서 debit이라 부른다.

최초 LETS는 1983년 캐나다의 서해안 코목스 밸리에서 마이클 린턴이 시작했다.[5] 캐나다 달러와 1:1비율로 교환되도록 했는데, 첫 두 해에 50만 그린달러의 교환이 이루어졌다. 1990년대 뉴질랜드, 오스트레일리아, 네덜란드, 독일(지금은 160여 지역 이상), 영국 등으로 확산되었다. 영국에서는 1995년 350곳에서, 회원 3만명, 거래액은 2백만 파운드에 이르렀다. 영국에서 제일 큰 곳은 맨체스터에서 회원이 500명이고, 세계 최대는 시드니에서 회원 1천명, 거래액이 40만 호주달러에 이르렀다. 전체 숫자는 상당히 큰데, 회원과 거래액을 보면 적어 보인다.(M. S. Peacock: 56~7) 이는 대부분 교역이 소수 회원들에 의해 연간 1인당 약간의 시간 수준으로 이루어지기 때문이다. 그러나 이 체계를 양적으로 평가하긴 곤란하다.

4. 1. 2. 대안화폐 필요성의 이론적 해석

공식 통화의 기능 장애는 화폐 고유의 기능이 갖는 문제에서 초래된 것으로 평가된다. 화폐의 기능 중 교환의 매개 기능과 가치저장 기능이 서로 충돌하기 때문이다. 시간이 흐름에 따라 화폐 보유에 이자가 부가되어서 가치저장을 더욱 자극함으로써 일부에 화폐가 축적되는 반면, 다른 곳에서는 화폐 기근이 발생해서 재화나 서비스의 교환을 충분히 매개해주지 못하게 된다는 것이다. 유럽에서 재화와 서비스의 가격에 부가되는 숨어있는 이자는 그 가격들의 50%에 육박한다고 추산되고, 독일에서 이자가 부과됨으로써 인구의 80%는 손해를 보는데 10%가 이익을 보게 된다고 추산된다.(M. Kennedy 1995)[6] I. 피셔(1933)는 세계대공황 때에 부채 상환을 위해 결제은행체계

5) LETS가 현대의 가장 대표적인 지역통화운동이긴 하지만 지역통화의 기원은 이 보다 훨씬 오래 전으로 올라간다. 1970년대 초 미국의 L. 보르소디와 R. 스완이 콘스탄트라는 이름의 지역화폐를 만들어 통용시켰던 것이다(일 년 남짓 쓰이다 중단되었으나 지역화폐의 새로운 가능성을 연 것으로 평가받는다). 이후에도 슈마허협회를 중심으로 지역 화폐에 대한 실험이 계속 이루어져 왔다.

6) 중세유럽에서는 돈을 빌려주고 이자를 받는 행위는 죄악시했다. 기독교와 이슬람교에서는 종교적 덕목으로 이를 더욱 강화했다. 그래서 원금에 이자를 더해 받는 유태인

가 약 10억 달러의 현금을 흡수함으로써 총통화 공급이 1/3 축소되었다고 했다.

반면에 농산물과 같은 재화의 생산자는 실물을 보유하는 시간이 길어질수록 그 가치가 떨어지는데, 화폐는 오히려 가치가 이자만큼 늘어나는 불균형이 존재한다. 이 때문에 실물의 생산과 처분이 특정 시기에 집중해서 자본주의 경제의 주기적 호황과 불황, 즉 경기 불안정이 나타난다.(S. Gessel 1929) 따라서 화폐 보유에도 수수료를 부과하거나 화폐가 갖는 양 기능의 분리가 필요하다. 이렇게 자본주의 경제에서 화폐가 촉발하는 불균형과 불안정을 차단하기 위해서는 오로지 교환을 매개하기만 하는 대안화폐의 필요성이 높아진다. 특히 낙후지역의 경우 지역 내 생산과 소비를 촉진해서 지역경제를 되살리기 위해 지역화폐 혹은 지역교역거래제가 필요하다.

게다가 IT산업의 발전과 금융의 탈규제가 전자화폐, 신용카드, 직불카드 등을 확산시켰는데, 이는 화폐가 구체적 상품에서 추상적 상징으로 진화한 과정의 끝을 보여주는 것으로서, 화폐금융체제가 정보체계로 이행했음을 뜻한다. 즉 상품/서비스와 다른 금융거래 상의 지불요구에 관한 정보의 체계로 진화했음을 나타내는 것이다.(J. Robertson, 96~100) 이제 화폐 금융제도는 생산부문에 자원 이동을 촉진시켜 사회에서의 생산을 지원하는 면도 있지만, 그 이상의 돈벌이 수단으로 확대되는 것은 다른 어디에선가 (-)의 벌이가 있다는

고리대금업자 샤일록은 악의 화신으로 셰익스피어가 묘사했다. 그러다가 근대로의 이행기에 이를 기독교에서 생산에 쓰이는 화폐란 조건을 붙이면서 점차 용인하게 되었다(오히려 이슬람교에서는 지금까지도 이자는 금지하고 있다).
루터는 이러한 변화에 대해 신랄하게 비판을 가했다. "빌려주고 거기에 대해 좋은 것을 취하는 자는 고리대금업자이며, 도둑 강도 살인자들과 같이 저주를 받는다"고 했고, "모든 세상을 해치기 위해 이자로 자본 증식을 꾀하는 것을 '더 이상 악덕, 죄악, 수치가 되지 않고 고상한 덕목이고 영예로운 것'이라는 의식을 조작하고 현실을 은폐하는 당시의 세력에 대항해서 투쟁하려고 자신이 나섰다"고 했다(「고리대금업자들에 반대해서 설교할 목사들에게」; U. 두크로, 253-6). 성서나 루터의 무조건적 이자금지는 시장경제에서 그대로 받아들일 수 없는 것은 분명하다. 그렇지만 이자의 정도(실질성장의 정도에 따른) 문제가 남아 있고, 또 초국적으로 활동하는 일반은행에(교회의 돈을; 이 괄호는 인용자가 붙임) 맡길 것인가 아니면 대안적 은행(적은 이윤을 추구하는)에 맡길 것인가 하는 문제도 남아있다(앞의 책, 272)

것이다. 화폐 금융 거래 종사자들이 생산부문 종사자들 이상의 봉급을 받는 최근의 전도된 상황은 금융체제의 타락상으로 보아 마땅하다. 이제 그 보수의 수준과 과잉 배치된 인력, 양 측면에서의 거품은 꺼져야 하며, 인간 삶에 밀착해서 기능하는 그 본래 역할로 환원되어야 한다.

4. 1. 3. 지역통화의 기능

4. 1. 3. 1. 수요 표현 장치

지역의 소비자가 보유하고 있는 지역화폐의 양이 많으면 그만큼 지역의 생산자들은 자신의 생산물에 대한 수요가 늘어날 것으로 예상할 수 있고, 따라서 생산용 설비에 대한 선행 투자를 늘려서 더 낮은 한계비용으로 생산할 수 있게 된다. 즉 사전에 더 효율적인 투자를 결정할 수 있게 해서 그만큼 지역경제가 발전한다.(Jayaraman & Oak, 2005)

4. 1. 3. 2. 실업과 빈곤 축소 역할

LETS가 아니었으면 사장되었을 노동, 숙련을 사용할 수 있게 동기를 부여한다. 게다가 지역의 자급, 개인의 가치감, 자존심을 증대시킬 수 있다. 회원들이 화폐 매개 없이 넘치는 시간을 서로의 유효수요로 바꾸게 해준다. 여기에 애향심, 소속감을 크게 키우게 된다. 이미 그전부터 잘 알던 주민들 사이에 거래가 이루어지고, 그렇지 않았다면 별로 없었을 사회적 접촉을 촉진시키는 기능을 하는 것이다. 지역공동체와 밀접한 관련이 있다는 점에서 전통적인 화폐와는 크게 다르다.(M. S. Peacock, 58~59)

유럽과 북미에 과거 공업도시로 번성했다가 오늘날 쇠락한 지역들에서는 실업문제, 토지 등 자산의 유휴상태가 많아졌는데, 지역화폐 유통이 큰 효과를 거두었다. 지역화폐가 처음 시작된 앞의 캐나다의 경우도 여기에 해당된다. 미국 매사추세츠의 버크셔지역에서도

'지역경제를 위한 자조협의회(Self-Help Association for a Regional Economy)'를 결성해서 지역화폐(Berkshares)를 유통시켰는데, 이 화폐는 달러 시세로 표시된 땔나무 가격을 기준으로 되어 있어서 국가적 인플레이션의 영향을 받지 않을 수 있었다.(J. Robertson, 128~9)[7)]

4. 1. 3. 3. 세계화에 대한 대항수단

경제의 세계화, 금융의 세계화는 불균형과 불안정을 전 세계적 수준으로 가속화시키기 때문에 더욱 지역화폐의 필요성을 높였다. 중층적 통화구조가 필요한 것이다. 실제로 스칸디나비아에서 이자 없는 화폐 및 은행 체계인 JAK는 1930년대 세계대공황기에 만들어졌다가 1970년대에 다시 부활해서, 1993년에는 38,000명 회원들 간에 3억 달러(6억 크라운) 어치의 교환을 매개했다.(이상 Tibbett, 129~131)

지역화폐의 확산이 세계화와 이런 관계에 있지만 지금까지의 전통적 국민국가는 이를 그 독점적 통화관리권의 붕괴로 보고 억제해 왔다. 예컨대 오스트리아의 워글(Worgl)에서는 1950년대에 공공사업 고용 노동자들에게 '노동표'를 지급해서 과세와 고용을 늘리고 지역경제 활성화 효과를 올렸다. 그 성과에 고무된 다른 지역들도 이 방식을 채택하려 하자 오스트리아 중앙은행은 그 실험에 제재를 가하였고, 대법원은 이를 승인하여서 새로운 혁신은 궤멸되었다. 지역화폐 유통을 위한 국가와 주민 간의 새로운 협정이 필요하다.(J. Robertson, 126~127)

4. 1. 3. 4. 경제를 사회에 재통합하는 수단

근대로의 이행기에 경제가 사회로부터 분리되었을 뿐만 아니라 오히려 인간의 사회적 삶을 지배해 왔다. 이 때 매개역할을 한 것이 화폐였다. 인간의 삶이 과잉사회화도 피하고 과소사회화도 피하면서

7) 그런데 이런 '지역 품앗이제도'에 문제도 있다. 실제 지역에서 많이 선호되는 서비스는 이미 노동시장에서 선호되고 있는 숙련노동일 가능성이 크고, 정작 이 품앗이제도를 필요로 하는 미숙련 혹은 저숙련 노동은 이 제도에서도 덜 선호될 수 있다는 것이다.

(Granovetter 1985), 가족 및 그 주변과의 관계 속에 비경제적 동기에 따라 이루어져야 비로소 평온한 삶의 기쁨을 누릴 수 있다. 경제가 사회적 관계 속에 재통합(re-embedded)되어야 하는 것이다. 그렇게 되도록 하기 위해서는 사회적 관계가 중심이 되는 지역적 교환거래제(LETS)가 삶을 감쌀 수 있어야 한다.(L. Thorne, 1362~4)

4. 1. 4. 한국의 경우

'지역품앗이' 운동은 사실 전혀 새로운 운동이 아니고 서구적인 것도 아니다. 우리나라에는 두레, 품앗이 등의 공동체적 상호부조체계가 있으며 지역품앗이 운동은 그러한 체계와 다르지 않다. 그러나 현대적 모습으로 시작된 것은 역시 IMF 관리 하에 들어간 1997년 외환위기 이후의 시대였다. 1998년 3월에 우리나라에서는 처음으로 '미래를 내다보는 사람들의 모임'이 '미래화폐(Future Money)'란 이름으로 지역화폐의 운영을 시작한 이래, 불교환경교육원, 인천정보통신센터, 대구로타리클럽, 구리YMCA 등에서 지역화폐 운동을 벌여왔다. 교육관련 출판사인 '민들레'의 민들레 교육통화, 도서출판 '작은 것이 아름답다'의 '작아 장터' 등의 지역화폐운동도 있다. 대구 중구청의 지역활성화센터에서 운영하는 지역화폐, 서울시 서초구청의 서초품앗이, 송파구 자원봉사센터의 송파품앗이 등 지방자치단체 차원에서도 다양한 지역화폐 운동이 벌어지고 있다.

2005년에는 '한국공동체화폐연대'가 발족되었는데, 그 때 참여한 단체는 7개였다. 결과적으로 기대만큼 큰 결실을 맺은 것은 아닌 것이다. 시민단체들이 지역화폐를 도입한 경우에도 의미 있는 성과가 나타나지 않았다고 평가된다. 회원 사업의 일부로 한 것이기 때문에 지역화폐 운동 자체에 집중하기 어려웠을 것으로 여겨진다. 그 가운데 잘 운영되고 있는 것으로 평가되는 대전의 '한밭레츠'의 경우는 대안경제운동보다는 공동체운동으로 더 유익했다고 평가된다.(김성훈 2006, 75~7) 한밭레츠는 2000년부터 출범한 후 건강한 삶을 살자는 취지에서 공동출자로 의료기관 '민들레의료생활협동조합'을 세웠고, 아이들 교육을 위해 대안학교인 '대전푸른숲학교'를, 안전한 먹거리를 위해 '두루부얼'이란 먹거리 공동체를, 아이 키우는 엄마들은 '아기와 엄마'라는 공동체를 만들었다. 돈보다 이웃이 더 가치있게 여겨진 것이다.(김성훈 2004, 22)

4. 2. 대안적 금융체제

화폐의 기능 중 교환을 매개하는 기능에 비해 가치저장 기능이 더욱 확대됨으로써, 더구나 채무자들로부터 이자 받는 것을 보장해주는 전통적인 은행들에서 더 나아가 투기적 수익 창출을 과시하는 각종 펀드들이 국제적 차원에서 활동을 확대하면서 이제 금융회사들은 바야흐로 생산 대중을 수탈하는 샤일록, 악마적 연금술사로 변화하고 있다. 이제 생산의 금융화를 촉발해서 투자수익을 위해서는 구조조정을 최고의 수단으로 삼아 인수합병과 정리해고를 미덕으로 여기는 국제투기자본에 대한 국제적 규제가 시행되어야 한다. 또 금융기관도 빈곤을 딛고 일어서려는 빈곤층의 노력을 지원하는 대안적 은행들이 확대되어야 한다.

4. 2. 1. 대안적 은행

4. 2. 1. 1. 마이크로 크레딧

세계의 대안 은행들 가운데 가장 대표적인 것이 방글라데시의 그라민은행이다. 이 은행은 경제학자인 무하마드 유누스의 연구와 함께 시작되었는데, 1992년 말 협동조합적 그라민은행은 최저 빈곤층 가운데 1,400만명의 회원을 보유하게 되었고, 그 중 93%가 여성이었다. 그들은 약 5만 개의 지역으로 조직화되었고, 그것들은 6~10개의 지역금고집단을 형성했다. 4억 7,500만 달러가 작은 단위의 대여금으로 나갔으며, 그 중 98%가 2년 안에 상환되었다. 15만 7천 가구의 빈민지역 거적집이 새로운 집으로 바뀌었고, 아이들이 처음으로 학교에 가고 좀 더 나은 음식과 의복을 가지게 되었다. 또 여성들이 전통적 종속상태에서 벗어나서 성장하는 사회정치적 힘이 되었다.

그 성공의 핵심은 가난한 사람들이 스스로의 적은 저축을 통해, 조직에서의 공동 의사결정과 교육, 부채를 조금씩 상환해가는 훈련을 통해, 그리고 작은 협업적 기업들의 운영을 통해 스스로 자신의 기본 욕구를 더 충족시킬 수 있는 길을 발견한 데 있었다. 물론 적은 자금으로 닭을 키우고, 자전거로 배달을 해서 생계를 이어갈 수 있는 후진국의 상황을 여타의 중진국 또는 선진국에 직접 대입하기는 쉽지 않다. 더 많은 초기 자금이 필요하기 때문이고, 새로이 창업한 사업의 성공도 훨씬 더 어렵기 때문이다. 또 대안 은행들도 대여된 돈의 일정 비율을 다른 은행들처럼 중앙은행에 예치해두어야 하는데, 이는 분명히 은행으로서는 자금을 잠겨두는 만큼의 비용을 부담하는 부분이다. 그러나 이미 35개의 대안적 은행들의 협력체인 '사회적 경제에 대한 투자자들의 국제협의체(International Association of investors in the Social Economy)'도 존재한다.

대안 은행들에도 새로운 활동 영역이 있다. 첫째, 예금된 자금을 사회적 생태적으로 생명을 증진시킬 수 있는 프로젝트에 특별히 대여해서 지원할 수 있다. 둘째, 예금주들은 자신들의 돈이 은행을 통해 군수공장들, 환경파괴 기업, 인종차별 기업과 정부, 인권을 침해하는 기업들에게 대여되는 것을 막을 수 있다. 셋째, 예금주들은 빈곤층, 민주적으로 관리되는 기업들, 환경보호 사업 등에 유리한 조건으로 대출해주기 위해 전부 혹은 일부 이자를 포기할 수 있어야 한다. 독일에서는 보쿰에 본부를 둔 GLS-보쿰은행, 프랑크푸르트에 있는 생태은행, 아메스포르트에 있는 에큐메니칼 개발협동조합(EDS) 등이 있다. 스위스와 그 외 유럽국가들에는 '사회적 경제에 대한 투자자들의 국제협의체' 등이 있다.(Duchrow, 300~303)

4. 2. 1. 2. 한국의 경우

우리나라에서 마이크로 크레딧의 필요성이 본격 제기된 것은 1997년 외환위기 이후이다. 외환위기로 인해 직장을 잃고 저소득층으로 전락한 서민층이 급증하였지만 자활의지가 있어도 신용등급이 낮아 은행의 대출 문턱을 넘지 못하는 경우가 많았다. 2000년대 초반 신용카드 버블 붕괴로 제도권 금융기관들이 서민들에 대한 소액신용대출을 기피하면서 이들의 어려움은 더욱 가중되었다. 이에 민간 주도로 설립된 '신나는 조합'과 '사회연대은행'이 각각 2000년과 2002년에 사업을 개시하면서 한국형 마이크로 크레딧의 싹이 트기 시작했다. 이렇게 해서 금융소외계층에게 창업・운영자금 등의 자활자금을 무담보・무보증으로 지원하는 것은 물론 경영컨설팅, 채무불이행자에 대한 부채상담 등의 서비스까지 제공하게 되었다.

2008년 3월 정부가 이 사업을 활성화시킨다는 취지에서 휴면예금을 재원으로 '소액서민금융재단(휴면예금관리재단)'을 출범시키고, 6월에는 '국민연금을 활용한 신용회복 지원' 사업을 시행했으며, 9월에는 고금리대출을 전환하는 업무를 담당할 신용회복기금을 출범하였다. 또 2009년 9월 17일 사업의 이름을 '미소(美少)금융' 으로 정하고 본격적으로 확대하기로 했다. 정부는 10년간 대기업 및 은행・증권사의 기부금과 휴면예금 출연금으로 약 2조 2천억원의 기금을 조성하기로 하고, 소액서민금융재단을 확대・개편한 '미소금융중앙재단'이 미소금융사업의 중추적 역할을 담당하게 했다. 재계나 금융권 등도 개별적으로 미소금융재단을 설립한 후 중앙재단의 기금을 배분받아 자율적으로 사업을 수행할 수 있게 했다. 그런데 소액신용대출로 지원할 수 있는 사업은 주로 영세자영업인데, 개발도상국과는 달리 우리나라는 이미 영세자영업이 포화상태에 빠져 있어 어려움이 많을 수밖에 없다. 또 정부의 개입은 민간부문에서 자생적으로 진행되던 대안금융운동을 정부가 장악한 결과가 되었다.[8)]

---

8) 실제로 소액금융에 대한 이명박 정부의 화려한 청사진과 달리 사업 운영결과는 형편없다. 소액서민금융재단의 경우 휴면예금을 통한 자본금은 2,704억원이나 되는데, 대출

4. 2. 2. 국제투기자본에 대한 규제

최근 금융거래가 실물거래를 압도하는 자본의 국제화가 진행되면서 펜션펀드, 뮤츄얼펀드, 헤지펀드 형태의 투자 내지 투기 자본이 자본주의의 성격을 바꿔왔다. 금융자본의 산업자본 대체는 금융거래의 놀라운 증가로 잘 드러난다. 2000년대 초반 기준으로 1년간 전세계 수출입 거래량이 대략 4조 달러인 반면, 하루 국제 금융시장 거래량은 3조 달러 이상으로 금융거래가 실물거래에 비해 거의 300배 이상 크게 되었다. 이제 공장을 짓고 물건을 만들기보다 주식에 투자하여 돈을 버는 것이 더 낫게 된 '자본주의의 카지노화'가 나타났다.

투기자본의 공격에 외환보유가 취약한 국민국가들이 공격을 당해 외환위기를 겪으며 투기자본의 막대한 이익 창출에 제물이 되고 있고, 기업들도 그 수익 창출을 위해 기업 간 흡수합병(M&A), 구조조정을 일상화해서 생산과정의 건실한 유지와 종업원의 고용 유지는 헌신짝처럼 버리고 있다. 국제투기자본의 이러한 저주를 막기 위해 '토빈세(Tobin Tax)' 도입의 필요성이 제기되었다. 토빈세란 미국 경제학자

실적은 2008년 271억원(10%), 2009년 440억원(39%)에 불과하였다. 신용회복기금의 경우 2008년 전환대출 목표가 46만명에게 7천억원이었으나, 실적은 70명에게 5억원 대출한 데 그쳤고, 법령정비를 끝낸 2009년 8월말 기준으로도 70만명에게 7천억원이 목표였으나, 10,900명(1.5% 실적)에게 1,064억원을 대출했을 뿐이었다. 또 국민연금을 활용한 신용회복 지원도 2008년 30만명에게 3,885억원을 목표로 했으나, 6626명에게 186억 원을 대출했고(5.8% 실적), 2009년에는 실적이 전혀 없었다.

이러한 저조한 사업실적의 원인이 바로 기존에 10여 년 경험을 축적해온 민간단체가 아닌 정부주도 방식에 있다는 평가이다. 정부는 전혀 기금 출연 없이 민간금융기관을 쥐어짜서 미소금융재단의 기금을 조성하고, 소액대출을 가장 필요로 하는 신용불량자 개인파산자 기초생활수급자 등은 대상에서 아예 제외시켜 놓았으며, 창업자금의 경우 자본금의 50%는 미리 확보해야 하고 보유재산이 8,500만원(대도시는 1억 3,500만원) 이상이어야 하는 등의 까다로운 조건을 붙여놓았다.

추진기관도 경험을 축적한 기존 민간단체들에게는 사업지원을 크게 줄여서 사회연대은행은 2008년 6억원에서 2009년 5억원으로, 신나는조합은 6억원에서 5억원으로 삭감한 반면, 민생포럼(전 한나라당 부대변인이 대표 역임), 민생경제연구소(사단법인 뉴라이트에서 명칭 변경) 등은 사업 경험이 전혀 없는데도 새로 선정되었다. 게다가 미소금융재단의 경우 사무처장 연봉이 1억 260만원 이상이고 1급 팀장은 7,700만원 이상, 일반직원은 4,300만원 등, 직원 16명의 1인당 평균 급여가 7,300만원인 것으로 나타나서 전형적인 도덕적 해이를 보여주고 있다.(김남근, 2010)

토빈(James Tobin)이 투기성 단기 국제금융거래에 대해 일종의 세금을 부과하자고 처음 주장한 데서 시작되었다.

이 주장은 거의 20여 년 동안 수면 아래 있다가 1990년대 말 아시아 경제위기를 계기로 다시 주목받았다. 그 후 토빈세는 대안 세계화 운동의 중요 이슈가 되었고, 학계, 거리 시위, 의회 등에서 논의되었다. 본래 토빈이 제안한 세제 비율은 금융거래액의 1%였지만 이후 그 비율이 0.1%와 0.25% 사이로 계속 줄어들었다. 그런데도 프랑스와 중남미 일부 국가들은 도입을 적극 주장한 반면, 대부분의 서유럽 국가들은 토빈세 도입이 외환거래에 제약을 가해 시장을 불안하게 만들 것이라는 우려 아래 부정적인 입장을 취했다.

토빈세(Tobin Tax) 채택을 목적으로 1997년 12월 '르몽드 디플로마티크'의 편집주간이던 이냐시오 라모네(I. Ramonet)가 "시장을 무장해제하라!"라는 제목의 사설에서 그 채택을 압박하기 위한 시민운동단체 설립을 제안하였다. 그 사설이 기폭제가 되어 1998년 6월 3일 프랑스 파리에서 ATTAC('시민지원을 위한 국제금융거래 과세연합 Association pour une Taxation des Transactions financires pour l'Aide aux Citoyens')이란 시민교육 계몽운동단체가 출범하였다. ATTAC은 2001년 1월 세계경제포럼에 맞서 조직한 세계사회포럼 출범에 주도적인 역할을 담당하고, 2001년 7월 이탈리아 제노아에서 열린 G8 정상회담을 반대하는 20만명 규모의 초국적 저항운동에 참가하기도 했다.

한국에서도 유사한 목적으로 '투기자본 감시센터'가 2004년 8월 25일 결성되었다. 시민단체, '민주사회를 위한 변호사모임', 학계, 노동계와 일반인이 개인자격으로 참가하여 발족된 이 단체는 IMF 이후 확대되고 있는 투기자본 횡포에 대한 규제와 사회 공공성 강화를 주제로 활동을 이어왔다.

5. 대안적 무역: '공정무역'

오늘날 자유방임주의가 국제무역에도 적용되어야 하고 그렇게 할 때 경제성장도 가장 빠르며, 국민의 후생수준도 가장 높다는 지상명령이 세계를 압도하고 있다. 그러나 독일의 역사학파 F.리스트 이래 최근 장하준(2002)에 이르기까지 많은 논자들은 그 논리는 역사적 허구라 본다. 영국을 비롯한 선진공업국들이 한창 산업혁명을 통해 공업화를 진행할 때는 자유무역을 행하지 않았고, 강력한 보호무역을 했다는 것이다. 특히 미국의 경우 20세기 초까지도 보호무역의 틀을 완전히 벗어던지지 못했다는 사실을 밝혀내었다.

결국 자유무역이 공정무역(fair trade)이라 주장되지만 사실은 선진국이 약자를 착취하기 위한 논리에 불과하고, 실상은 더욱 왜곡되고 있다. 일반적으로 공업화 초기에 주력하게 되어 국민적 산업이 되는 섬유의류산업의 경우 후진국이 그 부문을 발전시켜 수출을 늘리면 미국 등의 선진국은 늘 수출할당제, 자율규제 등등의 제한을 통해 수입을 억제하고 있다. 농산물의 경우 전 세계에 생산 보조금이 1984-6년의 경우 한 해에 2,460억 달러에 이르렀는데, 농가소득에서 농업보조금이 차지한 비중이 미국은 15%에서 35%로, EEC는 36%에서 49%로, 일본은 54%에서 75%로 높아졌다. 이들 선진국이 농업보조금을 사용한 결과 세계 농산물 시장에서 선진국 농산물의 수출은 오히려 늘고, 농업이 주산업인 후진국의 농산물은 퇴출, 농업이 궤멸상태에 이르렀다.(J. Roberson, 74~75)

세계무역에 근본적 변화가 필요한 것이다. 대안적 무역체계로서 조금씩 나타나고 있는 것이 '공정무역(Fair Trade)'이다. 이것은 원조가 아닌 공정한 거래/무역을 통해 3세계의 빈곤문제를 해결하면서 새로운 사업모델을 만들기 위해 대안적 운동으로 전개된 것이다. 우리 주변에도 이미 커피 차 초콜렛 등의 일부 농산물에서 그렇게 수입된 것들을 볼 수 있다. 공정무역에 대해 가장 널리 알려진 정의는 다음과 같다. "공정무역은 대화와 투명성, 존중에 기초하여 국제 무역에서 보다 공평하고 정의로운 관계를 추구하는 거래 기반의 파트너십이다. 공정무역은 특히 저개발국가에서 경제발전의 혜택으로부터 소외된 생산자와 노동자들에게 더 나은 거래 조건을 제공하고 그들의 권리를 보호함으로써 지속가능한 발전에 기여한다." (WFTO & FLO 2009)

공정무역을 조직의 핵심 목적으로 활동하는 조직, 회사, 단체들을 공정무역 단체(FTO)라 한다. 현재 세계적으로 70개 이상의 국가에서 400개가 넘는 공정무역 단체들이 활동하고 있다. 이들 단체들은 소외되고 가난한 생산자들이 힘을 가질 수 있도록 지원하고, 기존의 불평등한 무역 구조와 관행에 대안을 제시하는 것을 사명으로 삼는다. 기존의 유통과정을 거치지 않고 직거래로 수입되기 때문에 가격은 유지하면서 생산자들에게 더 많은 혜택을 줄 수 있다. 거의 친환경농법으로 생산되기 때문에 소비자는 믿고 살 수 있다.

현재 전 세계에서 공정무역으로 거래되는 상품은 2만 7천여 종, 거래액은 약 2조원에 달한다. 전체 무역량의 0.1%를 차지하면서 약 700만명의 생산자들에게 혜택을 주고 있는데, 이를 1% 수준으로 끌어올리면 더 많은 사람에게 혜택을 줄 수 있을 것이라 추산된다. 한국에서도 2005년부터 아름다운커피, YMCA 피스커피, iCoop생협, 두레생협 APnet, 기아대책 행복한나눔, 한국공정무역연합, 페어트레이드코리아 그룹 등의 공정무역 단체들이 생겨났다.(http://www. beautifulcoffee.com)

물론 이런 공정무역이 갖는 한계가 지적되기도 한다. 후진국이 선진국과 교역하는 과정에서 농촌의 자족적 경제구조가 해체되고 선진국으로 수출을 위한 단일작목체제(mono-culture)로 왜곡되었는데, 소위 '공정무역'이 이를 온존시킨다는 지적이다. 그러나 농촌의 자족적 경제구조 복원을 위해서도 투자가 필요한데 공정무역을 통한 후진국으로의 자금유입은 주민들의 자율적 판단에 따라 이를 가능케 할 것이다. 또 다른 문제는 공정무역이 기존 상업적 거래에 이용당하는 면이 있다는 점이다. 예컨대 커피점 스타벅스는 판매량의 1-2% 정도를 공정무역으로 구입하고 있지만 전부를 그렇게 구입하는 것처럼 영업전략으로 활용하고 있다. 공정무역의 운동성이 시장성으로

대체되고 있는 것이다.(한선, 52)

6. 결론: 대안적 경제의 실현을 위한 행동계획

이상과 같이 날로 심해지고 있는 자본주의 시장경제체제의 변동성과 불평등성에 대항하기 위한 여러 가지 방안을 살펴보았다. 즉 자본주의체제 자체를 폐지할 수는 없고, 그 자체는 인정하되 체제 내에서 대항하려는 수단들이다. 사유재산제도와 시장을 통한 교환을 폐기하고 국가적 소유와 국가계획을 통한 자원배분으로 이행했을 때, 못지않은 문제가 발생함을 인류는 경험했기 때문이다.(김재훈 2009) 그래서 이렇게 국가에 의한 재분배 외에 자본주의 안에 이런 다양한 대안적 경제영역을 갖춤으로서 자본주의의 모순을 극복하자는 것이다.

물론 이렇게 체제 안에서 체제를 극복하는 방안은 어떻게 보면 소극적이고 소심한 방안일 수도 있다. 앞에서 살펴본 대안적 경제, 사회적 경제 중 여러 부분은 요즘 자본주의 국가도 적극 지원하고 있는 현실에서도 크게 체제 위협적 성격을 갖는 것이 아님을 느낄 수 있기도 하다. 체제의 극복도 체제 자체가 목적이 아니라 그 속에 살아가는 대중의 삶을 위한 것인 만큼 이렇게 해서 삶이 절대적으로나 상대적으로 더 낫게 개선될 수 있다면 굳이 마다할 필요는 없는 것이다.

그러나 이런 수준의 대안적 경제도 쉽게 성취할 수 있는 것은 아니다. 우리가 일상적으로 숨 쉬는 공기와 같이 이미 우리 생활 깊숙이 들어와 있는 경쟁의 논리, 더구나 승자 독식의 원리, 자본과 권력을 소유하면 지배하고 종속당하는 것을 당연시여기는 습성, 그리고 모든 노동의 성과를 화폐 단위로 환산하는 습관으로부터 벗어나지 않으면 안 된다. 또 사회적으로는 빈곤의 하한선을 정해서 그 이하의 고통은 겪지 않도록 재분배체계를 확립하는 한편, 부의 상한선도 정해서 그 이상의 탐욕은 문화적 정신적 이상을 추구하는 삶이 되도록 삶의 철학을 바꾸도록 할 필요가 있다. 국민국가의 경제관도 바뀌어야 한다. 날로 국경의 개념과 국민국가의 국민 보호 기능이 약화되어 가고 있는 시점에 통화체제에 대한 국가의 독점적 개념도 부분적으로나마 변해야 한다.

이러한 모든 변화는 저절로 오는 것이 아니다. 근대로의 이행기에 시민의 피로 쟁취된 인권 개념은 시민적 권리, 정치적 권리를 거쳐 이제 사회적 권리의 개념으로 확대되어야 한다. 그 힘은 지역에서 직장에서 민주주의의 강화로 시작된다. 자본의 권리가 인정되는 만큼이나 노동의 권리도 인정되어서 회사의 경영에 관한 의사결정에 일정하게 발언권을 가질 수 있어야 하고, 중앙 및 지방정부의 경제정책, 사회정책이 결정되는 데에도 주민의 민주적 참여가 확립되어야 한다.

그리고 자본주의 경제가 세계적 규모로 그 힘을 확대해가고 있는 만큼 그에 대항해서 인간의 삶을 보호하려는 운동도 국제적 연대를 확대해가야 한다. 당장 국제투기자본에 대한 규제는 어느 한 나라의 힘으로는 전혀 가능하지 않다. 모든 차원에서의 반대세력 형성을 통해 초국가적 경제체제 및 금융체제를 정치적 민주적으로 통제하는 것을 목표로, 전 지구적 자본주의 시장경제에 의해 고통 받는 집단들의 동맹을 형성해야 한다. 이미 세계적으로 수많은 여성운동, 농민운동, 주민운동, 생태운동, 평화운동 등이 있고, 그것들은 국제적 연대망을 맺고 있다. 이들은 노동조합운동과도 결합되어 있고, 종교운동, 그리고 정당들과도 동맹관계에 있다. 이들을 더욱 강화해서 국제적인 차원에서의 '희망의 동맹'(Duchrow, 329~353)을 결성하고, 연대에 기초한 세계 경제·시민권운동을 전개해가야 한다.

❖ 참 고 문 헌

김남근: 「미소금융사업의 문제와 과제」, 『황해문화』, 2010년 봄호.

김성훈: 「지역 주민 스스로 돈을 발행하자」, 『환경과 생명』 50호, 2006.

—: 「이웃은 답을 알고 있다 -지역화폐운동 레츠」, 『중등우리교육』 174호, 2004.

김재훈: 「개발국가에서 복지국가로의 이행: 일본과 한국」, 『2012 경제학 공동학술대회 한국사회경제학회 발표 논문집』, 2012.

—: 「미래 한국사회의 경제체제: 사민주의 복지국가 모형」, 『미래문화 I』, 대구대 출판부 2010.

—: 「사회주의의 동력과 한계: 사민주의 복지국가의 의의」, 『현대사상』 5호, 현대사상연구소 2009.

장원봉: 「한국 사회적 기업의 실태와 전망」, 『동향과 전망』 75호, 2008.

한선: 「착한 소비의 물신성」, 『한국언론학회 2011년 봄철 정기학술대회 발표 논문집』, 2011.

P. Beresford/S. Croft: Beyond welfare, in: P. Ekins/M. Max-Neef (eds.): Real-life economics, London/New York 1992.

H.-J. Chang: Kicking Away the Ladder?: Economic Development in Historical Perspective, 2002(『사다리 걷어차기』, 부키 2004).

P. Convery: Local Enterprise Growth Initiative, in: Local Economy, vol. 21, issue 3, 2006.

U, Duchrow: Alternativen zur kapitalistischen Weltwirtschaft, 1994(손규태 역, 『성서의 정치경제학: 자본주의 세계경제의 대안』, 한울 1997).

J. F. Guadaňo: Structural Changes in the Development of European Co-operative Societes, in: Annals of Public and Cooperative Economics, vol. 77, issue 1, 2006.

M. Granovetter: Economic action and social structure: the problem of embeddedness, in: American Journal of Sociology, 91, 1985.

F. A. Hayek: The Constitution of Liberty, Chicago 1960.

International Cooperative Alliance, The International Co-operative Alliance Statement on the Co-operative Identity, 1995. Manchester: International Cooperative Alliance (XXXI Congress International Cooperative Alliance), 1995.

R. Jayaraman/M. Oak: The Signaling Role of Municipal Currencies in Local Development, in: Economica, vol. 72, issue 288, 2005.

A. Kay: Development of Social Enterprise from the point of view of Social Inclusion, in: Japan Social Innovation Journal, vol.1, issue1, April, 2011.

P. Kennedy: Forecast: global gales ahead, New Statesman and Society, 31, May, 1996.

S. M. Peacock: Local Exchange Trading Systems: A Solution to the Employment Dilemma?, in: Annals of Public and Cooperative Economics, vol.71, no.1, 2000.

K. Polanyi: The Great Transformation- The Political and Economic Origins of Our Time, 1957(박현

수 역, 『거대한 변환―우리시대의 정치적 경제적 기원』, 민음사 1991).
J. Robertson: Future Wealth-A New Economics for the 21th Century, Mansell Publisher, 1990.
K. Rushby: Paradise-A History of the Idea That Rules the World, New York 2007.
R. Simmons/J. Birchall: The Role of Co-operatives in Poverty Reduction: Network Perspectives, in: The Journal of Socio-Economics, vol. 37, issue 6, 2008.
E. M. Suplicy: Legitimizing basic income in developing countries: Brazil, or the answer is blowin' in the wind, in: Journal of Post Keynesian Economics, vol. 25, issue 3, 2003.
R. Tibbett: Alternative Currencies: A Challenge to Globalization?, in: New Political Economy, vol.2, no.1, 1997.
L. Thorne: Local exchange trading systems in the United Kingdom: a case of re-embedding? in: Environment and Planning A, 1996, vol. 28, issue 8.
World Fair Trade Organisation(WFTO) and Fairtrade Labelling Organizations International(FLO), A Charter of Fair Trade Principles, 2009 (http://www.european.fair.trade.association.org)

노동과 민주주의

이 승 협(대구대 사회학)

> 완전고용이라는 지도 이념이 붕괴하고 있다. 2%대의 실업, 정상적인 상태로서의 정규 노동, 사회적 정체성, 직업을 통한 안정 등은 이제 역사가 되어 간다(울리히 벡, 1999).

> 아마도 2050년쯤이면 전통적인 산업 부문을 관리하고 운영하는 데 전체 성인 인구의 5% 정도밖에 필요하지 않게 될 것이다 … 노동자 없는 세계로 열린 길이 시야에 들어오고 있다. 그 길이 우리를 기술 천국의 유토피아로 인도할 것인지, 무서운 지옥으로 인도할 것인지는 아무도 모른다(제레미 리프킨, 1996)

일과 노동이란 무엇인가? 왜 우리에게 고용과 직업이 중요한 것일까? 왜 일자리는 부족해지는 것일까? 여기에서는 노동에 대한 사회학적 분석을 통해 현재를 분석하고 미래를 전망해본다. 또한 경제적 발전논리에 따른 노동의 종언이라는 현상을 제한할 수 있는 사회적 통제의 가능성을 산업 및 경제민주주의, 또는 자본주의 4.0의 관점에서 고찰한다.

프롤로그: 어부 이야기

은행의 투자상담가가 어촌에서 커다란 물고기를 나르고 있는 어부를 보고 대화를 시작했다.

투자상담가: 그 정도의 물고기를 잡는 데 어느 정도 시간이 걸립니까?

어부: 뭐 서너 시간 정도 걸리죠.

투자상담가: 그런데 왜 더 많은 물고기를 잡지 않고 벌써 항구로 돌아왔습니까?

어부: 지금 잡은 물고기만으로도 가족을 부양하는 데 충분한 걸요.

투자상담가: 그럼 남은 시간에는 뭘 하나요?

어부: 아침 늦게까지 자다 일어나서 물고기를 잡으러 갔다 온 다음에는 아이들과 놀죠. 그리곤 점심을 먹고 처랑 같이 지내다 오후에는 마을로 산책을 갑니다. 저녁에는 친구들과 술도 마시고, 기타도 치면서 놀죠. 보다시피 아주 만족스러운 생활을 하고 있어요.

투자상담가: 저는 하버드 졸업생이고 현재 컨설턴트로 일하고 있습니다. 투자상담가로서 당신께 조언을 드리면, 당신은 더 많은 시간을 물고기 잡는 데 투자해야 합니다. 그래서 획득한 이익금으로 더 큰 배를 사는 거죠. 더 많은 돈을 벌어 선단을 이룰 정도로 큰 배를 더 많이 살 수 있을 겁니다. 규모가 커지면 중간상인을 통하지 않고 당신은 직접 기업체에 납품을 할 수 있을 것이고, 아니면 직접 생선가공 공장을 차릴 수도 있습니다. 당신이 생산, 가공, 유통을 직접 관할하는 거죠. 그래서 큰돈을 벌면 당신은 이 조그만 어촌을 떠나 대도시에 살면서 이곳의 기업을 운영할 수도 있죠.

어부: 그렇게 되려면 얼마나 걸리나요?

투자상담가: 아마 15년에서 20년은 걸릴 겁니다.

어부: 그 후에는요?

투자상담가: 그때부터 인생이 피는 거죠. 당신은 증시에 상장할 수 있게 됩니다. 당신 몫의 주식을 모두 팔고 부자가 되는 거죠. 백만장자가 될 수 있어요.

어부: 백만장자요? 그 다음에는요?

투자상담가: 그러면 당신은 더 이상 일을 하지 않아도 됩니다. 당신은 조그마한 어촌으로 이사 가서, 아침에 늦게까지 자고, 잠깐 고기를 잡고 와서 아이들과 함께 놀기도 하고, 당신 부인과 한가한 오후를 보내고, 마을로 산책도 가고, 저녁에는 친구들과 술도 마시고 기타도 치고 즐겁게 보내는 거죠.

어부: 저는 지금도 그렇게 살고 있는데요!

1. 현대사회와 노동

1. 1. 노동과 의미

현대사회는 산업생산에 기초한 사회이다. 산업생산은 기본적으로 인간의 노동에 기초해 있다. 따라서 현대사회는 산업사회이자 동시에 노동사회이다. 그렇다면 여기에서 말하는 노동이란 무엇인가? 노동과 유사한 또는 밀접한 관련을 가진 용어로 일과 직업이 있다.

어디 가냐고 물어보면 많은 사람들이 "일 나간다"라고 대답한다. 또는 무슨 일을 하냐고 물어보는 경우가 많은데, 동일한 질문으로 직업이 뭐냐, 어느 회사 다니냐가 있다. 이와 같이 일, 노동, 직업에 대해 사람들은 특별한 의미를 부여하지 않고 혼용해서 사용하고 있다. 그러나 현대사회의 노동이라는 주제를 탐구하기 위해서 우리는 일과 노동, 그리고 직업이라는 용어를 엄격히 구분할 필요가 있다.

우선 "일"과 "노동"에 해당되는 영어 단어는 Work와 Labor이다. Work란 단어는 "(개인의) 행위", 즉 "어떤 것을 생산하거나 성취하기 위해 조작된 노력이나 수고"를 의미한다. 독일 철학자인 헤겔은 일(Arbeit)을 "생각을 사물이나 행위로 바꾸는 과정"이라 규정하고 있다. 결국 인간의 의도적이고 창조적인 행위 자체가 일로 규정되고 있다.

반면 노동을 의미하는 Labor에는 "힘든 또는 하기 싫은"이라는 의미가 포함되어 있다. 심지어 노동을 의미하는 라틴어인 Tripalium[1]에는 고문이라는 강제적 고통의 의미가 들어 있다. 또한 16세기 고대 영어에서 Labor란 출산의 고통을 묘사하는 단어였다.

그렇다면 우리는 이제 일과 노동을 구분할 수 있을 것이다. 일이란 인간이 스스로의 목적과 필요에 따라 행하는 창조적이고 주체적인 행위이며, 노동이란 자신의 의지가 아니라 타인에 의해서 강요되지만 거부할 수 없어 행해야 하는 힘들고 하기 싫은 일이 된다. 즉 노동은

---

1) Tripalium이란 말의 발에 편자를 박기 위해 말의 다리를 묶어 놓는 세 개의 기둥을 의미한다.

일의 특정한 한 측면을 강조하는 용어이다.

그런데 일과 노동은 사실 산업사회의 도래 이전에는 구분되지 않았다. 그렇기 때문에 사람들은 일과 노동이란 용어를 혼용해서 사용했던 것이다. 즉 한편으로 사람들은 자신의 필요와 의사에 따라 정신적 내지 육체적 활동을 영위했으며, 다른 한편으로는 이러한 행위가 자신의 생존과 직결되어 있었다. 예를 들어, 농부의 경우, 자신의 필요에 따라 자신이 원하는 방식으로 농사를 짓고, 어부는 자신의 방식으로 물고기를 잡아 왔다. 따라서 농사와 어업은 그들에게 일이자 노동이었다.

그러나 산업사회의 도래와 함께 일과 노동의 분리가 시작되었다. 중세 봉건사회의 핵심적 생산 활동인 농업이 쇠퇴하고 산업이 확산되면서, 일종의 자영업자인 농민들이 대거 노동자라는 새로운 집단으로 변화해 갔다. 즉 자신의 책임과 필요 하에 수행하던 생산 활동이 타인의 지휘와 통제 하에서 수행하는 강제적 일, 즉 노동으로 바뀌었다. 이제 생존을 도모하는 개인의 활동은 일이 갖는 창조적이고 주체적인 속성이 제거되고 철저하게 타인에 의지와 필요에 종속되는 수동적이고 강제적인, 그로 인해 하기 싫은 고된 일이 되어 버렸다.

많은 사람들이 이제 생존을 위한 일에서 주체성과 창조성을 찾지 못하고, 생존을 위한 것이 아닌 다른 즐거운 일을 찾게 되었다. 이러한 행위가 바로 여가, 취미, 레저 등으로 발전하게 되었다.

개인은 자신의 생존을 위해 노동을 해야 하며, 기업은 산업생산 활동을 위해 노동을 사용해야 한다. 현대 경제생활은 노동을 떠나서는 생각할 수 없다. 이러한 관점에서 보면 노동은 철저하게 경제적인 행위이다. 그러나 경제적인 행위인 노동은 동시에 정치적으로, 문화적으로, 사회적으로 우리의 일상적 삶을 규정한다. 즉 노동은 우리의 생존과 관련되어 있을 뿐만 아니라 사회적 지위 및 사회적 상호작용까지도 결정한다.

내가 어떤 노동을 수행하고 어떤 직업을 갖고 있느냐는 개인적 정체성의 주된 원천일 뿐만 아니라 개인적 자존심과 행복을 결정한다. 우리는 노동을 통해 동료를 갖게 되고, 직장이라는 공동체에 속하게 된다. 낯선 사람을 만났을 때, 가장 먼저 주고받는 인사말은 "무슨 일을 하십니까?"이며, 보통 사람들은 "00에 다닙니다"라고 대답한다. 상대방이 수행하는 노동이 무엇인지를 듣는 순간 우리는 그 사람의 경제적 상태, 지위, 교육정도 등을 판단하게 된다. 이렇듯 노동은 우리의 존재를 규정한다.

1. 2. 노동과 직업

노동은 개인적이자 집단적인 행위이다. 노동은 개인의 정체성과 존재를 규정하는 개별적 활동이다. 이와 같이 직업(Occupation)이란 개인이 생존을 위해 지속적으로 수행하는 일의 유형이다. 직업이란 개인적인 행위의 측면에서는 자신의 생존을 도모하기 위한 일의 한 형태이지만, 동시에 사회적인 분업체계에 의해 선택할 수 있는 직업의 종류가 제한된다.

특히, 산업사회의 등장과 더불어 노동은 집단화되고, 전문화되었다. 산업화 이전에는 장인들이 작업장에서 개별적인 노동을 수행했다. 그러나 산업화로 인해 대규모 기계가 등장하면서, 개인들의 노동은 기계의 리듬에 따라 집단적으로 수행되는 분업노동으로 변화되었다. 수많은 개인들이 공장과 사무실에 집단적으로 모여, 하나의 과업을 나눠서 수행하는 분업적 협업이 산업사회의 기본적 노동형태가 된 것이다. 즉 개인들은 직업을 갖고, 그 직업 내에서 특정한 하나의 직무(Job)만을 수행하게 된 것이다. 동일한 하나의 생산물을 완성시키기 위해 특정한 하나의 기능만을 수행하는 수많은 노동자들이 결합되어 생산 활동이 이루어진다. 이러한 결합은 생산기계를 통해 이루어진다. 기술발전으로 인해 산업생산이 일정한 단계에 이르게 되자 육체적 및 정신적 노동자들이 기계생산체제에 의해 결합되어 공동작업을 통해 하나의 생산물을 완성시키게 된다.

2. 노동의 미래

2. 1. 이론적 검토

이와 같이 현대사회에서 사람들은 노동을 통해 생존을 도모한다. 그런데 노동에 대한 기회가 모든 사람에게 동일하게 주어지지 않는다. 바로 고용의 문제가 현대 자본주의 사회에 개인이 직면한 핵심적인 문제로 존재한다. 개인이 사회적 분업체계 내에서 지속적으로 수행하면서 자신의 생존을 도모하는 직업을 선택하지만, 그 직업을 수행할 수 있는 기회는 개인의 선택이 아니라 자본주의적 생산을 담당하는 고용주를 통해서 비로소 실현될 수 있다. 그런데 이윤극대화를 목표로 하는 자본주의 사회에서 경제적 주체로서 고용주는 개인의 생존보다는 기업의 생산성과 이윤만을 고려한다. 여기에서 바로 실업의 문제가 발생한다. 경제학의 가장 기본적인 명제인 "최소 비용의 투입으로 최대 효용의 달성"이 기업가가 가져야 할 당연한 윤리로 받아들여지는 한, 기업가는 최소 인원의 투입으로 최대의 생산성을, 최소 임금비용으로 최대의 이윤을 획득하기 위해 노력하게 된다.

이와 같은 노동시장에서의 비대칭의 문제, 즉 생존을 위해 노동을 수행해야 하고, 이를 위해 고용되기 위해 노력하는 구직자와 최대의 이윤을 획득하기 위해 최소 고용과 최소 비용만을 고려하는 기업가의 입장과 관점의 차이는 결국 노동시장에서 구직자의 불리함으로 나타난다. 이미 산업화 초기에 존재했던 산업예비군은 노동기회를 부여받지 못하고 생산의 버퍼로서 불확실한 삶을 살아가야 하는 개인들의 불안정한 지위를 대변해주는 개념이라고 할 수 있다.

문제는 이러한 상황이 자본주의의 발전과 더불어 해소되지 않고 오히려 심화되고 급진화된다는 사실이다. 제레미 리프킨은 1995년 자본주의 하에서 노동의 위기를 '노동의 종언'이라는 명제로 정식화했다. 그 핵심은 현재와 같은 자본주의 발전은 기술적 진보에 따른 노동생산성의 급격한 증가로 인해 고용의 급격한 감소를 초래할 것이라는 내용이다. 뒤이어 1997년 출간된 로마클럽 보고서도 '노동의 미래'라는 주제로 유사한 미래를 진단하고 있다.

리프킨의 미래진단이 큰 충격을 준 이유는 단순히 기술진보로 인해 인간의 노동이 기계노동으로 대체되어 사라진다는 내용뿐만 아니라 이전 경제학자 또는 자본주의 낙관론자들이 주장해 온 서비스사회화의 기본 명제를 부정하고 있기 때문이다. 즉 자본주의 낙관론자들은 순수 시장의 보이지 않는 손이 가져다주는 균형이 자본주의 발전을 안정적으로 유지할 수 있게 해주며, 제조업 부문에서의 고용 감소는 서비스부문에서의 고용 증가에 의해 상쇄될 것이라고 주장해왔다. 그러나 리프킨은 기술발전이 전통적인 제조업뿐만 아니라 서비스산업에서도 동일하게 진행되고 있음을 보여주었다.

위험사회론의 대표적 저자인 울리히 벡은 2000년에 하나의 위기를 덧붙인다. 즉 완전고용을 지향해 온 노동사회가 종말을 고하고, 정규노동관계가 해체 되어감을 지적한다. 즉 정규직 중심의 노동시장이 계약직, 임시직, 파견직 등 유연한 불완전고용의 형태로 재편되어가고 있다고 주장하고 있다.

2. 2. 우리나라 고용 구조 분석

'노동의 종말'은 이론적인 내지는 서구 사회만의 문제가 아니라 우리나라에서도 1998년 IMF 경제위기 이후 가장 중요한 사회문제로 제기되어 왔다. 한국사회가 급격한 압축적 근대화로 인해 자본주의 발전이 가속화되어, 서구에서 나타나는 핵심적 사회문제가 한국사회에도 거의 동시대적으로 발생하고 있다.

더 나아가 서구사회가 오랜 자본주의적 발전의 과정에서 산업주의가 낳은 부작용과 문제점을 하나씩 자신들의 방식으로 해소 또는 경감시킬 수 있는 사회적 시스템을 구축해온 반면, 한국사회는 압축적 근대화의 과정에서 경제위주의 성장제일주의를 유일한 사회적 가치로 삼아 왔기 때문에 이러한 문제에 효과적으로 대응할 수 있는 사회적 시스템을 구축하지 못했을 뿐만 아니라 이러한 사회적 시스템이 필요하다는 인식 자체가 부재한 상태이다.

우리나라에서 향후 노동의 미래가 어떤 모습일지를 살펴보기 위해 간단하게 우리나라 고용구조와 고용현황을 살펴보기로 한다. 우리나라 고용현실을 분석하기 위해서는 우선 취업과 실업의 두 가지 흐름과 취업자의 고용형태를 구분해서 살펴보아야 한다.

우선 전체적인 취업자 추이를 살펴보면, 2008년 경제위기로 인해 취업자 수가 급감했다가 2009년 말부터 회복된 후, 민간부문을 중심으로 취업자 수가 증가하고 있다. 2011년 12월 현재 우리나라 고용률은 58.5%로 2008년 금융위기 이전 수준을 회복하고 있다.

그림1. 취업자 증감 추이(천명)

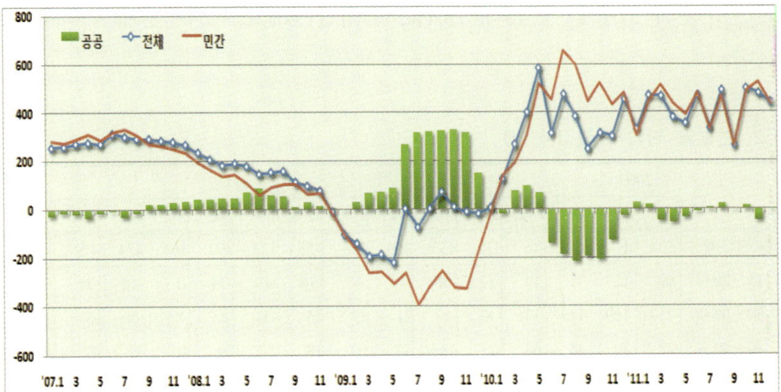

자료: 통계청, 경제활동인구조사

취업자 증가의 내용을 살펴보면, 상용직과 자영업 부문에서 취업자 수가 주로 증가하고 있다. 상용직을 산업별로 살펴보면, 도소매, 보건 및 사회복지서비스업 등 서비스업종에서의 취업자 수 증가가 두드러지고 있다. 취업자의 증가는 특히 비임금근로자인 자영업 부문에서 크게 증가하고 있다.

표 1. 종사상 지위별 취업자 증감(천명)

	2009				2010					2011					
	2/4	3/4	4/4	12월	1/4	2/4	3/4	4/4	12월	1/4	2/4	3/4	4/4	11월	12월
▶ 전 체	-134	-1	-6	-16	132	433	369	358	455	423	402	363	474	479	441
임금근로자	175	356	385	366	371	623	541	532	599	519	421	392	374	349	343
· 상용	313	386	515	564	651	766	671	699	715	605	621	572	500	505	477
· 임시	-5	125	105	-8	-37	42	-26	-114	-75	-88	-137	-76	-10	-22	-13
· 일용	-133	-155	-235	-191	-243	-185	-104	-53	-41	2	-63	-104	-115	-133	-122
비임금근로자	-39	-357	-391	-382	-239	-189	-172	-174	-144	-96	-19	-29	100	130	98
· 자영업자	-28	-276	-279	-265	-106	-91	-130	-146	-127	-115	-39	34	125	135	133
· 무급종사자	-24	-80	-111	-117	-133	-98	-42	-28	-17	19	21	-63	-25	-5	-35

이러한 취업자 수의 증가를 연령별로 구분해서 살펴보면, 30대 이하 감소, 40대 이상 증가라는 특징을 보이고 있으며, 특히 15~29세의 고용률은 40.1%로 전체 고용률 58.5%를 현저하게 밑돌고 있다. 반면 고연령층의 고용률은 40대 78.4%, 50대 71.6%로 매우 높게 나타나고 있다.

표2. 연령별 취업자 증감(천명)

	2009				2010					2011					
	2/4	3/4	4/4	12월	1/4	2/4	3/4	4/4	12월	1/4	2/4	3/4	4/4	11월	12월
▶ 전 체	-134	-1	-6	-16	132	433	369	358	455	423	402	363	474	479	441
15~29세	-99	-123	-77	-12	-12	-58	-44	-57	-76	-49	-74	-1	-18	-36	-37
30~39세	-213	-169	-149	-131	-42	-13	21	17	15	-34	-13	-83	-56	-57	-46
40~49세	-27	-30	-46	-68	-21	48	40	50	78	77	59	46	47	42	45
50~59세	156	211	230	242	251	342	295	288	299	286	294	270	315	312	334
60세 이상	49	109	37	-47	-44	114	57	60	139	143	137	131	185	218	146

다음으로 실업측면을 살펴보면, 2011년 12월 기준 실업자수는 754,000명으로 공식실업률은 3.0%의 매우 낮은 수치를 보이고 있다. 공식실업률은 취업준비자, 구직단념자 등이 모두 빠진 수치로 실제 실업률은 공식 통계의 3~5배에 해당되는 추산되고 있다.

그림2. 연간 실업자 추이(천명)

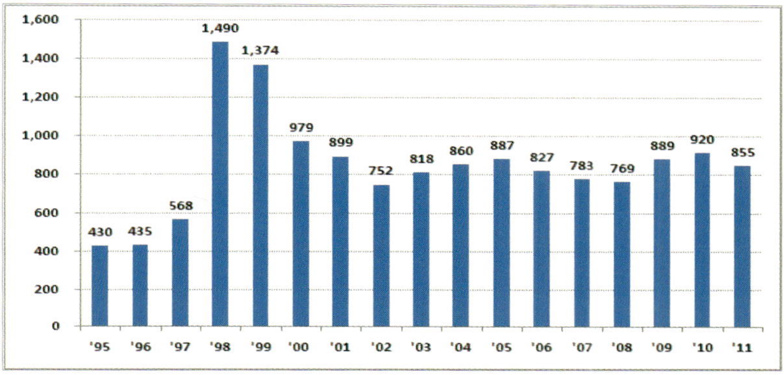

자료: 통계청, 경제활동인구조사(연간 실업자 추이는 99년까지는 구직 기간 1주 기준이지만 2000년 이후는 4주 기준임)

취업통계에서 제외된 비경제활동인구는 가사, 쉬었음, 통학, 취업준비 등 개인적으로 구직의지가 없는 사람들을 말하는 용어로 2011년 12월 현재 16,394,000명으로 추산된다. 그러나 이들은 취업이 안 돼 구직의지를 상실한 사람들이기 때문에 실제로는 실업률에 포함되어야 하지만 우리나라 실업통계에서는 비경제활동인구로 제외시키고 있다. 따라서 공식실업률의 개별적 수치를 따지는 것은 별로 의미가 없고, 전체적인 수치의 변동 흐름을 살펴보면 우리나라 고용 현실을 알 수가 있다. 다음의 표를 보면, 최근 청년층에서의 실업의 증가가 두드러짐을 알 수 있다.

표3. 연령별 실업자 수 증감(천명)

	'08	'09	'10	'11	'11.4/4	10월	11월	12월
전체	-14	119	31	-65	-68	-96	-8	-99
15~29세	-13	33	-8	-20	-5	-12	13	-15
15~19세	0	3	3	0	-1	6	3	-11
20~24세	- 3	1	-1	-2	13	7	26	7
25~29세	-10	29	-9	-18	-17	-25	-16	-11
30~39세	- 4	26	-5	-12	-23	-31	-10	-28
40~49세	8	21	2	-20	-20	-29	-8	-22
50~59세	0	27	6	-10	-21	-23	-11	-27
60세 이상	- 4	13	35	-3	0	0	8	-7

자료: 통계청, 경제활동인구조사

우리나라 청년실업이 서구 다른 나라에 비해 훨씬 더 심각한 문제인 이유는 우리나라 노동시장의 구조와 밀접한 관계가 있다. 서구의 경우, 고용에의 기회인 입직이 상시채용제도로 인해 연령과 관계성이 느슨하지만, 우리나라의 경우에는 대학 졸업 후 1년으로 입직 통로가 폐쇄적이다. 즉 처음이자 마지막인 채용시장에서 고용 기회를 얻지 못하면, 그 이후 노동시장에 편입할 수 있는 기회 자체가 주어지지 않는 문제점이 있으며, 이로 인해 청년층의 고용 경쟁이 더 치열할 수밖에 없다. 또한 입직에 실패한 이후 청년들의 노동시장 편입은 주로 비정규직을 통해 이루어진다. 이로 인해 노동시장의 양극화가 급격하게 진행되고 있다.

그림 3. 한국의 노동시장구조와 비정규직

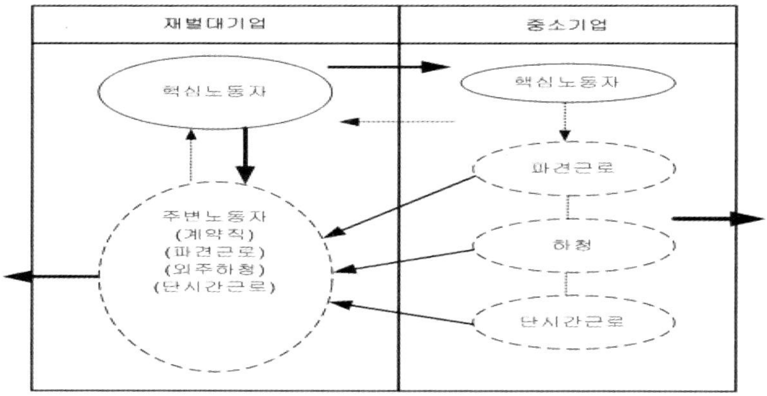

이로 인해, 우리나라에서는 노동시장이 소수의 핵심노동자와 다수의 주변노동자로 양극화되는 비정규직 노동시장이, 사회적 양극화의 근원적 원인으로 작용하고 있다. 핵심노동자인 정규직 노동자는 고용 안정성, 고임금, 양호한 노동조건을 누리는 반면, 주변노동자에 해당되는 비정규직 노동자는 만성적 고용불안, 저임금, 열악한 노동조건에 놓이게 되어 근로빈곤(Working Poor)층이 확대되어 가고 있다. 비정규직 노동자는 기업이 노동시장에서 수량적 유연성을 높이고 생산비용을 낮추기 위한 대상으로 전락하여, 고용과 실업을 오가는 산업예비군화된 것이다. 수량적 유연성 확보의 주된 대상인 비정규노동자는 기간제(계약직), 임시직, 파견근로, 특수고용, 단시간근로(파트타임) 등의 다양한 형태로 나타나고, 이들의 절대적인 비중이 노동시장 내에서 지속적으로 확대되어 왔다.

울리히 벡(Ulrich Beck)은 1999년에 쓴 『아름답고 새로운 노동세계』라는 책에서 "서구사회의 브라질화"를 경고한 바 있다.(벡, 1999) 70년대 이후 서구에서 완전고용이라는 신화의 붕괴와 더불어, 전 세계적으로 증가하는 "노동의 불안정성"은 "불연속적이고 파편화된 비공식노동"이 노동의 서구에서도 고용의 일반적 형태로 자리잡아 왔음을 지적한 것이다. 울리히 벡은 서구사회가 이러한 문제를 방치하면 사회의 게토화가 전면화될 것이라고 보았다. 이러한 지적은 서구사회뿐만 아니라 우리나라에도 그대로 적용될 수 있다.

비정규노동자의 문제는 현재뿐만 아니라 향후 우리사회가 해결해야 할 핵심적인 사회문제가 되었다. 비정규근로자는 우리나라뿐만 아니라 이미 모든 산업국가에서 공통적으로 제기되는 문제이며, 산업구조의 재편과정에서 등장하는 일시적인 문제가 아니라 탈산업사회로 변화하는 사회경제 체제변화의 구조적 차원에서 파악해야 한다.

현재 우리나라에는 비정규직에 대한 개념적 정의, 비정규직 범위, 활용가능한 관련 공식통계 등에 대한 보편적 합의가 존재하지 않는다.(김유선, 2004; 유경준, 2010; 장귀연, 2009, Jones & Tsutsumi, 2009) 따라서 현재 우리나라에서 비정규직 현황을 파악하기 위해 주로 활용되고 있는 공식통계인 통계청의 「경제활동인구조사 부가조사」를 중심으로 비정규직 현황을 살펴보자.[2)]

비정규직 현황과 관련된 최근 자료인 2011년 3월 경제활동인구조사

---

2) 비정규직 현황 관련 통계자료로는 「경제활동인구조사 부가조사」 외에도 고용노동부의 「고용형태별 근로실태조사」(이전의 사업체근로실태조사), 한국노동연구원의 「한국노동패널」 등이 있다. 한국노동사회연구소 및 한국비정규노동센터 등에서도 비정규직 관련 통계를 제시하고 있으나 자체 조사결과가 아니라 통계청의 「경제활동인구조사 부가조사」 결과를 재분류하여 활용하고 있다.

부가조사 결과를 살펴보면, 통계청은 비정규직 노동자 규모를 577만 1천명으로 전체 임금근로자 대비 33.8%로 추산하고 있는 반면, 한국비정규노동센터는 동일한 자료를 활용하고 있지만 비정규직 규모를 878만 1천명, 전체 임금근로자 대비 48.5%로 추산하고 있다.

이러한 차이는 앞에서 언급한 바와 같이 비정규직에 대한 정의를 다르게 적용하고 있기 때문이다. 통계청은 2002년 노사정위원회에서 정부, 경총 및 한국노총 사이에서 합의한 비정규직 정의를 활용하고 있는 반면, 한국비정규노동센터는 노사정위원회 합의안에 기초한 비정규직 범위 산정이 지나치게 협소하게 적용되고 있다고 비판하면서 독자적인 정의를 사용하고 있다.[3] 통계청은 비정규직 근로자를 고용형태 상 한시적 근로자, 시간제 근로자, 비전형 근로자로 한정하고 있지만, 한국비정규노동센터는 정규직의 범위를 고용계약의 형태, 고용안정성, 사회보험 혜택과 같이 엄격하게 구분하고 이에 해당되지 않는 노동자를 모두 비정규직 범위에 포함시키고 있다. 그 결과, 통계청의 비정규직 범위에 속하지 않는 임시직 및 파트타임이 비정규직에 포함되어 있다.[4]

표 4. 비정규직 규모

한국비정규노동센터									
구분	고용형태	인원(천명)			비율(%)			전년 대비 증감 인원	증감률 (%)
		2009.3	2010.3	2011.3	2009.3	2010.3	2011.3		
임금노동자	전체	16,076	16,617	17,065	100.0	100.0	100.0	448	2.7
정규직	정규직	7,695	8,337	8,781	47.9	50.2	51.5	444	5.3

3) 한국비정규노동센터의 통계는 주로 노동조합, 시민단체 및 비판적 지식인층에서 활용되고 있다.

4) 이로 인해 통계청은 2011년 3월 경제활동인구 부가조사 결과로 비정규직 노동자가 증가했다고 분석하고 있으나, 한국비정규노동센터의 경우 비정규직 노동자가 감소했다는 정반대의 분석을 제시하고 있다(통계청, 2011; 한국비정규노동센터, 2011).

여부	비정규직	8,381	8,279	8,284	52.1	49.8	48.5	5	0.1
비정규직 고용형태	일반임시직	3,016	3,065	2,920	18.8	18.4	17.1	-145	-4.7
	기간제	2,302	1,953	1,989	14.3	11.8	11.7	37	1.9
	상용파트	3	17	31	0	0.1	0.2	14	79.6
	임시파트	892	1,066	1,032	5.5	6.4	6.0	-34	-3.2
	호출근로	766	774	823	4.8	4.7	4.8	49	6.3
	특수고용	623	577	572	3.9	3.5	3.4	-5	-0.8
	파견근로	131	212	214	0.8	1.3	1.3	2	1
	용역근로	576	550	612	3.6	3.3	3.6	62	11.3
	재택근로	69	65	89	0.4	0.4	0.5	24	37.5

통계청

	2008. 8	2009. 3	2009. 8	2010. 3	2010. 8	2011. 3
◦ 임금근로자 (천명)	16,104	16,076	16,479	16,617	17,048	17,065
- 정 규 직 (천명)	10,658	10,702	10,725	11,119	11,362	11,294
- 비정규직 (천명)	5,445	5,374	5,754	5,498	5,685	5,771
· 임금근로자 대비 (%)	(33.8)	(33.4)	(34.9)	(33.1)	(33.3)	(33.8)

자료: 통계청, 2011; 한국비정규노동센터, 2011

비정규직 정의 및 범위에 대한 정부 측과 노동계의 추계가 다르게 나타나고 있지만, 이를 상대적 추이의 관점에서 살펴보면, 1998년 정리해고의 인정 이후 비정규직 규모가 급격히 증가했다가 2002년 이후 지속적으로 감소하여 현재 정부통계 기준 33%, 노동계 통계 기준 50% 내외에서 고착화되는 경향을 보이고 있다는 점에서는 이론의 여지가 없다.

3. 노동과 민주주의

3. 1. 시장주의를 넘어

현재 우리가 직면하고 있는 사회는 산업 및 경제는 발전하지만, 개인은 갈수록 더 높은 불확실성과 불안정성에 내던져지는 위험사회의 증후가 분명해져가고 있다. 20대80사회에서 1% 사회로의 사회적 양극화의 심화는 현재의 급진적 시장주의에 기초한 자본주의에 내재된 기본적인 모순이라고 할 수 있다.

1980년대 이후 본격화된 시장주의 경제질서는 경제적 관계에 사회적 및 정치적 관계를 복속시켰고, 인간적 관계를 기계적 관계로 전환시켰다. 개인은 더 많은 상품을 소비하게 되었지만, 개인의 모든 관계를 경제적인 관계로만, 즉 생산과 소비로서만 표현해야 하는 비인간적 사회가 되어가고 있다.

그렇다면 우리는 지금의 시점에서 현재의 시장주의, 즉 모든 사회적 관계가 경제적 관계에 의해서만 이해되고, 평가되는 사회체계를 새롭게 조명해 볼 필요가 있다. 우선 경제적 자유를 시장의 자유로 이해하는 시장주의를 민주주의 관점에서 재평가해 볼 필요가 있다.

우리가 일반적으로 이해하는 민주주의는 정치적 시스템의 한 종류이다. 즉 모든 사람이 동일한 권리를 갖는 사회체계를 말하며, 이러한 권리는 투표권으로 대표된다. 그러나 역사적으로 민주주의 이념은 보다 더 근본적인 근대성(Modernity)의 기획이다. 즉 민주주의의 핵심은 개인이 자신에 대한 결정권을 갖는 것을 의미한다. 이러한 점에서 민주주의는 정치적 자유로부터 출발한다. 공동체의 질서 형성에 참여할 수 있는 권리가 바로 정치적 민주주의의 핵심이다. 그렇다면 경제적 문제에 대한 자기결정권을 확보하는 것을 우리는 경제적 민주주의라고 말할 수 있을 것이다. 사회적으로 어떻게 고용기회를 제공하고, 고용된 이후 노동의 방식과 결과에 대해 참여할 수 있는 권리가 실제로 주어졌느냐가 중요하게 된다.

이러한 점에서 볼 때, 현재 현대 사회에서 개인은 경제적 질서에 대해서, 기업 내부에서의 시민적 권리에 대해서 아무런 영향력을 갖고 있지 못하다. 자본주의 사회에서 노동은 형식적으로는 평등한 계약관계에 기초해 있다. 개인은 자신의 노동력을 팔고, 기업은 개인의 노동력을 산다. 그러나 앞에서 언급한 바와 같이, 근로계약 관계에 나서는 개인과 기업은 생존과 기업이라는 상이한 상황에서 출발하기 때문에 근로계약의 실질적 평등성이 성립되지 않는다. 동일한 이유로, 고용 이후 구매된 노동력에 대한 사용뿐만 아니라 노동력을 소유한 개인에 대한 전인격적 지배가 정당화되고 있다. 민주주의는 공장 앞에 멈추어져 있다.

3. 2. 산업민주주의와 경제민주주의

공장 안으로 시민으로서의 권리를 확장해야 한다는 논리는 좁게는 공장 내에서 개인의 권리를 행사할 수 있어야 한다는 산업민주주의와 더 나아가 공동체의 경제적 질서의 형성과정에 개인이 참여할 수 있어야 한다는 경제민주주의의 두 가지 개념에 기초해 있다.

산업민주주의(Industrial Democracy)라는 용어는 각종 문헌에서 다양한 방식으로 사용되어 왔으며, 실제로 다양한 이론적 뿌리를 갖고 있다. 산업민주주의는 서구사회에서 상당히 오랜 전통을 갖고 있으며, 그 기원은 산업자본주의 초기까지 거슬러 올라간다. 따라서 산업민주주의에 대한 요구는 자본주의의 발전과 긴밀히 연계되어 전개되어왔다고 볼 수 있다.

산업민주주의라는 개념을 처음으로 직접 사용한 것은 사회개혁주의를 지향했던 페이비안 협회의 주요 회원이었던 베아트리체와 시드니 웹 부부였다. 이들은 1897년에 출간된 자신의 책 제목을 "산업민주주의(Industrial Democracy)"라 지음으로써 산업민주주의라는 개념을 처음 사용하기 시작했다. 이 책에서 웹 부부는 산업민주주의를 노동조합이 조합민주주의를 통해 노동조건의 확정 및 개선에 영향력을 미치는 것으로 정의내리고 있다.

이와 관련해서 웹부부는 또한 노동조합이 개별적 개인으로 노동시장에 진입하는 노동자들의 최저임금의 확정과 노동조건의 개선을 위해 존재한다고 보았다. 웹 부부는 노동자들은 오로지 집단적 행위를 통해서만 상대적으로나마 자본과 노동 사이의 권력관계의 균형을 이룩할 수 있고, 이를 통해서만 자신의 경제적 상태를 개선할 수 있다고 주장했다.

웹 부부에 따르면 노동조합은 자본과 노동 사이의 상대적인 권력균형을 강제할 수 있는 수단으로 두 가지를 갖고 있다. 첫째는 공통의 규정인데 이는 사용주와의 단체협상을 의미한다. 둘째로는 수적 제한을 들고 있는데, 이는 노동조합의 노동시장정책으로서의 노동력공급의 조절을 뜻한다.

결국 웹부부에 있어서 산업민주주의란 자본주의를 부정하고 생산수단의 사적 소유를 철폐하고자 하는 노동자 통제의 관점에서라기보다는 자본에 비해 열세에 있는 개별 노동자가 노동조합을 중심으로 조직되어 노동시장에서의 수적 규제를 통해 자본을 압박함으로써 자본과 노동 사이의 상대적인 세력균형을 이루어내고, 이러한 세력균형을 바탕으로 사용주와 단체협상을 통해 노동자의 상태를 개선하는 것을 의미했다.

웹부부가 처음 사용한 산업민주주의는 사회개혁주의의 틀 내에서 그 성격과 방향이 규정되었지만 1922년이 이르면 독일에서 칼 코르쉬는 산업민주주의를 노동자 통제의 관점에서 새롭게 정의내린다. 칼 코르쉬는 1922년에 "종업원평의회를 위한 노동법"에서 산업민주주의를 "부르주아 민주주의"로부터 자발적인 결사체 내에서의 우애적 노동에 기초한 "프롤레타리아트 민주주의"로 넘어가는 중간단계로서의 이행기 민주주의의 형태로 규정하고 있다.

이행기 민주주의로서 정치적 민주주의가 산업 및 경제영역에 확산되는 과정으로서의 산업민주주의는 노동공동체 내에서 노동자들의 공동영향권의 행사를 의미한다. 결국 칼 코르쉬가 주장하는 민주주의의 공장 내 확장으로서의 산업민주주의라는 개념은 자본주의로부터 사회주의로의 이행과 밀접한 관련이 있다. 즉 정치적 민주주의의 경제적 영역으로의 민주주의의 확장이 바로 사회주의로의 이행의 주요한 내용이 되는 것이다. 하지만 그는 다른 한편으로 부르주아적 계급의 국가가 지배하는 자본주의적 계급사회 내에서 산업민주주의적인 공동영향권이 갖는 한계를 지적한다. 코르쉬에게 있어서 산업민주주의의 완성은 자본주의적 사적 소유의 철폐와 프롤레타리아트 독재를 통해서만 이루어질 수 있는 것이었다. 여기에서 산업민주주의는 새로운 내용의 민주주의와 연결되는데, 즉 자본주의의 사적 소유와 관련된 내용이 그것으로 경제민주주의를 의미하는 것으로 볼 수 있다.

하지만 칼 코르쉬는 산업민주주의의 내용으로부터 경제민주주의와 관련된 내용을 이끌어 내지만 이러한 내용을 적극적으로 경제민주주의로 개념화하지는 않는다. 따라서 그에게는 산업민주주의와 경제민주주의의 구별이 나타나지 않으며, 경제민주주의를 산업민주주의 완성이라는 측면에서 파악할 뿐이다.

경제민주주의는 독일에서 나프탈리에 의해서 보다 본격적으로 개념화되고 체계화된다. 나프탈리는 독일 사민당 내의 수정주의자인 베른슈타인의 영향을 많이 받았다. 나프탈리는 1928년에 『경제민주주의』라는 책을 통해 경제민주주의를 경제적 독재에 대한 반대개념으로서의 새로운 "경제질서"로 규정한다. 그는 경제민주주의를 "경제의 민주화"를 통해 사회주의로 이르는 길로 보았다.

이러한 나프탈리적인 경제민주주의 개념은 이후에 대륙권에서 주로 받아들여지게 된다. 반면 앵글로 색슨권에서 경제민주주의는 경제적 소유구조의 민주화를 의미하며 자본소유의 분배를 그 주요 내용을 하게 된다. 앵글로 색슨적 전통에 있는 풀은 이러한 차이에 주목해 산업민주주의와 경제민주주의를 "소유"를 기준으로 구분한다. 풀에 따르면 산업민주주의는 "노동자나 노동자 대표기구가 자신들이 고용되어 있는 곳에서 노동자 내부의 권위의 소재 및 분배를 변화시키는 시도와 관련된 의사결정에 권력을 행사하는 것"이다. 이와 반대로 경제민주주의란 소유에의 참여, 특히 경제적 소유구조의 민주화와 관련해 노동자들이 다양한 형태로 기업소유 및 소유분배에 참여하는 것으로 규정된다. 이러한 점에서 볼 때 산업민주주의는 소유에 대한 참여와는 관계가 없다.

4. 대안으로서의 경제 민주화

최근 들어 자본주의 4.0에 대한 논의가 일부에서 제시되고 있다. 자본주의 4.0은 엄밀한 학문적 논의에 기초한 개념이라기보다는 영국의 언론인 아나톨 칼레츠키가 쓴 『자본주의 4.0』에서 제시된 가벼운 개념이다. 칼레츠키는 시장근본주의에 기초한 자본주의의 폐해를 지적하면서 자본주의가 보다 민주적으로 변화될 필요성이 있음을 지적하고 있다.

그러나 우리는 이 책이 형식적으로 사용하는 "민주적"이라는 수식어를 보다 엄밀하게 사용할 필요가 있다. 민주적 자본주의가 되기 위해선 자본주의를 움직이기 위한 지배구조가 어떻게 되어야 하는가를 고민해야 한다. 자본주의 지배구조란 결국 경제적 문제에 대한 개인의 자유와 권리를 실질적으로 보장해줄 수 있는 체계를 의미할 수밖에 없다.

기술발전이 노동의 종말로 치닫고, 그 속에서 개인은 경제적 자유, 즉 자기 생존의 기반을 마련할 수 없는 자본주의의 발전을 받아들일 것인가, 아니면 기술발전으로 인한 생산력의 향상을 통해 사회의 개별 구성원이 노동의 압박으로부터 벗어나 노동이 아닌 '일'의 참다운 자유를 향유할 수 있는 새로운 형태의 사회로 나아갈 것인지를 결정할 시점이 다가오고 있다.

❖ 참 고 문 헌

J. 리프킨: 『노동의 종말』, 민음사 1996.
U. 벡: 『아름답고 새로운 노동세계』, 생각의나무 1999.
J. B. 시울라: 『일의 발견』, 다우 2005.

국토 공간 정책의 전개과정과 한계

최 병 두(대구대 지리학)

1. 머리말

국토 공간은 한 국가의 국민들이 모여 사는 생활공간이며, 그 주권이 행사되는 영토이다. 이러한 국토 공간은 국가의 경제정치적 과정이 전개되는 물적 토대이며, 사회문화적 생활을 조건지우는 삶의 터전이다. 국토 공간은 그 속에서 이루어지는 모든 사회적 활동을 제한/가능하게 할 뿐만 아니라, 그 활동의 결과로 (재)편성된다. 이러한 국토 공간의 재편을 위한 정책은 해당 시기의 국가 특성을 반영하며, 또한 이를 실현시키는 장이기도 하다. 특히 최근 국토 공간 정책은 우리나라 국가 특성을 개념화했던 발전국가에서 신자유주의 국가로의 파행적 전환 과정을 반영하면서 또한 이를 실현시키기 위한 수단이 되고 있다.

한국을 포함하여 동아시아 국가들의 급속한 경제성장과 사회공간적 변화를 설명하는 이론들 가운데 대표적인 이론이 발전주의(developmentalism) 또는 '발전국가론'이다. 1960년대 이후 경제발전을 강력히 추동했던 박정희정권의 권위주의적 발전국가는 1980년대 후반 민주주의와 세계화의 진전으로 인해 내·외적 환경과의 부정합성을 드러내었고, 1997년 외환위기를 맞으면서 실효성을 상실한 것처럼 보였다. 그러나 최근 정부의 다양한 정책들은 여전히 발전(또는 성장)을 국정의 최고 목표로 설정하고 시장지향적 경제를 강조하면서도 이를 위한 국가 개입을 오히려 확대시키고 있다.

다른 한편 1970년대 선진 경제의 위기와 보수적 정권의 집권을 배경으로 등장한 신자유주의(neoliberalism)는 국가별로 다소 상이한 양상을 보였지만, 오늘날 전 세계 국가들의 경제 및 정치를 지배하는 이념과 실행방식으로 자리 잡게 되었다. 우리나라에서도 1980년대 초 권위주의적 국가 통치전략이나 정책들에서도 내면적으로 일부 신자유주의적 성향을 찾아 볼 수 있었지만, 신자유주의적 정책들이 명시적으로 시작된 것은 1980년대 말에서 1990년대 초라고 할 수 있고, 특히 1997년 발생한 외환위기의 극복 과정에서 국제통화기금(IMF)의 노골적인 요구에 따라 신자유주의적 프로그램들이 강력하게 시행되었다.

그러나 자유 시장을 지향하는 신자유주의적 정책들이라고 할지라도 정부에 의해 추진되고 있다는 점에서 여전히 시장경제에 대한 국가 개입은 중요한 역할을 하고 있다. 특히 최근 우리나라의 경제·정치 활동의 기본 성향은 비록 발전주의에서 신자유주의로 이행하고 있다고 할지라도, 이는 단절적이라기보다는 중첩적 또는 혼종적으로 이루어지고 있다. 이와 같이 국가의 성격이 발전주의에서 신자유주의로 중첩적으로 이행하는 과정, 즉 '발전주의적 신자유주의(developmental neoliberalism)'로 지칭될 수 있는 이 과정은 우리나라 국토 및 도시 공간 정책을 규정하는 구조적 배경이 되며, 또한 이를 통해 실현되고 있다.

이러한 점에서, 이 글에서 우리는 우리나라에서 국가의 성격이 발전주의에서 신자유주의로 중첩적으로 이행하는 과정에서 국토 및 도시 공간 정책이 어떻게 변화하고 있는가를 논의해 보고자 한다. 보다 구체적으로 우리는 첫째 시장 메커니즘과 국가 개입의 역사에 대한 인식과 발전주의 및 신자유주의의 개념을 우선 살펴보고, 둘째 발전주의에서 신자유주의로의 중첩적 이행이라는 관점에서 우리나라 국토 및 도시 공간 정책의 전개 과정을 개관한 후, 셋째 최근 이러한 공간정책의 한계로 발생하는 국토 및 도시 공간문제를 지적하고, 끝으로 간략하게 국토 및 도시 공간 정책의 대안적 방안들을 모색하고자 한다.

2. 발전주의, 신자유주의, 발전주의적 신자유주의

오늘날 세계적 양상을 보면, 전후 국가주도적 발전(주의)의 시대에서 시장지향적 신자유주의의 시대로 극적인 전환이 이루지고 있으며, 이제 신자유주의화의 결과로 자유시장의 논리가 세계적으로 승리한 것처럼 보인다. 신자유주의자들은 마치 "시장 메커니즘이 인간 운명을 좌우하도록 허용되어야만 한다"고 주장하고 있는 것처럼 보인다.(Harvey 2005) 그러나 이에 대해 여전히 어떤 의문이 제기될 수 있다. 자유 시장을 지향하는 신자유주의는 국가의 개입이나 규제 없이도 전능한 시장 메커니즘을 만들어낼 수 있는가? 그리고 인간의 운명을 자본주의 시장 메커니즘에 맡겨야만 하는가? 신자유주의 정책을 처음 시행한 대처가 주장한 바와 같이, '다른 대안은 없다'는 점을 인정해야만 하는가?

우리는 일단의 이데올로기이며 현실의 메커니즘으로서 신자유주의의 전개와 그 성공을 부분적으로 인정한다고 할지라도, 이러한 성공이 자유시장과 국가 개입 간 어떤 선택의 문제로 인식될 수는 없다. 왜냐하면, "시장은 국가에 의해 제약되고, 국가에 의해 규제되며, 따라서 (순수한) 신자유주의적 환경 속에서는 작동할 수 없기" 때문이다.(Yeung 2000, 139) 이 점은 이미 '신자유주의화된' 국가들에서도 마찬가지라고 할 수 있다. 즉 "'실제 존재하는' 신자유주의들은 항상 (어떤 방식으로든) 혼종적 또는 혼합적 구조들"이며, 특히 최근의 변화는 "신자유주의화된 경제적 관리와 권위적 국가 형태의 급진적이고 긴박한 결합"으로 특징지워질 수 있다.(Peck and Tickell 2002, 35) 우리는 바로 이러한 국가-개입적 발전주의와 내적으로 결합한 시장지향적 신자유주의를 '발전주의적 신자유주의'로 개념화할 수 있으며, 이에 바탕을 두고 우리나라 국토 및 도시 공간 정책의 전개과정과 그 한계를 논의해 볼 수 있을 것이다.

그러나 우리는 그 전에 발전주의와 신자유주의의 개념을 좀 더 자세히 살펴볼 필요가 있다. 발전주의라는 용어는 매우 광범위하게 사용될 수 있지만, 대체로 2가지 유형, 즉 이데올로기적 코드이거나 또는 특정 국가군(특히 동아시아 국가들)의 특성을 지칭하기 위하여 사용되어 왔다. 포괄적인 의미 또는 이데올로기로서 발전주의는 '발전'–높은 경제성장률과 급속한 산업화를 의미하는 것으로 해석되는 발전의 개념–을 자신에게 주어진 중대한 (또는 유일한) 사명으로 인식하는 사람들의 이념과 관련된다. 발전주의의 이러한 이데올로기적 성분은 그 제도적 행위자, 즉 정당성을 확보하기 위한 원칙으로서 발전을 촉진할 수 있는 능력을 갖추고자 하는 '발전국가'를 전제로 한다.(Wallerstein 2005)

보다 특정한 의미에서, 발전주의 및 발전국가에 관한 이론은 동아시아 국가들, 특히 일본의 급속하고 매우 성공적인 전후 재건과 산업화 과정에 관한 분석과 밀접하게 관련되어 있다.(Johnson 1982; 박은홍 1999) 즉 일본의 괄목할 발전은 '계획-합리적' 국가의 노력의 결과로 이해될 수 있으며, 이러한 국가는 사회주의 국가도 아니고 자유 시장 국가도 아닌 어떤 다른, 즉 계획-합리적 자본주의적 발전국가로서 개입주의적 국가의 베버적 이념형을 보여준다는 것이다. 우리나라의 경우, 1960년대 이후 본격화된 자본주의적 경제발전 과정과 이를 추동한 국가의 역할은 기본적으로 국가주도적으로 제시된 합리적 계획에 의해 수출기반경제에 바탕을 두고 전개되었다는 점에서, 발전국가의 전형으로 이해된다.

어떤 의미에서 발전주의 또는 발전국가는 한국을 포함한 동아시아 국가들에만 한정되는 것은 아니라고 할 수 있다. 사실 시장기반적 발전의 전형이라고 할 수 있는 영국과 미국도 산업화의 초기 단계에는 유의한 국가 지원을 향유했고,(Chang 1999) 1970년대 경제침체 이후에 본격적으로 신자유주의를 심화시켰다고 할 수 있다. 동아시아의 발전국가들도 최근 신자유주의화로 이행하고 있으며, 전 세계적으로 신자유주의가 지배적이게 되었다고 할 수 있다. 그러나 세계의 어떤 나라에서든 경제발전은 순수하게 시장에 의해서만 추동될 수 없으며, 어떠한 형태로든 국가의 지원을 요청해 왔고, 또한 현재에도 그렇게 진행되고 있다. 이러한 점에서 우리는 신자유주의와 발전국가의 여러 형태들의 결합을 지칭하기 위하여 '발전주의적 신자유주의'라는 용어를 사용할 수 있을 것이다.[1)]

신자유주의는 그 기원적 의미에서 하이에크(Hayek)에 의해 이론적으로 주창되고, 프리드만(Friedman)의 경제적 정당화 그리고 대처 및 레이건의 정치적 실행에서 찾아 볼 수 있는 일단의 시장지향적 이념이라고 할 수 있다.(Harvey 2005) 이데올로기로서 신자유주의는, 경제적, 정치적, 사회적 관계들은 시장이라는 제도적 틀 속에서 그들 자신의 이해관계를 개선하고자 하는 합리적 행위자들의 형식적 자유 선택을 통해 조직된다고 주장하고, 여기서 시장은 합리적 행위자의 효율성을 극대화시키는 것으로 간주된다. 현실적으로 신자유주의는 시장경제의 범위 확장, 즉 모든 생산요소들(노동을 포함하여)의 상품 형태로 전환과 형식적으로 자유롭고 화폐화된 교환을 가능한 많은 사회공간적 활동으로의 확산을 요청한다. 정치적 실행에서 신자유주의는 1970년대 후반 영국과 미국에서 이루어진 케인즈주의적 복지국가에서 신자유주의적 국가형태(또는 조절양식)로의 체제 전환과 관련된다.

이와 같이 신자유주의는 다소 순수한 이론 또는 이념에서 시작하여, 1980년대 들어와서 레이건과 대처에 의해 다양한 경제적, 정치적 전략들을 통해 구체화되었으며, 그 이후 1990년대 '워싱턴 콘센서스(Washington Consensus)'에서 보다 관료적인 형태를 획득하게 되었다. 그리고 2000년대에 들어오면서 (특히 9/11 테러 이후) 신자유주의는 미국이 주도하는 세계화와 현대 국가 '개혁'을 추동하는 이데올로기적 합리화를 추구하게 되었다.(Peck and Tickell 2002 33. 또한 Harvey 2005) 물론 신자유주의는 그 논리와 체계에 있어 고정되고 정태적인 상태로 있는 것이 아니라, 초기단계에서부터 역동적인 변화를 겪으면

1) 이러한 점에서 기존의 발전주의 또는 발전국가와 구분하기 위하여 탈(또는 후기)발전주의(post-developmentalism)라는 용어가 사용된다. 그러나 이 논문에서는 보다 선도적인 이념과 실행이라는 점에서, 탈(후기)발전주의라는 용어보다는 신자유주의 성격을 보다 강조하기 위하여 발전주의적 신자유주의라는 용어를 사용하고자 한다.

서, 다른 유형이나 논리의 경제적, 정치적 체계들과 결합되어 있다. 따라서 신자유주의는 이데올로기적 논리나 경제·정치적 전략의 역동적 과정 속에서 개념화되어야 할 것이다.

첫째, 신자유주의는 1970년대 이후 침체된 개별 국가경제 또는 세계경제를 추동하여 성장을 촉진하고자 하지만, 실제 경제성장은 거의 이루어지지 않은 상태에서 기존에 축적되었던 사회적 부를 지배계급의 입장에서 재분배하는 메커니즘이며 또한 이를 정당화시키기 위한 이데올로기로 이해된다. 사실 세계 전체의 경제성장률은 1960년대 3.5%에서 1970년대 2.4%, 1980년대 1.4%, 1990년대 1.1% 그리고 2000년대 이후 1% 미만이었고, 이는 신자유주의가 세계 경제의 성장을 추동하지 못했음을 보여준다. 그럼에도 불구하고 경제가 성장하고 사회적 부가 누적된 것처럼 보이는 것은 세계적으로 일부 국가들이나 국가 내 일부 집단들이 불균등하게 더 많은 것을 얻었고, 이것이 마치 전체가 그러한 것처럼 왜곡되게 정당화되었기 때문이다. 이러한 점에서 신자유주의는 자신의 물질적 및 이념적 이해관계를 회복하기 위해 지배계급이 수립된 새로운 경제적, 사회적 질서라고 할 수 있다.(Dumenil and Levy 2000; Harvey 2005) 이로 인해 신자유주의는 결국 국가간, 지역간, 집단간 양극화를 심화시키고, 나아가 전반적인 긴장과 모순을 증대시키는 경향을 내재하고 있다.

둘째, 신자유주의는 전형적으로 자유시장의 이상을 지향하는 논리이지만, 국가의 기능이 없다면 존립할 수 없다. 즉 신자유주의는 경제·정치적 정책이나 사회 및 공간의 조직 유형과 그 담론에서 발전주의 또는 발전국가 전략의 일부 요소들과 어떠한 형태로든 공존한다. 이는 원칙적으로 "경제는 국가에 뿌리를 두고 있으며, 그 역도 성립하기" 때문이다. 즉 국가는 생산, 교환, 소비를 포함하여 경제활동의 모든 영역들을 촉진하는 불가분의 역할을 한다. 따라서 이러한 '착근된 국가(embedded state)'의 관점에서 보면 "우리는 국가-경제 관계를 상호의존성과 상호연계성의 변증법적 과정으로 개념화해야 한다".(Yeung 2000, 155) 변증법적으로 결합된 논리와 체계의 행렬 내에서 이들 간의 비례 몫과 임시적 균형은 제도화된(그러나 가변적인) 타협 내에서 힘의 균형 변화에 좌우된다.

셋째, 신자유주의화 과정은 상이하고 때로 얽혀있는 맥락들에서 추구되는 '경로-의존적' 과정으로 이해되어야 한다. 즉 신자유주의는 서구 선진국의 경우 신제국주의나 또는 우리나라의 경우 수출주도형 산업화, 수입대체 성장 등의 유산으로부터 물려 받은 매우 상이한 조절양식에 의존하는 바와 같이, 상이한 지역이나 국가들에서 구축되는 사회공간적 발전의 상이한 궤적들을 따라 전개된다. 즉 "신자유주의는 여러 가지 모습으로 다가오며, 다중적 공간 규모들에서 접합되고, 다양한 역사적 궤적에 따라 움직인다. (…) 신자유주의는 여러 규모들로 파편화된 지배계급들의 실행과 이데올로기를 통해 존재하며, 지배계급들은 신자유주의에 따라 그들의 특정한 프로젝트들을 자신들의 영향력이 미치는 영토나 영역들에서 수행하고자 한다." (Brenner and Theodore 2002) 따라서 내면화된 제도적 틀, 정책 레짐, 규제 관행, 그리고 정치적 투쟁 등의 잔재들에서 찾아 볼 수 있는 신자유주의화의 경로 의존적 발전과정을 이해해야 한다.

요컨대 신자유주의는 시장지향적 이념이나 자유시장의 논리만으로 이해될 수 없으며, 민감한 경제적, 정치적, 사회적, 그리고 공간적 체계들의 전환이 이루어지는 맥락으로서 신자유주의화(neoliberalization) 과정으로 설명되어야 한다. 이 과정에 관한 분석은 따라서 단순히 과거 국가와 그를 이은 최근 국가들 간의 이원론적 또는 정태적 비교가 아니라 경제적 공간적 재구조화의 지배적 유형의 변화에 초점을 두고 논리와 체계들의 중첩적인 이행 과정을 연구해야 한다. 이러한 관점에서 특히 펙과 티켈(Peck and Tickell 2002)은 1980년대 동안 포드주의적-케인즈주의적 조절양식의 탈피와 탈규제화를 강조하는 '퇴행적(roll back) 신자유주의'와 새로운 제도와 국가 및 사회 규제의 적극적인 창출을 강조하는 '공격적(roll-out) 신자유주의' 간을 구분한다. 이 글에서 우리는 우리나라에서도 이와 유사한 배경에서 신자유주의는 단계적으로 전환해가고 있다고 주장하고자 한다.

3. 한국에서의 국토 및 도시 공간 정책의 변화 과정

한국에서 이러한 발전주의적 신자유주의화가 전개되는 과정에 대한 구체적 연구는 이 기간 동안 한국의 도시화 과정과 이를 특징지우는 국토 및 도시공간 정책들이 어떻게 이루어졌는가에 관한 고찰을 필요로 한다. 한국에서의 발전주의에서 신자유주의로의 이행과 국토 및 도시 공간 정책들의 변화를 관련지어 간략히 도해로 표시하면 표 1.과 같다. 이 표를 참조하여, 우리나라가 발전국가에서 신자유주의 국가로 전환하는 과정 속에서 그 동안 전개된 국토개발 및 개발전략, 산업 입지, 수도권 정책, 도시개발 등과 관련된 국토 및 도시 공간 정책을 요약해 볼 수 있을 것이다.

우리나라에서 근대적 국토 및 도시 공간 정책이 수립・시행된 것은 본격적인 자본주의적 경제발전과정과 때를 같이한다. 즉 1960년대 박정희정권이 정책기조로 제시했던 빈곤 극복과 국토 복구는 1, 2차 경제개발계획을 통해 명시화되었고, 서울의 구로공단이나 울산공업단지 건설계획 등이 포함되어 있었다. 그러나 본격적으로 국토 및 도시공간 정책이 명시화된 것은 1970년대 제1차 국토종합개발계획이 추진된 이후라고 할 수 있다. 특히 당시 중화학기반을 확충하고 산업을 고도화하면서 경제성장을 추동하기 위하여 국가공단의 개발과 마산수출자유지역의 선정이 중요한 역할을 했다. 이러한 국토 및 도시공간 전략은 기본적으로 군부 권위주의에 근거한 발전주의 국가의 성격을 가지고 일반 국민이나 지역주민들의 의견을 전혀 고려하지 않은 채 일방적으로 강제되었다.

이러한 권위주의적 국토 및 도시공간 전략은 그러나 경제성장 중심의 과잉개발과 이로 인한 불균등발전의 심화로 이어졌다. 1980년대는 신군부정권은 명목상 성장분배와 지역균형발전을 정책기조로 생활권 개발과 공업단지들 간 연계 정비 및 확충, 그리고 수도권 권역별 정비계획 등을 마련하여 시행하고자 했지만, 여전히 권위주의적 정책시행과 더불어 사회공간적 불균등성의 심화로 한계에 부딪히면서

1987년 민주화운동을 유발하게 되었고, 이 과정에서 실질임금의 상승 등으로 내수시장이 확충되면서 포드주의적 축적체제가 어느 정도 성숙하게 되었다. 이러한 과정은 1990년대 김영삼 정부 이후 자발적인 신자유주의 하에서 세계화를 추동하도록 했고, 명목상 제3차 국토개발계획이 수립되었지만 실제 첨단기술산업단지 조성을 중심으로 광역거점개발로 이어졌다.

표 1. 한국의 국가 성격과 공간 정책의 변천 과정

연대	1960년대	1970년대	1980년대		1990년대		2000년대	
대통령	박정희 (1963.12-1979.10)		전두환 (1980.9-1988.2)	노태우 (1988.2-1993.2)	김영삼 (1993.2-98.2)	김대중 (1998.2-03.2)	노무현 (2003.2-08.2)	이명박 (2008.2-현재)
레짐 특성	군부 권위주의	군부 권위주의 재강화 (유신)	신군부 권위주의		문민정부 민간 권위주의(보수+자유)	국민의 정부	참여정부	보수적 권위주의
국가 성격	(권위적 또는 경성적) 발전주의			(발전주의적) 자발적 신자유주의		(발전주의적) 중도적 신자유주의		퇴행적 신자유주의
정책 기조	빈곤극복, 국토복구	성장추구, 국토개발	성장분배(명목상), 지역균형발전		세계화, 지역 특성화		동북아중심 국가, 균형·혁신	신성장, 경쟁력 강화
경제 개발	1,2차 경제개발계획	3,4차경제 개발계획	5,6차 경제개발계획		-		-	-
국토 개발		1차 국토 개발계획 (1972-81)	2차 국토 개발계획 (1982-91)	수정 계획	3차 국토개발계획 (1992-2001)		4차 국토 개발계획 (2001-20) (5년 마다 정비수정)	
개발 전략	산업입지 조성, SOC 확충	대규모 공단, 성장 거점개발	생활권 개발	광역 개발	광역거점개발		국가균형 개발	5+2 광역권 (4+α 초광역권)개발계획
산업 입지	산업구조 근대화 (도시내 공업단지)	중화학기반 확충 (국가 공단, 수출 자유지역)	공업단지들 간 연계 정비와 확충 (지방공단,농공단지)		첨단기술산업단지, 국가경쟁력 (경제특구)		지역혁신, 공공기관 지방 이전, 경제특구	신성장 거점, 동력(녹색)산업 개발
수도권 정책	집중억제 (명목상 문제인식)	인구분산, 재배치 (정책형성)	수도권정비계획 (권역별 규제)		규제 완화 (총량규제, 과밀부담금)		행정수도 이전, 규제 해제	규제완화, 국가(경제)발전 선도
도시 개발	지방 행정 도시	지방 신흥 공업도시	수도권중심의 행정·주거 신도시		도시광역화 (도·농통합형도시)		행복도시 기업도시, 혁신도시	뉴타운 개발, 녹색도시

1997년 경제위기 이후 IMF 구제금융 등을 받으면서 국가의 성격은 다소 변화하여 강제된 신자유주의화 과정을 겪게 되었으며, 상당히 민주화된 정책 시행과정을 추진하게 되지만, 실제 김대중 정부는 국토 및 도시 개발정책에 있어서는 위기 극복을 위해 외국인의 부동산 소유 등을 허용한 신자유주의적 부동산 시장 정책을 제외하고는 대규모 개발을 추진하지는 않았다. 노무현 정부는 국가균형발전을 주요한 정책 기조로 설정하고, 국토공간 및 도시발전을 위한 새로운 패러다임을 제시하고자 했다.(표 2) 이에 따라 당시 정부의 관련부처와 국가균형발전위원회에서는 공공기관 지방 이전, 특히 행정수도 이전을 전제로 한 행정중심복합도시의 건설과 수도권을 제외한 시도들에 혁신도시의 건설, 뿐만 아니라 경제자유구역과 제주국제자유도시, 기업도시 등 다양한 국토공간 및 도시개발 정책을 추진하고자 했다.

표 2. 노무현(참여)정부의 국가균형발전의 패러다임

	기존 패러다임	새로운 패러다임
발전목표	총량적 성장	균형 성장
추진주체	중앙정부 주도	지방정부 주도
추진전략	수도권 규제강화(zero-sum strategy)	수도권-지방의 상생발전(win-win strategy)
주요정책	SOC 등 물리적 인프라 확충	지역혁신체계 구축을 통한 지방의 자생력 강화
추진방식	단편적, 분산적 추진 (법,제도적 기반 미비)	종합적, 일관된 추진 (특별법,특별회계 신설)

자료: 국가균형발전위원회, 강현수(2005) 재인용

노무현 정부 하에서 추진된 이러한 정책들의 입안과 시행과정은 상당히 탈권위적이고 시민사회가 자발적으로 참여하는 새로운 거버넌스체제의 구축을 통해 추진될 수 있는 단초를 제공했다고 할 수 있다. 그러나 국가균형발전과 직접 관련된 행정중심복합도시와 혁신도시를 제외한 다른 여러 유형의 개발 전략들(특히 경제자유구역의 개발과 추가 지정, 기업도시의 추진 전략 등)은 한편으로 중앙정부의 개입을 줄이고 지방정부나 시민사회가 주도하는 상향식(또는 분권적) 방식을 택한 것처럼 보이지만, 다른 한편으로 공공기관의 지방이전을 전제로 한 행정복합도시와 혁신도시의 건설에서 강력한 국가개입 의지를 표방한 것이라고 할 수 있다. 특히 경제자유구역, 기업도시 등은 기업주의 도시 전략을 통한 신자유주의적 정책의 전형으로 이해될 수 있다. 이로 인해 당시 정부는 국토 전체에 걸쳐 새로운 개발 붐을 일으키는 '신개발주의' 또는 '토건국가'라는 명칭을 얻게 되었다.(조명래 외 2005)

이명박 정부에 들어와서 국토 및 도시공간 계획은 상당한 변화를 보이게 된다. '균형'이나 '혁신'이라는 개념은 최소한 외형적으로 사라지고, 대신 '신성장', '동력 또는 선도 산업', '녹색성장' 등과 같이 성장 중심의 경쟁력 강화에 초점이 모아진다. 구체적인 전략으로 '5+2 광역경제권' 개발 계획이 입안되었고, 신성장거점 및 교통물류 인프라 확충, 권역별 선도산업 지원, 국가산업단지 신규 지정 및 토지이용 규제 합리화 등이 계획되었다. 특히 신성장산업의 일환으로 '녹색성장'산업이 강조되면서 4대강 사업과 더불어 '녹색도시' 조성사업이 부각되고 있다. 그러나 다음 절에서 보다 구체적으로 살펴볼 것처럼, 이러한 이명박 정부의 국토 및 도시공간 정책은 기본적으로 신자유주의적 성장산업을 중심으로 국가 및 지역 경쟁력을 강화시키는 것으로 목적으로, 국가가 직접 개입하여 지자체들 간 경쟁을 전제로 사업을 할당하고자 한다.

이명박 정부에 의해 추진되고 있는 국토 및 도시 정책은 노무현정부와 비교하여 상당한 차이를 보이는데(표 3), 이러한 차이는 기본적으로 각 정부를 주도하는 세력의 정책기조 또는 정치적 성향에 근거한다. 즉 이명박 정부는 한편으로 명시적 또는 노골적으로 시장의 논리에 근거한 경쟁과 성장을 강조하는 신자유주의적 정책기조를 강조하면서, 다른 한편으로 중앙정부의 강력한 개입과 경쟁에 기초한 지자체들 간 사업 및 재정 할당을 통해 국토 및 도시 정책을 주도하고자 한다. 이명박 정부의 이러한 정책에 대해 평가는 상당히 긍정적 평가(예로, 이양수 2009)에서부터 매우 부정적 평가에 이르기까지 다양하게 이루어질 수 있지만, 분명한 사실은 4대강 사업이나 녹색성장사업 등 일부 핵심적 사업을 제외하고 계획한 사업들이 제대로 시행되지 않고 있다는 점이다. 특히 예로 서울과 수도권의 뉴타운사업 등 신자유주의적 도시재생 사업들의 상당 부분이 중단되거나 또는 중단될 위기에 처한 것은 뒤에서 다시 거론할 바와 같이 상당히 구조적으로 초래된 것이라고 할 수 있다.

표 3. 노무현정부와 이명박정부의 국토 및 도시 정책 비교

	노무현 정부	이명박 정부
발전목표	지역균형발전	신성장 경쟁력 강화
추진주체	지자체 중심	중앙정부 주도
추진전략	수도권 규제 강화를 통한 국토균형발전과 지방분권	수도권 규제 완화를 통한 광역경제권 활성화와 국가 경쟁력 강화
주요정책	국가균형발전을 위한 전략도시개발 (행정복합도시, 혁신도시, 기업도시)	광역경제권별 선도사업 추진 (국가산업단지, 지역전략산업, SOC 확충)
추진방식	시도별 독자추진, 거버넌스체제 구축	중앙정부에 의한 경쟁적 할당

자료: http://goodvalley.blog.me/54731401 참조

4. 신자유주의적 국토 및 도시 공간 정책의 한계

국토 공간에 대한 새로운 투자 기회의 확보는 자본 축적을 위한 새로운 '공간적 및 환경적 조정(spatial and environmental fix)'을 가능하게 할 것으로 추정된다. 국토 공간 환경에 대한 투자는 물리적 공간환경의 개발이라는 점에서 실물생산과 관련되며, 또한 이는 공간환경의 금융화를 통해 금융(부동산)자본의 팽창을 가능하게 한다. 이러한 점에서, 도시는 1970년대 이후 누적된 유휴자본을 흡수할 수 있는 주요한 장이었다. 이는 세계적으로 거의 모든 대도시들에서 자본주의

적 유휴자본을 흡수하기 위한 대규모 건설 프로젝트가 촉진되었다는 점에서도 확인된다. 이러한 국토 개발 프로젝트들은 물론 다양한 방식들, 예로 도시재개발이나 도시재생, 신도시(뉴타운, 기업도시, 경제자유특구 등으로 불리는) 건설, 도시 인프라의 확충(특히 민자 유치를 통한)과 같은 물리적 개발과 더불어 도시경제의 재편, 부동산 시장의 활성화/통제, 도시문화의 촉진(도시 축제, 도시 마케팅, 도시비엔날레 등)과 같은 사회경제적 개발도 포함한다.

이러한 도시 프로젝트들은 지역경제를 위한 주요한 사업으로 간주되었으며 일부 도시인들의 삶의 질을 향상시키는 것처럼 보였지만, 또한 사회공간적 양극화를 심화시켰다. 뿐만 아니라 경제위기를 극복하기 위해 –즉 공간적 조정을 위해– 추진된 이러한 도시 프로젝트들은 새로운 경제위기나 정부(중앙 및 지방)의 재정위기 나아가 금융위기를 유발하고 있다. 하비(Harvey 2009)의 설명에 의하면, 지난 1970년대 이후 세계적으로 수백 건의 금융위기들이 있었으며, "이러한 금융위기들 가운데 많은 것들이 도시화에 기반을 두고 있었다. 미국에서 이 위기의 기원은 서브프라임모기지 위기에 의해 초래되었다. 그러나 이는 서브프라임모기지의 위기가 아니라 도시 위기이다."

이러한 상황은 우리나라의 국토 공간환경 및 도시개발 정책에도 적용될 수 있다. 현 정부가 선거과정에서 제시했던 대운하사업 그리고 취임 후 국민들의 반발에 직면하여 '4대강 살리기 사업'으로 명칭을 변경하게 되었던 사업을 들 수 있다. 우리나라 주요 하천의 본류를 준설하고 보와 제방 보강, 주변 수변경관 정비(예로 자전거도로 건설)을 목적으로 추진된 이 사업은 현 정부의 임기 내에 완료하기 위해 급속하게 추진되고 있다. 총사업비 22조 2천억 원을 투입하는 것으로 계획되었고, 2010년 한해 동안만 6조 4200억 원(국가: 3조 2200억 원, 수자원공사 3조 2000억 원)이 투입되었다. 실제 어떤 경제적 및 사회생태적 효과가 있을지 의문스러운 이러한 사업에 국가 및 공공기관이 이와 같이 막대한 예산을 투입하여 추진하는 것은 결국 하비가 주장하는 '탈취에 의한 축적'의 주요 방식에서 국가가 공적 자금의 투입을 통해 기업(특히 이 경우 건설자본)과 토지소유자들을 중심으로 막대한 사회적 부를 재분배하는 과정으로 이해될 수 있다.

뿐만 아니라 2008년 이후 서울시가 주도적으로 추진했던 이른바 '한강르네상스'사업이나 지난 2000년대 초부터 도시재개발(또는 재생)사업의 일환으로 시작되었던 뉴타운사업도 신자유주의적 도시개발 정책의 전형으로 간주될 수 있다. 한강르네상스사업은 "서울의 지속가능한 발전을 위한 원동력"으로서 "한강의 부가가치 창출을 위한 방법"을 모색하기 위해 계획되었다고 하지만(윤혁렬/박현찬, 2008), 최근 야당뿐만 아니라 감사원에서조차 수요예측이나 경제적 타당성 등이 부풀려진 용역보고서를 그대로 수용한 예산낭비사업으로 지적되고 있다.[2] 뿐만 아니라 이러한 무분별한 도시개발 프로젝트는 서울시 부채가 2008년 17.3조 원에서 2010년 25.5조 원으로 급증하도록 한 서울시의 재정위기를 초래한 주요 원인이 되고 있다.

표 4. 수도권 뉴타운사업의 단계별 추진 현황(2011.3) (단위: 건, %)

구 분	사업대상	미추진	사업추진단계					
			추진위 구 성	조합설립 인가	사업시행 인가	관리 처분	착공	준공
서울시	241(100.0)	70(29.0)	50(20.7)	58(24.1)	21(8.7)	10(4.1)	13(5.4)	19(7.9)
경기도	119(100.0)	49(41.2)	58(48.7)	9(7.5)	1(0.8)	1(0.8)	1(0.8)	0(0.0)

자료: 변창흠 2011b.

다른 한편, 뉴타운 사업은 2002년 은평, 길음, 왕십리 지구 등에서 지정되기 시작하여 2007~8년 대선과 총선을 통해 수도권을 중심으로 붐을 일으키면서 황금알을 낳는 사업으로 간주되었지만, 2008년 금융위기의 충격 이후 지가 및 주택가격의 전반적인 침체와 사업과정에서 발생하는 다양한 부작용으로 인해 사업 진행이 지지부진하게 되었다.

---

2) 한강르네상스 사업은 한강공원특화사업(한강주변 시민휴식공간 조성, 예산: 2302억 원), 플로팅아일랜드 및 달빛무지개분수사업(한강에 분수 및 인공섬 조성, 분수: 96억 원, 인공섬: 49억 원), 한강교량접근로 개선(한강다리 보행환경 및 접근로 개선, 1131억 원), 그리고 서해뱃길 사업(여의도-인천 뱃길조성, 예산 582억 원) 등의 세부사업으로 구성되었다.

즉 2011년 3월 기준 수도권에서 총사업대상 360개 지구 가운데 실제 준공된 지구는 19개소에 5.3%에 불과하고(표 4), 주민 추진위원회조차 구성되지 못한 곳이 33%에 달하고 추진위가 구성되어 어느 정도 진행되고 있는 곳이라고 할지라도 많은 문제들로 인해 더 이상 추진되지 못하는 '애물단지'로 전락하게 되었다.

이러한 도시재개발 및 뉴타운사업은 주택공급 확대와 도시환경 정비를 위한 수단으로 조합이 주도하는 민간개발 방식으로 추진되었고, 사업이 원활하게 추진될 수 있도록 각종 규제들이 완화되었다. 이로 인해 일단 사업이 지정되면, 그 직후부터 토지가격이 상승하기 시작하여, 예로 은평지구의 경우 10년 사이 4.8배에 이를 정도로 급등하였다.[3] 또한 추진과정에서 토지나 주택을 보유하지 않은 세입자나 임차상인들은 참여가 원천적으로 배제되었고, 저렴하고 소형 단독주택이나 다가구다세대 주택이 멸실되면서 실제 주택 공급 효과는 크지 않았으며, 중대형 평형의 주택을 중심으로 주택이 공급되었기 때문에 실제 원주민 재정착률도 매우 낮은 것으로 추정되었다.[4] 뿐만 아니라 기존 주거지의 전면 철거로 인해 사업기간 동안 지역을 떠나 새로운 주거지를 구해야 하는 가구들에 의해 주변 지역의 전세가격도 폭등하게 되었다. 즉 뉴타운 사업은 신자유주의적 도시개발 사업의 전형으로 '창조적 파괴'가 자행되면서, 주거의 양극화가 심화되는 과정으로

---

3) 2001년에서 2010년 사이 서울시 전체 공시지가의 평균상승률은 2.65배 상승했으며(부표 1.참조), 이러한 상승률의 상당부분은 뉴타운개발과 관련되는 것으로 추정된다.

부표 1. 서울시 공시지가 변동률 추이

연도	1998	1999	2000	2001	2002	2003	2004	2005	2006	2007	2008	2009	2010	2011
변동률	-0.29	-10.39	3.01	0.42	3.84	23.72	16.61	11.58	19.30	15.60	12.30	-2.14	3.97	1.31

4) 2007년 말 기준으로 그동안 주택재개발사업을 통해 공급한 주택은 전국적으로 54.0만호였으나 철거대상 호수가 23.2만호를 제외하면 순주택공급 실적은 30.7만호에 불과하다. 특히 서울의 1,2차 뉴타운 사업지구에서 세입자 비중이 72.4%에 달했고, 경기도의 경우 11개 지구 재정비촉진계획에서는 대상 가구 220,959가구 가운데 소유자가 84,134가구(38.1%)였고 세입자는 136,825가구로 61.9%에 이르는 것으로 조사되었다. 그러나 정비사업 완료 후 거주 세대는 223,423호로 추정하고 있지만, 총주택 공급 세대는 189,125에 불과하여 기존 거주가구의 85.6%에 불과하다. 뉴타운사업으로 31,834 가구가 거주할 공간이 사라지게 되는 것이다(변창흠 2011a, 19~20).

해석될 수 있다.

5. 맺음말

신자유주의는 자유 시장의 원리를 통해 자원의 효율적 배분뿐만 아니라 개인의 자유의 극대화를 추구한다는 점에서 이데올로기적으로 설득력을 가지는 것처럼 보인다. 그러나 실제 신자유주의화 과정은 이러한 담론적 규범성과는 달리, 자본과 정치권력의 기득권을 보장하고 사회적 부의 재분배에서 이들의 몫을 더 많이 확보하기 위한 과정, 즉 하비가 '탈취에 의한 축적'이라고 명명한 과정으로 이해된다. 뿐만 아니라 이러한 신자유주의의 세계화 과정은 매우 불균등하고 갈등적으로 전개되었으며, 이로 인해 국가간, 지역간, 집단간 양극화가 심화되었다. 뿐만 아니라 궁극적으로 신자유주의화 과정은 모든 국가나 지역들로 하여금 경제적(특히 금융적) 및 재정적 위기로부터 자유롭지 못하도록 하고, 모든 집단이나 개인들로 하여금 경쟁상황에 내몰리면서 일상생활의 황폐화로 빠져들도록 하고 있다.

우리나라도 이러한 신자유주의를 자발적 또는 강제적으로 수용하면서, 세계화 과정에 편성하고자 했다. 이 과정에서 국가 개입의 최소화를 요구하는 신자유주의적 이론과는 달리 기존의 발전주의 국가의 연장선상에서 시장에 대한 국가의 개입은 점점 더 강화시켜 왔다. 시장 논리를 명분으로 경쟁이 강화되면서 비정규직과 실업자가 증가하게 되었고, 복지에 대한 투자가 상대적으로 위축되면서 양극화가 심화되어 왔다. 이러한 신자유주의적 정책 기조는 국토 및 도시 공간 정책에도 반영되었고, 특히 대규모 토건사업 중심의 4대강사업, 녹색성장사업, 광역권개발 등이 추진되면서, 사회적 부를 공적 자본으로 투입하여 건설자본과 토지 및 주택 소유자들을 중심으로 재배분하는 과정을 추동시키고 있다. 이러한 중앙정부의 신자유주의적 정책뿐만 아니라 지방정부, 특히 서울시의 한강르네상스사업이나 수도권을 중심으로 붐을 일으켰지만 최근 위기 상황을 맞고 있는 도시재개발·뉴타운사업은 이른바 '창조적 파괴'에 기반을 두고 추동되는 신자유주의적 도시 프로젝트의 전형을 보여주고 있다.

그러나 이러한 사업들에서 나타난 것처럼, 도시의 공간 및 환경에 대한 새로운 투자가 자본 축적의 지속을 위한 새로운 '공간적 및 환경적 조정'을 가능하게 할 것처럼 보이지 않는다는 점에서 심각한 문제를 안고 있다고 하겠다. 우리는 이러한 사업 프로젝트들이 그동안 신자유주의화 과정 속에서 어떻게 유휴자본을 흡수하면서, 실물생산의 확충과 더불어 (또는 실물생산보다는) 사회적 부의 재분배과정에 개입하는 지배계급의 이해관계를 충족시켜 왔는가를 보다 세밀하게 고찰할 필요가 있다. 또한 우리는 이러한 신자유주의적 도시 프로젝트들이 어떤 문제를 유발하고 있는가를 분석할 필요가 있다.

다른 한편으로 우리는 이러한 한계를 가진 신자유주의를 어떻게 탈피할 것인가에 대한 대안적 방안을 모색해 보아야 할 것이다. 물론 신자유주의적 시장유토피아를 벗어난다는 것이 시장의 완전한 폐지를 의미하는 것은 아니다.(나종석 2009) 예로, 폴라니는 시장경제가 인간과 사회, 토지와 자연환경 등을 모두 상품으로 전환시킴으로써 궁극적으로 인간성을 파괴할 가능성을 우려하면서, 시장경제는 "양심의 자유, 언론의 자유, 직업 선택의 자유"를 창출했으며, "우리가 그 자체로 소중히 여기는 이러한 자유의 대부분은 사악한 자유를 만들어 낸 책임이 있는 그 시장 경제의 부산물이기도 한 것"이라고 강조될 수 있다.(홍기빈 역 2002, 46) 그러나 자유에 대한 하이에크나 프리드먼의 주장과는 달리 폴라니가 강조하는 자유는 물신화된 시장의 자유가 아니라 인간성을 기본적으로 전제로 한 자유이다.

이와 같은 맥락에서 새로운 탈(脫)신자유주의적 국토 및 도시 공간 정책은 한강르네상스사업에서 부분적으로 강조되었던 바와 같이 공유 공간 및 환경에 대한 시민들의 접근성 증대와 이용의 효율성 향상을 부정하는 것이 아니라 더욱 강조할 수 있다. 예로 이러한 점에서 "지구화시대의 도시들에서 공간 해방 투쟁은 산책할 수 있는 안전한 보행로의 확충, 공적 공간에서의 접근성 제고, 공동체적 정체성을 키워나갈 수 있는 광장 문화의 확장 등 지역적 차원의 투쟁과 동시에 지구적, 국가적 차원에서 안전하고 열린 시공간을 확장하는 투쟁을 담아내야"한다고 주장할 수 있다.(곽노완 2008) 그러나 이러한 주장은 신자유주의적 정책에서 제시되는 이데올로기적 담론과는 달리 국토 및 도시 공간을 자본 축적과 권력 획득을 위한 수단으로 간주하는 것이 아니라 인간의 자유와 권리가 보장되는 진정한 삶의 터전으로 이해한다.(최병두 2011)

* 이글은 「발전주의에서 신자유주의로의 이행과 도시공간 정책의 변화」, 『한국지역지리학회지』, 13(1), 82-103(2007년) 논문을 축소, 수정한 것임.

❖ 참 고 문 헌

강현수: 「참여정부 균형발전 추진체제 평가와 대안 모색, 참여정부의 지방분권」, 『균형발전정책 2년간 평가와 대안』, 한국공간환경학회 심포지움 자료집 2005. 6. 3.

곽노완: 「글로벌폴리스와 희망의 시공간: '글로벌 시티' 담론과 하비의 '희망의 공간'에 대한 비판과 변형」, 『사회 이론』 33호, 2008.

나종석: 「신자유주의적 시장 유토피아에 대한 비판: 시장주의를 넘어 민주적 공공성의 재구축에로」, 『사회와 철학』 18호, 2009.

박은홍: 「발전국가론 재검토: 이론의 기원, 구조, 그리고 한계」, 『국제정치논총』 39(3), 1999.

변창흠: 「뉴타운·재개발 사업에서 문제의 본질과 근본적인 제도 개편 방안」, '뉴타운·재개발 사업의 현주소와 대안' 토론회 자료집 2011.

윤혁렬/박현찬: 「한강의 르네상스: 치수(治水)에서 이수(利水)로」, 『SDI 정책리포트』 12호, 2008.

이양수: 「참여정부와 신정부의 지역개발정책 평가와 전망」, 『한국지방자치연구』 10(4), 2009.

조명래 외: 『신개발주의를 멈춰라, 환경과 생명』, 2005.

최병두: 「탈신자유주의를 위한 대안적 도시전략」, 『공간과 사회』 37호, 2011.

K. 폴리니: 『전세계적 자본주의인가 지역적 계획경제인가』, 홍기빈 역, 책세상 2002.

N. Brenner/N. Theodore: Cities and the geographies of 'actually existing neoliberalism', in N. Brenner/N. Theodore(eds): Spaces of Neoliberalism. Urban Restructuring in North America and Western Europe, Blackwell 2002.

H.-J. Chang: The economic theory of the developmental state, in: M. Woo-Cumings(ed): The Developmental State, Ithaca 1999.

G. Dumenil/ D. Levy: Crise et sortie de crise: Ordre et desordres neoliberaux 2000; 이강국/장시복 역, 『자본의 반격: 신자유주의 혁명의 기원』, 필맥 2006.

D. Harvey: A Brief History of Neoliberalism, Oxford Univ. 2005; 최병두 역, 『신자유주의』, 한울 2007.

C. Johnson: MITI and the Japanese Miracle. the Growth of Industrial Policy, Stanford Univ. Press, Standord, CA 1982.

J. Peck/A. Tickell: Neoliberalizing space, in: N. Brenner/N. Theodore (eds): Spaces of Neoliberalism: Urban Restructuring in North America and Western Europe, Blackwell, Oxford 2002.

I. Wallerstein: After developmentalism and globalization, what?, in: Social Forces, 83(3), 2005.

H. W.-C. Yeung: State intervention and neoliberalism in the globalizing world economy: lessons from Singapore's regionalization programme, in: The Pacific Review, 13(1), 2000.

생명특허의 허용과 인간존엄성의 문제

양 재 섭(대구대 의생명과학)

1. 들어가는 말 - 탐욕의 역사

인간의 삶은 탐욕으로 점철된 역사일까? 우리가 익히 알고 있는 그리스 신화 한 토막을 떠올리며 글문을 열어보고자 한다. 그리스 도시국가의 왕인 마이더스는 술의 신 디오니소스의 스승 실레노스에게 선행을 베푼 대가로, 디오니소스로부터 한 가지 소원을 들어주겠다는 제안을 받게 된다. 그러자 물욕(物慾)이 동한 마이더스는 자기 손으로 만지는 것마다 황금으로 변할 수 있게 해달라고 요청한다. 디오니소스는 정말로 그것을 원하느냐고 재차 다짐하고는, 약속대로 마이더스에게 그의 손에 닿는 모든 것을 황금으로 바꾸는 능력을 부여해준다.

이렇게 해서 이른바 '마이더스의 손'이 탄생하게 된다. 마이더스는 꿈에 그리던 황금으로 가득한 세상을 갖게 된 것이다. 황금 탁자, 황금 침대, 황금 기둥…, 궁전의 모든 물건이 황금으로 변해 번쩍번쩍했을 것이다. 그러나 기쁨도 잠시, 손이 닿은 사과는 황금으로 변해 먹을 수가 없었고, 황금 신하와는 국사를 논할 수가 없었다. 급기야 사랑하는 딸이 황금 공주로 변하는 지경에 이르자, 뒤늦게 잘못을 깨달은 마이더스는 자신의 헛된 욕망을 크게 뉘우치고 디오니소스에게 자신의 능력을 도로 반납했다는 이야기이다.

이와 같이 값진 신화적 교훈이 있음에도 불구하고, 어리석은 인간은 납이나 구리 같은 비천한 금속을 은이나 금 같은 귀금속으로 만들려는 욕망에 사로잡히게 되고, 또 실제로 오랜 세월 그러한 시도를 실천에 옮기게 된다. 그것이 바로 연금술(alchemy)이다. 연금술은 기원

전 알렉산드리아를 중심으로 발전하기 시작하여, 이슬람 세계에서 꽃을 피웠고, 과학혁명이 일어나기 전까지 화학 발전의 밑거름이 되기도 했다. 동양에서도 역시 중국과 인도를 중심으로 연금술이 발전했지만, 서양과는 달리 주로 불로장생(不老長生)하여 신선이 되는 꿈을 실현하는 것이 주된 목적이어서 신비적인 요소가 훨씬 더 많았다.

거의 천 년의 세월 동안 부단히 시행되어온 연금술은 비록 근대 과학의 초석이 되었다고는 하나, 무모한 실패의 기록으로 과학사를 장식하고 있다. 연금술사들이 금의 본질이며 금을 만드는 씨앗이라고 믿었던 '현자의 돌(Philosopher's Stone)'은 어디에도 없었다.[1] 따라서 서양 연금술사들의 최종 목적인 황금은 쏟아지지 않았으며, 동양 연금술사들이 추구하였던 신선이 되는 일도 결코 일어나지 않았다. 헛된 욕망의 끝은 언제나 실패일 수밖에 없음을 천 년의 연금술은 우리에게 가르쳐주고 있다.

마이더스의 욕망도 꺾이고 연금술의 시도도 무산되었지만, 인간은 또 한 번 생명에 대한 호기심으로 생명 조작을 향한 대장정에 들어간다. 미생물 유전학자이자 노벨상 수상자로서 록펠러 대학의 총장을 역임하였던 레더버그(Joshua Lederberg)는 이러한 생명 조작의 신기한 기술을 일컬어 생명연금술(algeny)이라고 이름 붙였다.[2] 다분히 중세의 연금술을 의식하여 만든 이 용어는 문명비평가 리프킨(Jeremy Rifkin)에 의해 "생명의 본질을 변화시키는 것을 의미하며 생명체를

---

1) 중세 서유럽의 연금술사들은 아리스토텔레스의 4원소(불 · 물 · 공기 · 흙)가 서로 결합하여 황과 수은을 형성하는데, 모든 금속은 황과 수은의 결합에서 생성되며, 두 성분의 조합 비율에 따라 금을 생성할 수 있지만, 여기에는 어떤 신비적인 요소가 필요하다고 생각하였다. 이 신비적인 요소가 바로 에릭서(elixir) 혹은 '현자의 돌'이라고 하는 가상물질인 바, 이것으로 다량의 비천한 금속이 금이나 은으로 변환될 수 있다고 믿었다. 송진웅/양재섭 외 공저: 『과학의 역사적 이해』, 대구대학교출판부 1998, 105쪽.

2) 실제로 제레미 리프킨은 Algeny: A New Word —A New Wolrld, Viking Press 1983라는 이름의 책을 출판하였다. 그러나 algeny라는 용어를 처음 사용한 사람은 그 보다 먼저 조슈아 레더버그이다. http://www.foet.org/books/algeny.html. 또 algeny라는 용어에 대해 필자는 몇 가지 졸고에서 생명연금술로 번역하여 사용하였다. 양재섭: 「생명자본주의, 그 달콤한 독약」, 『내일을 여는 작가』, 제39호, 2005, 6~18쪽.

개선하고 완전한 작용을 하도록 전혀 새로운 생명체를 조작하는 데 이용되는 기술"이라는 명쾌한 정의로 더욱 유명하게 되었다.[3] 금 인간은 이제 마이다스와 연금술이 추구하였던 금색 황금에 대한 환상을 넘어서 전열을 가다듬고 또 다시 녹색 황금[4]의 꿈을 실현하고 있다.

탐욕의 역사에 가속도를 붙여준 사건은 중세 유럽의 인클로저 운동(enclosure movement)이라 할 수 있는데, 이는 자연의 사유화와 상품화를 확고하게 하는 과정이었고 그 결과 인간의 자연 소유에 대한 법적 보장은 확대일로를 걷게 되었다.[5] 물질과 자연을 소유한 인류가 급기야는 생명소유의 단계로 접어든 것이다. 생명은 공장화되고 생명과학적 연구가 주로 이윤적 동기에서 출발하기에 그에 대한 권리를 인정하고 보호해야 한다고 하는 생명특허의 출현은 자연스럽기조차 한 것으로 간주된다. 여기에서 생명특허의 허용을 통해 인간이 얻을 수 있는 것이 무엇이고 잃어버리는 것이 무엇일까 하는 의문이 발생한다. 생명특허는 인간의 법적 권리를 보장하여 사회를 발전시키는 천사일까 혹은 기계화된 문명사회에서 그나마 지키려 안간 힘을 쓰고 있는 인간존엄성을 파괴하는 악마일까 하는 호기심에서 이 논문은 출발한다. 인간의 편의성과 인간의 존엄성 사이에서 생명특허가 갖는 의미는 과연 무엇인가를 밝히는 것이 이 논문의 목적이 될 것이다.

---

3) J. 리프킨: 『바이오테크 시대』, 전영택/전병기 역, 민음사 1998, 75쪽. 옮긴이들이 사용한 용어 발생술(algeny)은 앞서 각주 1)에서 설명한 바와 같이 '생명연금술'이 더 자연스럽고 본뜻을 잘 전달한다고 생각하여 고쳐 사용하였고, 유기체(organism)는 생명과학적 개념에서 '생명체'로 옮기는 것이 적절하다고 생각하여 본문에 그렇게 사용하였다.

4) 같은 책 75쪽. 종래의 '금색' 황금 대신에 생명공학 시대에 유전자가 새로운 의미의 황금으로 등장한 것을 빗대어 유전자를 녹색 황금이라 이름하였다. 여기에서 유전자는 생명의 본질이라는 의미를 간과하지 말아야 할 것이다.

5) J. 리프킨: 『생명권 정치학』, 이정배 역, 대화출판사 1996, 72~86쪽.

2. 생명특허의 역사와 생명윤리적 분석

역사적으로 생물체에 관한 특허는 식물체를 대상으로 먼저 시작되었다. 1930년대 미국에서 입법되었던 '식물특허에 관한 법(Plant Patent Act)'과 1970년대의 '식물 다양성 보호에 관한 법(Plant Variety Protection Act)'이 식물에 관한 특허법의 뼈대를 이루는데, 전자는 무성생식으로 얻어진 새 품종에 관해, 그리고 후자는 유성생식으로 얻어진 변종에 관한 특허를 인정하였다.[6] 그러나 이때는 자연적으로 얻어진 품종에 대한 보호장치로 특허를 시행하였고 인위적으로 품종을 변경시키는 단계는 아니었기에 특별히 윤리적 논쟁이 필요하지는 않았을 것이다.

그러나 그 후 여러 과정을 거쳐 현재에는 동물, 식물, 미생물에 관한 특허가 보편화되어 가는 과정에 있고, 특히 인간과 관계되는 생명공학적 기술 특허가 다수 허용되고 있는 상황에서 생명특허에 관한 생명윤리적 고찰이 필요한 시점에 이르렀다.[7] 이에 먼저 생명특허에 관한 몇 가지 중요한 역사적 사례를 살펴보면서 동시에 생명윤리적 관점을 정리해 보기로 한다.

2. 1. 다이아몬드 대 차크라바티(Diamond vs. Chakrabarty) 사건

1971년 미국 제네랄 일렉트릭(General Electric; GE)사에서 일하고 있던 인도 출신의 미생물학자 아난다 차크라바티(Ananda Chakrabar- ty)가 원유분해 능력을 가진 유전자변형 미생물에 관한 특허를 미국 특허청(Patent & Trademark Office; PTO)에 제출함으로써 생명특허의 새로운

---

6) 에릭 그레이스: 『생명공학이란 무엇인가? 그 약속과 실제』, 싸이제닉 생명공학연구소 역, 지성사 2000, 192쪽.

7) 용어 사용에 있어서 생명특허(life patent), 생물특허(biopatent) 등이 혼용되고 있으며, 생명공학 관련 특허 등으로 풀어 쓰는 방법 등이 있다. 뉘앙스 상 생물특허라는 용어가 더 적절해 보이며 개인적으로도 '생명'을 아끼고 싶지만 일반적 문헌이나 공공기관에서 생명특허라는 용어가 더 흔히 사용되는 점을 감안하여 생명특허로 통일하여 사용하기로 한다.

역사가 시작되었다. 당시 특허청은 자연적인 생물체인 미생물은 특허의 대상이 될 수 없다는 관점에서 출원을 허락하지 않았는데, 차크라바티와 제네랄 일렉트릭은 이에 불복하여 고등법원인 관세와 특허법원에 항고하여 승소하였다. 그후 결국 연방대법원까지 가는 접전 끝에 유전자가 변형된 한 수도모나스(Pseudomanas) 세균(Bacteria)이 자연상태에서의 세균과는 본질적으로 다르다는 법적 지위를 획득하고 특허가 허용되어 10여년의 논쟁을 끝내었다. 바야흐로 생명특허의 시대가 열리게 된 것이다.

물질과 생명의 경계가 허물어지고 생명의 소유화와 상품화를 허용한 이 사건은 많은 논쟁을 불러 일으켰다. 인도에서 산을 파괴하려는 벌목업자들에 맞서 나무를 껴안고 버티는 운동(일명 칩코운동; Chipko movement)을 조직하고 생물다양성 문제와 다국적기업의 생물해적질(biopiracy) 등에 관해 칼날 같은 비판을 서슴지 않았던 반다나 시바(Vandana Shiva)는 생명특허에 관해 다음과 같이 예리하게 분석하였다.

> 살아있는 생명체에 대한 특허 부여는 두 가지 형태의 폭력을 부추긴다. 첫째는 생물이 단순한 기계처럼 다뤄지게 되고, 그럼으로써 자기조직하는(self-organizing) 능력이 부정된다. 두 번째는, 미래 세대의 동식물에 대한 특허를 인정함으로써 살아 있는 생명체의 스스로 번식하는 능력이 또한 부정된다는 사실이다.[8)]

생명체의 주요 특성으로 꼽는 자기조직 능력과 번식 능력에 제한을 가하는 것은 생명의 본질을 전적으로 부정하는 폭력으로 간주된다는 것이다.[9)] 생명을 목적으로 보지 않고 수단으로 보며, 물질적 가치의

---

8) V. 쉬바: 『자연과 지식의 약탈자들』, 한재각 외 역, 당대 2000, 55쪽.

9) 생명체의 특성을 정확하게 정의하기는 어렵지만 일반적으로 다음과 같은 정의가 통용된다. 1. 생명체는 조직화(organization)되어 있다. 우주의 모든 것은 무질서의 상태로 돌아가려는 경향이 있기 때문에 생물이 이에 반하여 일정한 체제를 유지하지 않으면 효과적인 생존이 어렵다. 2. 생명체는 환경으로부터 물질과 에너지를 얻는다. 이것을 이용해 생명체는 자라고 생명을 유지한다. 3. 생명체는 번식(reproduction)한다. 생물체는 번식을 통해서 자기의 화학정보체제(NA분자의 독특한 배열)을 자손에게 전한다. 4. 생명체는 환경에 대하여 반응(response)을 한다. 자연 환경 중의 어떤 것은 생명체에 자극으로 작용하여 생물로 하여금 반응을 유발시킨다. 5. 생명체는 환경에 적응

척도로 생명을 격하시킨다는 존재론적 염려를 하지 않을 수 없다는 입장일 것이다. 여기에서 간과할 수 없는 점은, 미생물이지만 생명체를 특허의 대상으로 삼을 수 있는가에 대한 회의이다. 그러나 인류는 이 사례를 통하여 이미 경계선상을 넘어 생명소유, 생명특허의 길로 들어선 것이다. 그렇다면 무엇이 문제인가?

물론 근본적으로 지식재산권은 보호되어야 하며, UN도 세계인권선언에서 "모든 사람은 자신이 창작한 과학적, 문학적 또는 예술적 산물로부터 발생하는 정신적, 물질적 이익을 보호 받을 권리를 가진다."[10]고 기술하고 있다. 그러나 특허의 대상에 따라 다양한 윤리적 쟁점이 발생되고, 특히 생명특허에 있어서는 대단히 민감한 문제들이 대두되고 있다. 우리나라 특허법에 의하면 보편적인 개념의 특허는 주로 발명에 초점이 맞춰져 있다. 그리고 "발명이라 함은 자연법칙을 이용한 기술적 사상의 창작"으로 정의하고 있다.[11] 미국의 특허법 역시 '특허되는 발명'의 개념에 초점을 맞추고 있다. 말하자면 특허란 본래 물질특허를 의미하며 자연현상의 '발견'은 특허의 개념과 거리가 있었다. 예를 들면 멘델의 유전법칙이나 보일샤를의 기체에 관한 법칙은 생명이나 자연 속에 있는 현상을 밝혀내는 과학적 작업의 의미였지, 법적으로 보호의 대상이 되는 것은 아니었다. 그런데 과학문명의 발달과 인류사회의 변천은 인간의 소유의식의 심화를 수반하였고, 사회의 모든 면에서 이윤적 동기가 강화되었다.

차크라바티 사례는 "이 세상에 새 것이란 없다."[12]는 구약성서의

(adaptation)한다. 적응이란 환경에 생명체가 유리한 방향으로 자신을 맞추어 나감을 의미한다. 그리고 적응 과정을 거치면서 진화한다. 6. 생명체는 항상성(homeostasis)을 유지하려는 경향이 있다. 즉 생명체는 감각과 반응을 통하여 유지되는 물리적, 화학적 항상성 하에서 존재하려는 경향을 띤다. 로버트 윌리스 외: 『생물학－생명의 과학』, 3판, 양재섭 외 역, 을유문화사 1993, 47쪽.

10) 세계인권선언 제27조 2항.

11) 특허법 제1조(목적). 이 법은 발명을 보호·장려하고 그 이용을 도모함으로써 기술의 발전을 촉진하여 산업발전에 이바지함을 목적으로 한다. 제2조(정의) 1. "발명"이라 함은 자연법칙을 이용한 기술적 사상의 창작으로서 고도한 것을 말한다.

12) 『전도서』 1: 9, "이미 있던 것이 훗날에 다시 있을 것이며, 이미 일어났던 일이 훗날에 다시 일어날 것이다. 이 세상에 새 것이란 없다."(대한성서공회, 새번역)

명제를 뒤집어엎고, "해 아래 인간에 의해 만들어진 모든 것은 특허의 대상이 된다."고 판시함으로써 생명과 물질의 경계를 허물어뜨린 상징적 선언이 되었고, 이로 인해 특허권이 물질을 넘어 생명체로 확장되는 계기를 제공하였다. 그리고는 미생물을 대상으로 시작된 생명특허의 미끄러운 경사길(slippery slope)은 이제 가속도를 내면서 동물에 대한 특허로 질주하게 된다.

2. 2. 굴의 배수체와 하버드 마우스

1987년 미국특허청이 다세포 생물체인 배수체 굴에 대한 특허를 인정함으로써 생명특허의 대상은 미생물의 단계를 넘어 본격적으로 동물의 범주로 넘어가게 되었다.[13] 생물체의 정상적인 체세포 염색체는 이배체(diploid, 2N)로 되어 있다. 사람이나 고등한 동물의 경우 이배체를 벗어난 배수체(3N, 4N 등)의 경우 염색체 이상으로 극심한 유전적 결함을 나타내지만, 식물이나 하등한 동물의 경우는 같은 염색체 이상이라도 유용한 방면으로 사용할 수가 있다. 예를 들어 씨없는 수박은 3배체(3N)로 만든 경우이다. 굴의 경우도 인공적으로 배수체를 유도하여 굴을 개량하면 품질과 생산성이 증가되고, 연중 생산이 가능하며 질병에 내성이 강한 개체를 얻을 수 있다.[14]

워싱턴대학의 알렌박사는 인위적으로 배수체화한 굴에 대한 특허를 출원하였으나 기각되었다. 출원인은 다시 심판을 청구하여, 특허 자체는 다른 이유로 기각되었지만 "동물도 특허의 대상이 된다"는 판결을 얻어내었다. 결국 미국특허청 심사편람에 "자연계에 존재하지 않는 인간 이외의 모든 다세포생물(non-human multicellular organism)

13) 이처영: 「BT분야 특허 소송 및 분쟁사례[1]－특허보호 대상」, 『생물산업/BioZine』, 2003, http://bric.postech.ac.kr/myboard/read.php?Board=news&id=34148&Page=12&PARA0=&SOURCE=&PARA15=&FindIt=&FindText=

14) 박미선/ 임현정/ 이태식: 「참굴(Crassostrea gigas) 3배체의 생물·화학적 특성」, http://portal.nfrdi.re.kr/download?path=/new/public/nfrdi_RP/data_pdf&download_name=NFRH_0056_EM0022822-05.pdf

은 특허의 대상"이 된다고 명기하였다.[15] 염색체 수준에서의 인위적인 변형에 대해서도 특허를 인정하게 된 셈이다.

그다음 단계로, 미생물에서 시작된 생명특허가 하등동물을 거쳐서 이제 본격적으로 고등동물로 넘어 가게 된다. 유전학과 생명공학의 급격한 발전은 생명의 본체인 유전자를 직접적으로 조작하는 단계로 넘어가기에 굳 염색체의 배수체를 유발하는 정도를 넘어서 미세한 유전자 조작의 기술을 사용하게 된다. 1988년 하버드대학 생물학자인 필립 레더(Philip Leder)는 암에 잘 걸리도록 유전자를 조작한 생쥐를 만들어 내었다.[16] 하버드 생쥐(Harvard mouse) 혹은 발암유전자 생쥐(onco-mouse)라고 불리는 이 생쥐는 암세포 증식이 용이하도록 형질 전화된 것인데, 발암기작, 암세포 증식 등 암 연구에 다방면으로 사용할 수 있는 질병 모형(disease model) 동물인 것이다. 생쥐는 포유동물로서 비교적 사람과 가까운 유연관계를 가지고 있어서 실험동물로 유용하게 사용되는 동물인데, 이제는 유전자를 변형시켜 자연적으로 존재하지 않았던 새로운 동물을 만들었다는 관점에서 특허를 허용한 것이다. 특허를 획득한 생쥐는 응분의 사용료를 소유권자에게 지불한 후에 사용이 가능하며 구입한 생쥐의 증식에 관해서도 계약에 따르게 되어 있다.

2. 3. 인간 유전자에 관한 특허

인간 유전체 계획(Human Genome Project, HGP)은 1990년 미국을 비롯한 15개 국가가 연합하여 인간 유전체 기구(Human Genome Organization, HUGO)를 구성하고 30억 달러의 예산을 세워 15년 계획으로 시작되었다.[17] 실제적으로 이 작업은 DNA 분석을 통하여 염기서

---

15) 신지식재산권의 분류. 한길국제특허법률사무소. http://www.korea-patent.com/my/my_3.htm

16) 김훈기: 『유전자가 세상을 바꾼다』, 궁리 2000, 56쪽.

17) 영어의 genome은 독일어식으로 게놈, 영어식으로 지넘으로 발음되어 일반적으로는 '게놈'이라는 용어로 사용되는 경향이 있으나, 생물학계에서는 "유전체"라는 번역어가 사용되고 있고, 한국유전체학회도 설립되어 있어 이 글에서는 유전체로 통일하여 사용함.

열만을 일차적으로 밝히는 것이기 때문에 개개 유전자의 구성이나 기능과 직접적으로 관계가 있는 것은 아니지만, 차후 유전자 연구의 바탕이 되기에 중요한 의미를 가지고 있다. 그리고 특히 인간 유전의 본질적인 물질에 대한 세밀한 분석이라는 측면에서 윤리적 문제를 제기하기에 충분하였다. 이 계획은 1998년 설립된 민간 벤처기업인 셀레라 제노믹스(Clera Genomics)와 경쟁관계가 시작되면서 원래의 계획보다 앞서서 완성되었고, 드디어 2000년 미국 대통령 빌 클린튼과 영국 수상 토니 블레어가 유전체 분석 결과를 공개하겠다고 선언하였다. 그러나 이것은 연구결과를 인류가 무료로 사용한다고 하는 것과는 별개의 문제이다. DNA의 염기서열 자체만으로는 실용적인 가치가 없다고 보는 것이고, 오히려 널리 보급하므로 그 뒤에 오는 이윤을 극대화할 수 있기 때문이다.

한편, 인간유전체계획이 시작되던 무렵 1991년 미국 국립보건원(NIH)의 크레이그 벤터(Craig Venter)는 사람의 뇌에서 발견된 377개의 유전자에 대해 특허를 신청하였다. 그리고 1999년 일본의 헬릭스 연구소는 인간의 유전자 6000여개에 대해, 같은 해 미국의 셀레라 제노믹스사는 인간유전자 약 6만5000건에 대해 특허를 신청하였다.[18] 초창기에 특허 출원의 내용과 결과에 대한 정보 공개가 원활치 않아서 명확하지 않은 부분들이 있지만, 실제 유전자에 대한 특허는 이제 보편화 되는 경향으로 가고 있다. 실제로 미국 특허청은 수천 건의 유전자 특허를 허용한 것으로 알려져 있으며, 이것은 전체 인간유전자의 약 20%로 추산되고 있다.[19] 특허로 묶인 유전자에 관한 진단시약이나 치료 방법 등은 결국 대가를 지불하고 사용하게 된다.

18) 김훈기: 앞의 책, 47~52쪽.
19) 「유전자특허의 딜레마」, 『파퓰러사이언스』(한국일보) 2009, 8월호.
http://popsci.hankooki.com/popsci_news/view.php?news1_id=5901&cate=13

2. 4. 바이러스도 특허 대상

바이러스는 그 자체로 생물체는 아니지만 생물체의 세포 속에 들어가면 생물체와 마찬가지의 특성을 가지게 된다. 즉 생물체의 체내에 있는 동안은 생명체이기 때문에 생명체로서 취급하며, 바이러스는 일정한 숙주를 가진다. 그중 인간의 몸에 기생하는 바이러스는 여러 가지 질병을 유발하기 때문에 바이러스에 관해 연구하고 특히 백신 개발이나 면역 연구를 위해 바이러스를 확보할 필요가 있다. 더 나아가서 어떤 특정 인종이나 집단에만 존재하는 바이러스는 특별한 의미를 갖게 된다.

파나마 구아이미족 인디언의 세포에서 추출한 바이러스는 인간의 면역을 강화시키는 기능을 가지고 있다. 1993년 미국 국립보건원은 이 부족 출신의 26세 여성 세포에서 추출한 바이러스의 특허를 출원하였다. 그러나 부족 의회의 반발에 부딪쳐 신청을 철회하였다.[20] 또 1995년 미국 특허청은 솔로몬 군도와 파푸아뉴기니 출신 주민으로부터 면역강화 기능을 가진 T-임파구영양 바이러스(T-lymphotrphic virus)의 특허를 승인하였다. 그러나 남태평양 군도 연방의 항의를 받고 특허를 철회하였다.[21]

이상 몇 가지 중요한 생명특허의 역사를 간략하게 살펴보았다. 한마디로 요약하면 미생물로부터 시작된 생명특허는 인간생명 자체를 상징하는 프로그램인 유전자와 인간의 세포에서 추출된 바이러스에 이르기까지 그 범위를 넓히고 있어, 가히 미끄러운 경사길의 전형적인 양상을 보여주고 있다. 물론 생명공학산업을 육성하고 보호해야 한다는 입장에서 생명특허를 긍정적으로 지지할 수도 있고, 생명에 대해서는 경제적 이윤의 대상일 수 없다는 가치관을 내세워 반대할 수도 있다.[22]

---

20) 김상득: 「과학기술의 발전과 생명윤리」, 공동선아카데미. http://cafe.naver.com/commongood.cafe?iframe_url=/ArticleRead.nhn%3Farticleid=16

21) 김훈기: 앞의 책, 54~55쪽.

여기에서 생명특허의 허용은 생명의 존엄성, 좀 더 범위를 좁혀 인간존엄성에 어떤 영향을 미칠 수 있을 것인가를 논의하는 것은 의미 있는 일일 것이다. 화석연료 경제에서 생물다양성을 토대로 새롭게 재편되고 있는 지구적 경제시스템의 환경 변화에 따라, 물질특허를 넘어 생명특허로의 전환은 자연스럽고 필요한 것으로 보는 관점과 생명의 물질화로 치닫고 있는 생명자본주의의 파행적 진행은 인류의 멸망을 초래할 것이라는 조망 사이의 논쟁이 가열되고 있는 상황에서 특히 인간존엄성의 문제는 여전히 과제로 남는다.

3. 생명특허와 인간존엄성

3. 1. 인간존엄성의 개념

생명특허의 문제를 인간존엄성의 관점에서 성찰하기 위해서는 먼저 인간존엄성의 개념이 무엇인가 하는 질문이 선행되어야 할 것이다. 「유엔 인권선언」은 전문에서부터 모든 인류의 "고유한 존엄성"과 "인간의 존엄과 가치"를 천명하였으며, 제1조에서 "모든 사람은 태어날 때부터 자유롭고, 존엄성과 권리에 있어서 평등하다"고 전제하고 있다.[23] 우리 헌법 역시 "모든 국민은 인간으로서의 존엄과 가치를 가지며, 행복을 추구할 권리가 있다"고 명시하고 있어서 존엄의 문제는 적어도 선언적으로는 보편적으로 수용되는 개념이라고 말할 수 있다. 그런데 실제로 인간의 존엄을 존중하는 근저에는 인간의 권리에 대한 인정이 전제되어 있다고 본다. 특히 현대인에게 있어 모종의

22) 언제나 찬성론자와 반대론자가 공존하지만, 특허를 지지하는 도덕적 논거와 특허를 반대하는 윤리적 논거에 대해서는 대릴 메이서/마키나 가토: 「생명공학, 특허 그리고 생명윤리」 (Darryl R. J. Macer/Makina Kato: BIOTECHNOLOGY, PATENTS, AND BIOETHICS, website of Institute of Biological Sciences http://vulab.ias.unu.edu/GlobalEthos/papers/makina.html. 이수연 역) 참조. 특히 유전자 제국주의를 경고하고 있다.

23) 「세계인권선언」, 1948. 12.10 국제연합총회에서 채택.

권리를 주장하는 것은 시민사회에서 너무도 당연한 것으로 여겨지고 있다. 말하자면 권리의 관점에서 존엄의 문제를 접근하고 있는 셈이어서 통상 인권이란 용어와 혼용되기도 한다. 앞서 살펴본 유엔인권선언이나 대한민국 헌법 조문 역시 본질적으로는 권리의 뉴앙스가 강하다고 할 수 있다.

한걸음 더 나아가서 「인간유전체와 인권에 관한 보편 선언」은, 인간을 대상으로 연구하는 과학인 생물학, 유전학, 의학의 관점에서 인간존엄성의 문제를 본격적으로 다루고 있다.[24] 첫 번째 장은 인간존엄성과 인간유전체에 관한 4개항으로 구성되어 있으며, 인간 고유의 존엄성, 유전적 특성에 관계없이 존엄하다는 점을 명백하게 선언하고 있다. 뿐만 아니라 이어지는 조항들에서 아무 것도 인간존엄성에 우선할 수 없다는 강한 표현을 사용하였고, 모든 국가들이 인간의 존엄성 지키기 위해 적절한 행동을 할 것을 권고하였다.

박은정은 "인권 문서들은 인간은 한 개인으로서 각자가 고유한 존엄성과 가치를 가진다고 말할 뿐, 왜 그러한가에 대해서는 말하고 있지 않다"며, "주어진 상황과 여건 속에서만 판단이 가능"한 것으로 서술하고 있다.[25] 일반적으로 인간의 존엄성은 정의하기 어렵고 본질적 의미가 난해하다는 견해가 많다. 그럼에도 불구하고 여러 가지 다양한 조건과 관점에서 사회적 합의를 이끌어 내려는 노력이 필요하다고 본다. 그런 의미에서 「인간유전체와 인권에 관한 보편 선언」은 인간존엄성에 관한 중간 정리를 한 것으로 생각된다. 인간존엄성의 개념 정리에 관한 노력은 계속되겠지만 앞서 발표된 인권 문서들과 필자 등이 이전 논문에서 제시한 설명을 바탕으로 다음 논의로 넘어가기로 한다.[26]

---

24) 1997년 유네스코 제29차 총회에서 채택한 「인간유전체와 인권에 관한 보편 선언 Universal Declaration on the Human Genome and Human Rights」은 A. 인간존엄성과 인간유전체, B. 인권에 관한 사항, C. 인간유전체에 관한 연구, D. 과학적 활동의 수행을 위한 조건, E. 선언에서 제시된 원칙들의 촉진, G. 선언의 이행 등 7장으로 나누어져 있고 25개 조항으로 구성되어 있다.

25) 박은정: 『생명공학시대의 법과 윤리』, 이화여자대학교 출판부 2000, 145~150쪽.

26) 양재섭/구미정: 「유전학적 맥락에서 인간존엄성에 관한 연구」, 『생명윤리』, 제7권,

3. 2. 생명특허가 인간존엄성에 미치는 영향.

그렇다면 과연 생명특허의 허용은 인간존엄성에 어떤 영향을 미칠 수 있을까? 앞서 살펴본 바와 같이 생명특허의 역사는 하등한 생명체로부터 시작하여 고등한 동물, 그리고 인간에 관한 특허로 그 길을 이어왔다. 생명특허 자체에 대해서는 지식재산권의 보호에 더 중점을 두고 긍정적으로 사고하는 찬성론자와 생명존엄성에 무게를 주고 윤리적 주장을 하는 반대론자 내지 신중론자로 나뉘게 된다. 일반적으로 발명가에 대한 보상, 미래가 독창적인 사회가 되도록 유도할 필요성을 강조하고 또 이미 심혈을 기울여 노력한 생명과학기술자에 대한 보상 등의 관점에서 그 근거를 찾을 수 있다. 또 생명특허를 통하여 새로운 지식을 창출해내는 기반을 구축하고 지식산업사회의 질서를 확립하는 데도 의미가 있을 것이다.

그러나 직접적으로 인간과 직결되는 생명특허에 대해서는 간단하게 결론을 내릴 수 없을 뿐만 아니라 그 논쟁의 정도가 심화된다. 최근 한국 특허청에서도 유전자(DNA 서열), 단백질(아미노산 서열), 단세포 생명체(바이러스, 세균), 동물, 인간의 신체의 부분 등의 물질과 수술, 치료방법, 유전자 치료법, 진단방법의 몇 가지 방법에 대해 특허를 허용하고 있다.[27] 이 중에서 인간의 신체의 부분과 방법에 대에서는 사람의 경우 아직은 생명특허의 허용을 유보하고 있다. 일반적으로 미생물 및 동식물과 인간 사이에 차이를 두고 있다고 할 수 있다. 그러나 인간의 유전자에 대해서는 별로 '인간적'인 것으로 취급하지 않는 경향이 있다. 다시 말해, 인간의 유전자는 DNA라는 화학물질로 구성된 물질에 불과하다고 생각하고 은연중에 인간성과 밀접하게 연결시키지 않는 착각을 일으키고 있다.

인간의 유전정보와 신체의 각 부분, 세포와 조직, 기관 등의 소유권

2004, 65~77쪽 참조.

27) 여기에 나열한 것은 특허청의 생명공학분야 심사기준에 따른 특허 보호대상임. http://www.kipo.go.kr/kpo/user.tdf?a=user.html.HtmlApp&c=8040&catmenu=m06_06_01&catmenu=m06_06_01

은 확실히 개인에게 있어야 하겠지만, 실제로는 그렇지 않다. 유전체의 경우, 다른 사람의 유전자 염기서열과 비교해서 차이가 나는 부분은 극히 적다. 즉 대부분 인간유전체의 염기서열은 공통적인 부분으로 구성되어 있다. 예를 들어 어떤 과학자들이 인간의 특정한 DNA 염기서열의 생명특허를 획득하였다면 한 개인의 의지와 상관없이 이미 자신의 DNA 조각에 대한 권리를 상실한 것이다.[28] 필자는 인간에 관련된 생명특허가 인간존엄성과 인간정체성에 상당한 손상을 입힌다고 생각한다. 과학기술중심사회의 일반적인 정서상 인간에 관한 생명특허에 대해 일방적인 반대는 어려울 것으로 생각되나 각 분야의 입장 차이를 신중하게 정리하여 윤리적 대안을 마련할 필요가 있다고 사료된다.

박은정은 "유전자에 대한 기초 정보만 아니라 기능 정보도 현 단계에서는 특허대상으로 삼아서는 안 된다"고 강경하게 단정하였다. 그 이유는 경제적 관심사와 윤리적 관심의 절충이기 때문이라는 것이다.[29] 유전자의 염기서열은 인간이 발명한 것이 아니라 자연적으로 있는 상태이기에 발견이라는 입장을 견지하고 있다. 물론 유전체 자체의 발견은 생명특허의 대상이 될 수 없지만, 그러나 특정 DNA 염기서열이 유용하여 상업적 이용성이 가능한 상태가 되면 논쟁의 여지가 발생한다.[30] 지식재산권의 보호 없이는 후속연구에 막대한 지장을 초래하며 실제적으로 경제적 발전이 어렵다는 반론은 또다시 윤리적 딜레마를 연출한다. 그럼에도 불구하고 인간의 생명현상이 이윤추구의 경제적 대상이라는 관점은 인간존엄성을 명백하게 훼손하고 있다. 자연상태라는 단서가 붙어있긴 하지만 「인간유전체와 인권에 관한 보편 선언」 제4조는 "인간유전체가 결코 영리의 목적으로 이용되어서는 안 된다"고 못 박고 있다.

더 나아가서 반다나 쉬바는 인간에 관한 생명특허뿐만 아니라 생명

---

28) 좀 상세한 예시는, 김상득: 앞의 책 참조

29) 박은정: 앞의 책, 462쪽.

30) 서계원: 『생명공학 법제』, 동국대학교출판부 2007, 106~110쪽.

특허 자체를 "과학의 상업화와 자연의 상품화"로 규정하여 결사적으로 반대하고 있다.[31] 구체적으로 제시하는 논거는 "단작의 확산, 화학적 오염의 증가, 생물학적 오염의 위험, 보전윤리의 훼손, 생물다양성의 보전능력 약화"를 들고 있으며[32] 이는 모두 인간의 실생활과 밀접하게 관계가 있어 실로 인간의 생명을 위협하는 요건들이며 인간존엄성 자체를 밑바닥부터 흔드는 요인들이다. 반다나 쉬바의 이러한 지적보다 더 직접적인 요인은 역시 인간유전체에 관한 문제이다. 인간유전체를 통해서 이윤을 추구하고 통제하려는 생각을 흔히 "유전자 제국주의"로 규정하는데, 이것이야 말로 인간존엄성을 말살하는 결정적인 이데올로기가 아닐 수 없다.[33] 본래 제국주의가 남의 나라를 침략하여 식민지화하고 국권과 인권을 말살하였다면, 유전자 제국주의는 인간 내부의 자연인 유전자를 점령하여 사유화한 것이다.

앞서 설명한 파나마 구아이미족 인디언의 세포에서 추출한 바이러스와 솔로몬 군도와 파푸아뉴기니 출신 주민의 T-임파구영양 바이러스(T-lymphotrphic virus) 사건은 비록 철회되긴 했지만 인권을 넘어 인간존엄성에 심한 타격을 입힌 상처가 아닐 수 없다. 제레미 리프킨 역시 "생명을 특허의 대상으로 삼는 것은 생명의 신성함과 본질적 가치에 대해 우리가 갖고 있는 깊은 신념"에 영향을 미칠 것에 관해 염려를 표명하였다.[34] 생명특허는 결국 생명과학의 상업화를 촉진하여 독점과 부의 편중으로 이어져 과학에 있어서 공유주의를 쇠퇴시키고 결국 비밀주의를 강화하기에 이른다.[35] 1996년 유럽평의회는 생물학 및 의학의 적용에 있어 인간의 권리와 존엄 보호를 위한 협약에서 "인간의 신체 및 그 부분은 영리 목적으로 이용되어서는 아니 된다"고 명시하였다.[36] 인간에 대한 생명특허는 식민지화, 노예화, 사유화

31) 반다나 쉬바: 앞의 책, 56쪽.

32) 같은 책, 465쪽.

33) D. 메이서/M. 가토: 앞의 책, 7쪽.

34) J. 리프킨: 『바이오테크 시대』, 전영택/전병기 역, 민음사 1999, 13쪽.

35) 김동광: 「과학의 사회적 불평등－상업화를 중심으로」, http://kstam.kofst.or.kr/file/session4/3.pdf

36) 원문은 Convention of the Protection of Human Rights and Dignity of the Human Being with Regard to the Application of Biology and Medicine: Convention on Human Rights and

등의 방법을 통하여 결국 인간존엄성을 침해할 수밖에 없다.

4. 나가는 말

많은 윤리적 과제들이 언제나 딜레마이듯이 생명특허, 특히 인간에 대한 생명특허의 허용이 인간존엄성에 미치는 영향에 관한 문제는 쉽게 해결될 성질의 것은 아니다. 생명특허 자체에 대한 생명과학과 생명윤리간에 논란이 분분하고 또 인간존엄성의 개념 또한 모호한 부분이 많기 때문이다. 그럼에도 불구하고 인간에 관한 생명특허와 인간존엄성의 상관관계를 논함에 있어 대부분 일반적으로 이윤적 동기를 명백하게 경계하고 있다. 제레미 리프킨의 지적처럼 인간존엄성을 경제적 이윤과 맞바꾼 것은 결국 온 인류가, 악마 메피스토펠레스에게 영혼을 팔아버린 파우스트가 되어가고 있는 셈이다.

이제 우리는 생명에 대한 인류의 관점을 다시 한 번 되짚어보고, 앞으로 걸어갈 길을 결정해야 할 시점에 와있다. 탈무드는 중용의 길을 다음과 같은 지혜의 말씀으로 전하고 있다. 어떤 군대가 행진하고 있는데, 길의 오른쪽은 눈이 내려 얼음이 얼어 있었고, 길의 왼쪽은 불바다였다. 이 군대가 길 오른쪽으로 가면 얼어 죽고, 길 왼쪽으로 가면 불에 타 버릴 것이 자명하다. 하지만 가운데 길은 따뜻함과 시원함이 적당히 조화된 길이라는 것이다. 생명공학을 통한 욕망 채우기에 정신없이 돌진하던 우리의 발걸음을 잠시 멈추고, 가운데 길의 의미를 성찰해야 할 시점이 아닌가 생각된다. 찬성과 반대의 양극단적 논쟁보다는 신중한 대안 접근법을 모색해야 할 것이다. 어디까지 전진하고 어디에서 멈춰야 할 것인가를 아는 지혜가 필요할 것이다. 성서는 이렇게 교훈하고 있다. "여기까지는 와도 된다. 그러나 더 넘어서지는 말아라! 도도한 물결을 여기에서 멈추어라!"[37)]

Biomedicine 이다.

37) 『구약성서』, 욥기 38:11(대한성서공회 새번역)

비록 모호성 때문에 완전하고 정확한 분석이 불가능하다고 하여도, 인간 생명의 본질적인 가치와 경제적 효용성 사이에서 결단할 수밖에 없다. 인간존엄성의 개념이 손에 잡히지 않는다고 하여 인간존엄성 자체를 부정할 수는 없다. 보편타당한 인간 인식을 바탕으로 풀어가야 할 과제로 남긴 하지만 인간의 존엄성은 생명특허에 의해 훼손되지 않고 영원히 보존되어야 할 가치임에 틀림없다.

❖ 참 고 문 헌

김훈기: 『유전자가 세상을 바꾼다』, 궁리 2000.
박은정: 『생명공학시대의 법과 윤리』, 이화여자대학교 출판부 2000.
양재섭 외: 「유전학적 맥락에서 인간존엄성에 관한 연구」, 『생명윤리』, 제7권, 2004.
E. 그레이스: 『생명공학이란 무엇인가? 그 약속과 실제』, 싸이제닉 생명공학연구소 역, 지성사 2000.
J. 리프킨: 『생명권 정치학』, 이정배 역, 대화출판사 1996.
—: 『바이오테크 시대』, 전영택/전병기 역, 민음사 1998.
Ch. 버치/ J. 캅: 『생명의 해방』, 양재섭 외 역, 도서출판나남 2010.
Th. 쉐넌: 『기초생명윤리학』, 양재섭 외 역, 대구대출판부 2003.
V. 쉬바: 『자연과 지식의 약탈자들』, 한재각 외 역, 당대 2000.

재활의 이해

김 진 상(대구대 물리치료학)

1. 재활의 개요

재활의 어원은 '다시 적합하게 하는 것'이라는 의미가 있다. 이것은 의학적이거나 사회적인 의미를 가지고 있으며, 심신의 장애를 가지고 있는 사람의 사회복귀나 갱생지도를 표현하는 말로 사용되기도 한다. 미국재활협회(National Council on Rehabilitation 1942)의 정의를 보면, '재활이란 가능한 신체적, 정신적, 직업적, 경제적 유용성을 장애로부터 최대한 회복시키는 것'이라 하였다. 러스크(H. A. Rusk)는 재활이란 '신체적, 정신적, 직업적 잠재능력을 최대한으로 회복시켜 충분한 생활을 영위할 수 있는 것'이라고 했다. 올램(W. S. Allam)은 재활이란 '장애인에게 자신의 잠재능력을 인식하도록 하여 잠재능력을 획득할 수 있는 방법을 돕는 것'이라고 하며, 실용적으로 재활이란 '기능적 회복을 위한 서비스나 기술뿐만 아니라 결과나 목적에 도달되기 위해 모든 사람들이 갖고 있는 노력을 조직하는 것'이라고 말하고 있다.(김규수 1999, 391)

또한 세계보건기구(WHO 1969)에서는 재활은 의학적, 사회적, 교육적, 직업적 수단을 동원하고 이를 상호조종하여 훈련 또는 재훈련을 통하여 장애인의 기능적 능력을 가능한 최고수준에 달하도록 하는 것이라 하였다.

케슬러(H. H. Kessler)는 재활의 정의를 다음과 같이 두 가지 면으로 설명하고 있다. 먼저 의학적 재활로서 장애인에 대하여 외과적 치료 및 이학적 요법을 비롯하여 여러 진료과목이 총력을 다하여 장애를 입기 이전의 상태로 회복시키려고 하는 노력의 과정이고, 다른 한

면은 이같이 의학적 처치를 마친 자에 대하여 사회 전체가 능력을 다하여 신체적, 정신적, 또는 직업적, 경제적으로 자립시키려고 하는 광범위한 과정이라 하였다.

그리고 배싱거(W. A. Basinger)는 '재활이란 장애를 지니게 된 어린이나 성인의 신체적, 정신적, 사회적, 직업적인 회복과 그 적응을 위한 통합조정된 서비스 프로그램이며 서비스는 평가, 치료, 교육, 훈련 및 취업 등으로 이루어지며 이것은 재활의 여러 과정과 분야에 있어서 유능하고 자격이 갖춰진 요원들에 의하여 담당되어야 할 일'이라고 하고 있다. 이상의 여러 정의에서 재활이란 장애인의 잠재능력을 평가하고 그 잠재능력을 개발할 수 있도록 여러 전문가들의 협력과 지역사회의 자원을 동원하여 사회 구성원으로서 권리와 의무를 다할 수 있도록 돕는 활동이라 하겠다.(김규수 1999, 392)

장애인이 갖고 있는 문제는 매우 다양하고 복잡하다. 단순한 수족의 마비, 그 밖의 기능 장애의 훈련, 치료만으로 해결되는 것이 아니라, 치료를 포함하면서도 교육, 직업, 심리, 사회적 측면에서 인간답게 살 권리의 회복 등 포괄적 의미가 함축된다. 따라서 재활은 상해나 장애를 극복하는 재적응 과정을 말하고 장애인들로 하여금 자립생활로 회복시키기 위한 서비스가 필요함을 뜻하고 있다. 즉, 재활이란 단순한 치료나 훈련이라고 하는 서비스에 그치는 것이 아니라 하나의 사회인으로서 떳떳한 자립생활을 할 수 있는 '전인간적 회복'을 하기 위한 모든 욕구를 충족시키는 총합적인 접근과정인 것이다.

그렇기 때문에, 환자나 장애인들이 신체 어느 부분에 장애가 있다 하더라도 전체기능이 마비되는 장애는 거의 없으며 부분적 장애 또는 다른 부위의 대체기능 등 잔존능력을 갖고 있다는 시각이 무엇보다 필요하다. 이는 외국 선진국에서는 보편적으로 인식되고 있는 반면, 우리나라는 아직도 어느 한 장애가 장애인의 모든 것으로 생각되어져서 대체기능을 찾고자 하는 것을 막고 있는 시각을 바꾸어야 한다.(서문자 외 1999)

2. 재활의 정의

WHO(세계보건기구)는 재활의 개념을 '장애인에게 의료적, 사회적, 교육적, 직업적인 재훈련을 포괄적으로 실시함으로써 각 개인에 대하여 가능한 최대한의 기능회복을 부여하는 것'이라고 정의하고 있다. 2002년에는 장애의 개념을 국제기능 분류기준(International Classification of Functioning)에 근거하여 단순한 손상에서 사회적,환경적 개념으로 확장하고 있다. 구체적으로는 운동 및 감각장애, 정신지체, 정신질환, 만성 알코올 및 약물남용, 만성 심혈관 및 폐 질환, 만성 위장손상, 피부질환, 암 등을 포괄적으로 포함하고 있다.(http://www.who.int/en/)

재활이란 장애자의 신체적, 정신적, 사회적, 재활적, 경제적, 가용능력을 최대한으로 회복시켜 주는 것이란 정의가 일반적으로 널리 받아들여지고 있으며, 이러한 정의 속에서 장애자의 재활이란 것에 얼마나 다양한 내용이 포함되어 있는지 알 수 있다. 신체적 재활이나 직업적 재활만으로써는 장애자가 전인으로서 재활됐다고 볼 수 없으며 신체적, 직업적 재활이 사회적 재활을 가져올 수 있을 때 비로소 전인적 재활(Total Rehabilitation)이 됐다 할 수 있다. 이러한 전인적 재활을 달성시키기 위한 재활사업은 단편적으로 특정 전문 서비스만으로는 이루어질 수가 없는 것이 하나의 특성이라 할 수 있다. 따라서 재활사업은 운명적으로 전문직 상호간의 상호보완이 불가피한 것이다. 뿐만 아니라 재활전문기관 상호간의 긴밀한 협동 관계가 없이는 재활사업의 소기의 목적인 전인적 재활을 위한 전인적 서비스가 장애자에게 주어질 수 없다.(http://www.karm.or.kr/) 1960년도 미국 아동과 청소년을 위한 백악관회의에서도 장애아동을 위한 서비스의 조정업무를 다음과 같이 제창하고 있다. "모든 지역사회의 서비스는 장애아의 조기발견과 진단을 위해 조정되어야 하며 아동을 위한 치료시설들과 서비스는 통합되어야 하고 기관과 전문직인사 상호간에 소통이 개선되어야 한다. 인간의 욕구는 전통적으로 제공되고 있는 협소하고 제한된 단순한 프로그램으로는 충족되어질 수 없다. 지역사회에 존재하는 도움들은 너무 많고 너무 기만적이고 너무 서로 격리되어 있다. 그들의 행정은 번거롭고 비인간화되는 경향이 있다. 이러한 결과 인간의 욕구를 충족시킬 수 있는 재원과 인력자원을 비능률적이며 비효율적으로 만들어 버린다."

재활사업은 또한 각 분야의 독특한 전문성이 없이는 장애자의 재활 욕구를 충족시킬 수 없는 것이 현실이다. 따라서 각 재활사업 분야는 독자적인 특유의 기능을 갖게 되며 이러한 전문적 기능은 고도로 발전하여 가야한다. 이러한 분립된 각 재활사업 분야의 전문성은 각 분야별로 명확히 정의되어져야 하는 한편, 전문성 상호간에 잘 조화되어져야만 부분적 인간이 아닌 전인적 인간에 대한 서비스가 주어질 수 있다.

Scott는 특히 의료재활분야의 전문화에 대한 병폐를 다음과 같이 지적하면서 기관 상호간의 협조의 필요성을 다음과 같이 강조하고 있다. "우리 세대의 전문화 특히 의료분야의 전문화의 한 병폐는 국소적 관심에만 집착하는 나머지 환자의 전체를 잃고 있다. 실재로 재활대상자의 전인적 재활욕구를 충족시킬 수 있는 종합재활원은 거의 없음으로 기관상호간의 능동적인 협조가 필요하다." 또한, 재활사업은 지역사회와 연관되어지지 않으면 이루어질 수 없다. Sieder는 직접적으로 재활서비스를 제공하는 재활시설의 지역사회조직을 위한 역할을 다음 세 가지로 설명하고 있다. (http://www.who.int/en/)

첫째, 기관상호간의 관계 수립 : 상호의존, 정보교환, 사회적 공동생활. 둘째, 지역사회 자원 동원 : 프로그램지원, 재정지원, 이념의 지대. 셋째, 지역사회 자원의 변경 : 발굴, 재조정, 서비스의 조합이나 분리.

이상의 세 가지 재활기관으로서의 지역사회조직상의 역할은 같은 철학과 같은 목적을 갖지 않고서는 이루어지지 않겠다. 비록 기관간의 유대관계가 훌륭하고 서비스의 조정이 원만히 이루어진다 하더라도 장애자 재활욕구에 대처하여 나갈 수 있도록 기관의 순응력이 있지 않고서는 효율적 조정관계에 있다고 볼 수 없다.

3. 재활의 분류

재활이란 장애인들이 갖고 있는 잔존능력을 최대한으로 발휘할 수 있도록 모든 수단을 동원하여 조치하는 것이므로 그 과정은 장애인들의 욕구에 대응하여 ① 의료재활 ② 교육재활 ③ 직업재활 ④ 심리재활 ⑤ 사회적 재활 등의 분야로 나누어지며 최근에는 재활공학도 중요하게 다루어지는 경향이다.(남상만/나운환/유명화 2000)

이와 같이 장애인의 장애상태에 따라서 요구되는 재활서비스는 의료적, 심리적 교육적, 사회적, 그리고 직업적 재활 등이며, 여기에 재활 공학 분야가 포함되어야 할 것이다. 이상의 재활분야는 각 분야가 가진 독자적 방법에 의해서 효과를 나타내도록 하는 것이 당연하지만, 각 분야가 유기적으로 관련되어 종합적인 기능으로 발휘되지 않으면 안 된다.(김진호/한태륜 외 2003, 134)

3. 1. 의료재활

장애인이 그 가족에게 원하는 것이 무엇이냐고 묻는다면 아마도 그들은 신체적 또는 지적 결함에 대한 치료라고 대답할 것이다. 의료재활이란 장애인 재활과정의 첫 단계이자 재활의 가장 기본적이고 중요한 요소로서 장애인과 장애인 가족의 첫 번째 욕구이다.

재활의 궁극적 목표는 기능을 최대한 증진시키고 장애를 최소로 줄여 장애인을 직업인으로서 사회로 복귀시키는 것이다. 그러므로 의료재활이란 장애에 대한 의료적 치료뿐만 아니라 장애발생을 최소로 줄이는 예방의 의미도 포함한다. 따라서 장애의 원인이 되는 질병 혹은 외상에 대해 치료 초기에서부터 직업재활을 위한 기능 검사와 적응훈련에도 관여하게 된다. 뿐만 아니라 장애인이 직업을 갖고 가정생활과 사회생활을 하는 중에 발생하는 여러 가지 신체적 문제에 대한 의료적인 치료도 담당하게 된다.(심용철 2007)

의료적 재활은 다양한 전문요원이 팀을 이루어 환자의 치료를 실시하게 된다. 의료재활 종사자에는 의사, 물리치료사, 작업치료사, 언어치료사, 간호원, 의료사회사업가, 보장구기사 등이 있으며 전문종사자는 한사람의 장애인의 요구에 맞게 팀웍에 의해서 서로 상호협조할 때 소기의 목적을 달성할 수 있을 것이다.(김영희 2004)

의료적 재활은 신체장애에 대처하는 재활의학적 전문영역으로서 재활복지를 구성하는 부분이며, 종합적인 재활사업의 첫 단계이며 중심적 역할을 담당하는 분야이다. 의학적 재활은 재활사업에서 의료적인 측면을 다룬다는 입장에서 부분적이지만 대부분의 경우 재활의 출발점인 동시에 전체이기도 하다. 장애인의 개인적 요구는 장애의 종류에 관계없이 '의료'의 중요성을 우선적으로 생각하고 있다. 또한 사회적 요구도 의료혜택의 우선성을 강조하고 있다. 장애인들은 경우에 따라서는 의료적 재활만으로 사회복귀를 할 수 있는 경우가 많으며, 그 외에는 사회적 심리적 및 직업적 재활과 연계하여 사회복귀를 할 수도 있다.

3. 2. 교육재활

정상아동과 같이 지체장애, 시각장애, 청각 및 언어장애 그리고 정신지체장애아들은 연령에 따른 유아교육 또는 학교교육이 필요하다. 장애아들의 교육은 그들이 가지고 있는 특수사정으로 인하여 교육시설 및 교육내용을 일반적 교육과는 달리하여야 하므로 이들 장애아들에 대한 교육을 구별하여 특수교육이라고 한다. 특수교육은 19세기 초 유럽에서부터 시작되었는데 특수 장애아를 기숙사에서 생활시키면서 일반인과 분리시켜 교육을 실시하였다. 그러나 20세기 후반에 이르러는 장애인도 일반인과 함께 사회의 일원으로서 생활하여야 한다는 장애인에 대한 인식이 바뀌면서 장애아동에 대한 특수교육도 분리교육보다는 가능한 일반아동과 어울리면서 공부할 수 있는 통합교육이 더 큰 교육효과를 얻을 수 있으리라는 견해가 대두되고 있어 오늘날에는 통학뵤육에 역점을 두고 있다.(이인정 외 2000)

특수교육의 목적은 장애인이 가지고 있는 잠재능력을 개발시켜 최대로 활용할 수 있도록 개인별 또는 그룹별로 지도하며 설정된 교육목표에 도달할 수 있도록 하는 것이다.

특수교육의 대상으로서는 시각장애, 청각장애, 정신지체, 지체부자유, 신체허약, 언어장애, 학습지진아로서 법률로 규정되어 있다. 이러한 특수교육에 종사하는 전문종사자는 교사, 방문교사, 조기특수교육교사, 교육상담에 종사하는 카운슬러 등이다.(심용철 2007)

교육적 재활이란 장애인이 가지고 있는 능력을 최대한으로 향상시키고 잠재능력인 가능성을 개발하여 사회생활에 스스로 적응해 가도록 도움을 주는 교육제도와 교육방법 및 기술을 총칭한다. 이러한 교육을 특수교육이라고 하는데, 특수교육이란 장애 아동의 독특한 요구에 알맞은 특별한 설계 즉, 특수한 교육자료, 교육기술, 시설 등을 갖추어 재활을 목표로 하여 교육함을 말한다. 교육적 재활에서는 인간존중사상을 토대로 하는 평화주의, 문화주의, 인도주의 사회를 바탕으로 인간평등의 원칙에서 개인이 지닌 장애를 극복하기 위한 합리적인 교육을 실시하여 개성의 계발・신장과 사회에의 바람직한 참여로 사회적 복지를 개인의 행복으로 만드는 데 둔다.

3. 3. 직업재활

직업재활은 가장 인도주의적인 사업이며 의존적인 생활로부터 독립의 생활로 변화시킴으로써 자기비하나 사회적 멸시로부터 자존과 존엄을 찾게 한다. 그래서 케네디(J. F kennedy) 대통령은 1962년 노조연설에서 “구호보다는 재활을, 장기의존보다는 유용한 직업의 훈련”을 강조했다. 그리고 오버맨(C. E. Oberman)은 직업재활은 인간으로서 존엄권과 기회균등을 확보하기 위하여 장애인들이 오랫동안 벌여온 투쟁의 역사라고 말하고 있다.(김태곤 1999)

우리나라의 직업재활 전문요원은 직업상담, 직업훈련교사, 특수교사, 직업보도교사, 장애인직업복지전문가, 사회사업전문가 등이지만 일본의 경우에는 상기전문요원 외에 취업촉진지도관, 신체장애인, 고용촉진법에 의한 직업생활상담원, 전임지도원, 자문위원 등이 있다.(심용철 2007)

직업재활이란 장애인의 적절한 직업을 확보하여 그것을 유지할 수 있도록 직업상의 모든 원조를 지원하는 연속적이며 총체적인 과정으로서 장애인의 직업능력을 평가하고 알맞은 직종을 개발하며 거기에 따른 직업훈련의 실시와 취업알선, 그리고 사후지도로 이어진다. 직업재활의 목적은 장애인들이 취업할 수 있다는 사실과 아울러 또 다른 한편으로는 취업을 함으로써 가족의 일원으로 인정받거나 가장이 될 수 있으며, 기업에서는 신뢰받을 수 있는 인력으로, 사회에서는 떳떳한 생산적 시민으로 또는 사회적 지도자로서 활동할 수 있도록 하는 것이다.

3. 4. 심리재활

심리재활은 장애인 재활의 종합적인 과정의 심리적인 측면이다. 장애인 가족 및 주위사람들의 심리적 측면은 장애인의 의학, 교육, 직업, 사회 각 분야의 재활과정에서 모든 욕구, 정서, 관심, 가치관, 태도 등의 연이은 심리적 요인에 대한 접근방법이다. 그 업무는 장애인, 가족, 주위사람에 대한 심리적 향상과 협조를 도모하는 것이다. 전문종사자로는 정신과의사, 상담심리 카운셀러, 심리직능판정원 등이다. 최근에는 교육심리 임상사회사업가, 아동심리학자, 정신의료사회사업가 등이 심리재활요원으로 보강되는 경향을 보이고 있다.(심용철 2007)

대부분의 장애인들은 행동제한의 자각이나 신체의 부상, 인간관계의 긴장, 불안감, 욕구불만, 내향성 등 자신의 능력에 대하여 비관하고 결국 재활의욕도 잃게 된다. 이와 같은 저해 요인을 제거하고, 심리적 불안을 극복하여 장애인으로 하여금 새로운 가능성을 찾도록 도와주는 것을 심리재활이라고 한다. 따라서 심리적으로 재활이 되었다는 것은 장애인이 자기의 장애를 현실적으로 극복하고 자기의 사회적 기능을 다할 수 있음을 의미한다. 심리적 재활의 목적은 다음과 같다. 첫째 심신장애의 증후를 제거하고, 정상아와 같은 정신기능을 증대시키고, 자아개념을 갖게 하며, 삐뚤어진 성격을 다시 개조하는 직접적인 심리치료를 말한다. 둘째 간접적인 목적으로서 장애자로 하여금 자기 자신의 삶의 의미와 가치를 발견하도록 생활철학을 심어주어 재활의 궁극적 목표를 향해 최선의 노력을 하는 삶의 의지를 갖게 하는 것이다.

3. 5. 사회적 재활

사회재활은 장애인 재활의 종합적인 사업의 사회적 측면이다. 그것은 협의로 해석하면 장애인이 사회생활이나 가정생활에 적응하기 위해 원조하는 것이다. 확실하게 장애인이 의학적으로 직업적으로 문제가 해결되었다 하더라도 가정이나 사회에서 적응하기 위해서는 적응에 지장을 주는 경제적, 사회적 문제를 해결해주지 않으면 안 된다.(김태성 1995)

사회적 재활이란 용어는 일반인에게는 생소한 말이다. 사회적 재활의 의미는 아마 인간이 '사회적 동물'이란 말에서 찾으면 쉬울 것이다. 인간은 혼자 살 수 없으며 하나의 공동체를 이루어 서로 도우면서 더불어 살고 있다. 그러므로 장애인의 재활 역시 장애의 의료적인 치료를 중심으로 한 의료재활이 그 기초가 되고 있으나 궁극적인 목표는 장애인을 사회로 복귀시켜 사회의 일원으로서 떳떳한 삶을 영위할 수 있도록 하는 데 있다.

사회재활의 핵심적인 전문요원은 개별사회복지,집단사회복지, 지역사회사업 등의 역할을 수행하는 사람들로서 우리나라는 사회복지사, 재활공무원이고 일본은 신체장애복지사, 정신박약복지사, 아동복지사, 개별사회복지사, 집단사회복지사, 재활상담원 등으로 주로 시설 등의 복지기관에서 일하는 주임이나 전문직 직원 등이다.(심용철 2007)

장애인의 완전참여와 평등의 이념에 입각하여 아무런 차별과 불편을 느끼지 않고 그가 속한 사회의 주류문화를 공유하면서 직업재활, 가정생활 등의 사회생활을 충분히 영위하려면 국민의 수용적 태도와 사회적 인식의 개선이 필요하다. 인간이 사회생활을 영위해 나가는 데 따른 욕구전반에 관심을 가지고 장애인이 일반사회의 한 구성원이 될 수 있도록 장애인과 사회의 관계를 물심양면으로 개선하는 것이 그 목적이다.

4. 재활의 목적

재활의 목적은 신체 · 정신 · 사회적 측면의 기능장애나 부적응의 무능력 상태를 감소시키거나 제거함으로써 기능과 능력을 회복시키는 것이다. 또한 1943년 8월에 미국에 국립재활전문위원회(National Council on Rehabilitation)는 재활을 '장애자의 신체적, 정신적, 사회적, 직업적, 경제, 가용능력을 최대한으로 회복시키는 것'으로 정의하였다.

재활은 어원적으로 접두사 re(다시)와 어근 habilis(적합한), 접미사 ~ation(~으로 하는 것)으로 구성되어, '다시 적합하게 하는 것'을 의미한다. 1993년 'UN 장애인 기회 평등에 관한 표준규칙'에서는, 재활에 대한 정의를 장애인으로 하여금 최적의 신체적, 감각적, 지적, 정신적 및 사회적 기능 수준에 도달하고 유지하도록 하며, 이들이 수준 높은 자립을 달성할 수 있도록 이들의 생활을 변화시킬 수 있는 도구를 제공하는 것에 목적을 두는 과정이라고 하였다.(http://terms.naver.com/entry.nhn?docId=384040). 재활의 이념적 바탕에는 다음의 세 가지 원리가 있다. 1) 기회균등이 모든 시민에게 보장되어야 한다. 장애인에게 특별한 서비스를 제공하게 해서 취업과 함께 비장애인으로서 시민의 권리와 의무로의 참여를 준비하게끔 한다. 2) 인간은 전인격적 존재이다. 인간은 하나의 완전한 개인이며, 개개의 각

부분이 전체를 형성하는 다른 부분과 상호작용 한다. 3) 모든 인간은 독특한 존재이다. 어느 누구도 완전히 똑같은 욕구나 잠재능력을 가지지 않는다. 즉, 각 개인마다 독특한 욕구와 소질, 대처방법 및 목표가 있다.

재활복지의 목적은 재활복지과정을 통해서 달성되는 장애인의 정상적인 사회재활(장애인의 총체적인 생활의 복지수준)을 말한다. 다시 말하면 전술한 재활복지가 추구하는 이념이 달성가능한 현실적 가치로 전환된 형태가 재활복지의 목적이다. 따라서 재활복지의 목적은 재활복지의 이념이 가시적 현실적 가치로 전환된 상태를 말하며 이념의 구성에 따라 수단적 목표와 궁극적 목표로 분석된다.(서문자 외 1999)

4. 1. 수단적 목표

재활복지의 수단적 목표는 궁극적 목표(장애인의 정상적인 사회생활)를 구성하는 부분으로 개인주의적 이념과 집합주의적 이념이 각각 현실가치로 전환된 '개인의 전인적 능력개발'과 '사회환경 개선'을 말한다. 재활복지에 있어서 '장애인 개인의 전인적 능력개발'은 재활복지의 궁극적인 목표달성을 위한 필수적 전제조건으로서 수단적 목표이다. 바꿔서 말하면 '장애인의 정상적인 사회생활'과 '장애인의 전인적 능력개발'은 재활복지 과정에서 추구하는 개인주의적 이념(인간적 존엄성 존중, 생명권 존중, 생존권 존중 등에 대한 가치관념)이 가시적인 현실가치로 전환된 것으로 재활복지의 수단적 목표이다. 재활복지에 있어서 '사회환경 개선'은 '개인의 전인적 능력개발'과 함께 궁극적 목표 달성을 위한 필수적 조건으로 수단적 목표이다. 바꿔서 말하면 '장애인의 정상적인 사회생활'은 장애인 개인의 전인적 능력개발은 말할 필요도 없지만 장애인이 공존할 수 있는 사회환경의 개선 없이는 성취될 수 없는 재활복지의 궁극적 목적이다. 그리고 사회환경의 개선은 재활복지과정에서 추구하는 집합주의적 이념

(사회적 접근 보장, 기회균등보장 등에 대한 가치관념)이 가치적 현실가치로 전환된 것으로, 재활복지의 수단적 목표이다.(서문자 외 1999)

4. 2. 궁극적 목표

재활복지의 궁극적인 목표는 수단적 목표인 '개인의 전인적 능력개발'과 '사회환경 개선'을 전제조건으로 하여 달성되는 '장애인의 정상적인 사회생활(장애인의 총체적 생활의 복지수준)'이다. 즉 재활복지의 궁극적 목표는 수단적 목표가 통합된 형태로 통합주의적 이념(개인주의적 이념+집합주의적 이념)이 현실적 가치로 전환된 형태이다.(서문자 외 1999)

5. 재활의 역사

재활은 재활의 아버지로 불리던 하워드 러스크로부터 시작 됐다고 볼 수 있다. 제2차 세계대전 후에 장애군인들의 재활에 대한 관심이 높아지면서 장애군인들을 위한 회복기 병원을 설립했다. 1948년 하워드 러스크는 이 병원의 장점을 살려서 뉴욕의 한 병원에 재활프로그램을 마련했는데, 이것이 재활의학의 기원이 됐다. 하워드 러스크는 "재활이란 장애로 인해 잃어버린 능력을 되찾으려는 것이 아니라, 남아 있는 능력이 무엇인가를 찾아서 개발하는 과정이다"라는 말을 남기기도 했다.(http://world.kbs.co.kr/korean/program/program_bodystory.htm?No=35400)

우리나라의 현대 재활 역사는 6·25전쟁 이후 필요성이 강조되었으며 그 당시 장애인의 재활에 관심을 갖고 참여한 사람들은 주로 외국인과 선교단체였다. UNKRA가 부산에 국립재활원을 설립하였고, Torry 박사가 대전에 절단환자센터를 설립하였다. 1975년 UN의 장애인 권리선언선포와 1981년 세계장애인의 해 선포에 따라 우리나라에서도 정부 차원에서 장애인의 복지 문제에 진지하게 관심을 갖기 시작하였다. 1977년 특수교육진흥법 제정과 1989년 장애인 올림픽의 개최에 따라 장애인 등록사업, 경제적 지원, 재활기관의 수적, 양적 증대 및 장애인 고용 의무화를 위한 법안 등이 통과되었으며 현재에도 각종 복지정책 등이 고려되고 있다. 1950년 한국전쟁 6·25를 계기로 UN한국부총단과 한미 재단의 협조를 받아 재활치료의 교육이 시작되었다.(http://k.daum.net/qna/view.html?qid=01UQz)

6. 선진국의 재활 사례

6. 1. 미국의 재활

초기 식민지 개척자들은 흙에서부터 식량을 얻는 것조차 어려웠던 상황에서 장애를 신이 내린 벌의 결과라고 여겼기 때문에 개척시대의 미국에서는 재활프로그램이 발전할 수 있는 조건이 마련되어 있지 못했다. 뿐만 아니라 미국 동부지역 13개주에서는 장애인의 재활이나 취업은 물론 의료적인 치료에 대한 기대마저 할 수 없었다. 예를 들면 식민지의 의사들 대부분은 주로 독한 조제약을 투여해 구역질을 유도함으로써 이질, 독감, 디프테리아, 장티푸스, 천연두, 발진 같은 병들을 환자의 몸 밖으로 끌어내려고 노력하였다. 이밖에 다른 치료법으로는 출혈을 일으키게 하거나 벌을 주는 것이 있었으며 의사들은 심지어 '창자의 꼬임'이라고 부르는 병의 치료목적으로 납으로 만들어진 총알을 삼키도록 하는 처방하였다.(J. C. Miller 1966)

미국은 1966년에 민간 기구인 재활시설 인가 위원회(Commission on Accreditation of Rehabilitation Facilities : CARF)가 결성되어 재활서비스를 제공하는 시설의 요구와 신청에 의해 재활프로그램과 시설의 운영 등의 평가를 행하여 전문적이며 책임 있게 장애인 재활 및 복지시설에 대한 인가를 해주고 있다. CARF의 규정에 의하면, CARF

의 목적은 재활시설 효과의 개선 및 서비스의 질적 향상, 재활시설이 재활 사업 수행에 있어서 역량이 있다는 것을 증명해 주고, 시설 프로그램의 성취수준을 측정하기 위한 적절한 기준의 개발 및 유지, 전체 조직적 측면에서 의료시설에게 독립적이고 편파적이지 않은 객관적인 인가과정의 제공, 내담자, 지역사회 그리고 의료시설에 책무성을 제공하고 높은 수준의 서비스 유지를 가능하게 하고, 시설운영의 공통된 장, 단점들에 대한 정보를 얻기 위한 현장조사를 통해 시설의 기능을 강화하고, 시설 서비스 프로그램의 개선을 기하기 위해서이다.

6. 2. 영국의 재활

영국의 초기 사회복지는 11세기~14세기 종교제도가 발달되면서 교회가 중심이 되어 과부나 고아에게 관심을 가지면서 시작된다. 즉, 영국의 초기 사회복지는 종교적 차원에서 출발하였으며 그 성격은 자선적이었으며 시혜적이었다. 영국의 장애인 복지는 보건부가 관할하는 국민보건서비스, 연금부가 관할하는 의지의족, 고용부가 관할하는 고용 시책 등을 중심으로 종합적으로 일관하여 행해지고 있다. 직업재활은 노동력정책의 한 부문으로서 고용부가 소관하고 있다. 1944년의 장애인법(1958년 개정)이 기간 입법으로 되어 있는데, 동법은 장애인의 등록제도, 일정규모기업의 할당고용, 유보고용, 중증 장애인을 위한 보호고용, 전국 및 지방수준에서의 심의회의 설치, 직업훈련 코스의 설치 등을 규정하고 있다. 재활센터의 입소에 대해서는 반드시 장애인 고용담당관(Disabled Resettlement Officer: DRO)을 개입시키도록 되어 있다.

영국의 경우, 기본적으로 할당, 유보고용체계를 갖고 있으며, 장애가 일반 고용으로의 재활을 방해할 경우에만 보호작업장에 고용하고 있다. 영국의 보호작업장은 중증장애인의 근로조건을 일반 근로자에 준해서 설정해 놓고 있는데 이러한 작업장에 취업하고 있는 장애인들은 직종별로 일반 노동조합에 가입하고 있고, 이들의 근로조건은 정부와 노동조합간의 중앙교섭에서 결정된다. 장애인을 인적자원의 측면에서 본 영국은 일찍부터 복지시설보다는 고용서비스의 한 부분으로서 보호작업장을 제도화하였다. 1952년의 Piercy 위원회는 "보호고용은 치료적이거나 복지 측면이 아닌 정규고용에 보다 더 관련된 것이며, 보호적이기는 하나 재활적이면서도 산업 고용의 일환이 되어야 한다"고 함으로써 영국의 보호작업장의 특성을 명확히 하였다.(http://blog.naver.com/ghghgh06?Redirect=Log&logNo =80017560945)

6. 3. 독일의 재활

독일의 장애인 재활은 1880년대에 시작되었고, 1차 세계대전 직후에 발전되어 약 100여년의 역사를 가지고 있다. 1884년 재해보험법은 세계최초의 재활 입법이며, 법적 조치로는 1919년 중증상해자의 고용에 관한 명령, 1920년 중증상해자 고용법이 제정되었고, 1920년대 후반부터 1970년대 전반에 걸쳐서 급격히 확대되었다. 연방정부는 1970년의 장애인의 재활 추진을 위한 연방정부활동 계획을 발표하였다. 이를 위한 조치는 다음 11개 항목으로 되어있다. 재활의 조정, 재활조직의 신설, 정비, 개별적 재활 절차의 개선, 재활의 전문 직원 훈련, 계속훈련, 재활의 법적 기초의 개선, 장애인의 직업개발, 연구, 문헌의 조정, 통일적 재활 통계의 작성, 건축, 기술상의 장애의 제거, 장애인에 대한 편견을 제거하기 위한 홍보활동의 활성화, 지역사회 생활에의 참가 등이다. 1953년 제정된 장애인 법이 1961년에 개정되어 1974년에는 중증장애인법(Schwerbehindertengesetz: SchwbG)이 되었다. 중증장애인법은 16명 이상을 고용하는 모든 민간 기업의 사업주, 관공서에 6%이상의 장애인 고용을 의무화하고 있다. 현재 재활에 대한 개별법에 의한 규정은 2001년 재활에 관한 사항과 중증장애인에 대한 규정을 포괄하며, 사회법전 제9권으로 편입되었다.(D. Neumann/R. Pahlen/M. Majerski-Pahlen 2003)

6. 4. 일본의 재활

일본의 재활의료서비스는 급성기 의료서비스, 회복기 재활의료, 가정복귀 재택 서비스, 유지기 재활서비스 등의 형태로 구분할 수 있다. 첫째 급성기 재활의료서비스는 급성기 병원과 일반병상에서의 급성기 재활, 급성기 간호를 통하여 제공되며, 일반적으로 재활 관련 질병 발병 후 1~3주간에 이루어지는 서비스를 말한다. 두 번째는 회복기 재활의료서비스로 재활병동을 중심으로 이루어지며 회복기 재활(병동훈련실시), 팀 접근방법에 의해 이루어지는 재활간호 및 개호 등의 서비스가 이루어지는 1~4개월(최장 6개월) 기간 내에 이루어지는 재활의료서비스다. 세 번째는 입원-입소시설서비스, 의료보험적용 요양병상에서 이루어지는 유지기 재활의료서비스가 있다. 일본 재활병원-시설협회에서는 현재 재활의료의 기능을 구분하여 서비스를 접근하고 있다.(남은우 1995)

7. 우리나라의 재활

7. 1. 재활의 필요성 증가

재활의 대상자가 되는 재활환자는 각종 질병 및 사고로 인하여 장애가 생겼거나 예상되는 사람으로 재활치료를 통하여 신체적, 정신적, 사회적 능력과 잠재적 능력을 극대화하거나 기능향상의 가능성이 있는 환자 또는 이에 준하는 자로서 보건복지부령이 정한 자를 말한다. 우리나라 장애인 복지법 상 장애인 분류는 신체적 장애와 정신적 장애로 대분류되고 있다. 신체적 장애는 외부장애와 내부 장애로 구분하고, 외부장애는 지체장애, 뇌병변장애, 시각장애, 청각장애, 언어장애, 안면장애로, 내부장애는 신장장애, 심장장애, 호흡기장애, 간장애, 간질장애를 포함하고 있으며, 정신적 장애는 정신지체, 정신장애, 발달장애로 분류하고 있다. 현재 장애인 수는 매년 증가하고 있으며, 출산율 급감으로 인구고령화 속도가 가속화되고, 경제발전으로 사고 예방 및 건강증진 관심 고조로 노인층 장애인 비율이 지속적으로 증가할 것으로 전망된다.(2005년 장애인실태조서 보고서 요약, 보건복지부).

7. 2. 우리나라 재활서비스의 문제점

7. 2. 1. 의료의 양극화

1970년대 경제성장의 열매는 필연적으로 인간의 삶의 질, 특히 건강의 유지 관리를 위한 국민적인 욕구를 강하게 동반하고 있었다. 북한보다 체제적 우월성을 강조해온 유신정부는 북한에서 이미 시행하고 있는 의료보장제도를 더 이상 늦출 수 없었으며, 군부독재라는 정권의 비합법성을 달래기 위한 수단으로도 의료보험의 필요성을 강조했다. 국내에서 의료보험이 첫발을 내디딘 것은 1977년, 종업원 500명 이상의 근로자를 가진 직장을 대상으로 실시된 이 새로운 제도는 79년에 300명 이상의 직장으로 확대되었다가 89년 7월 마침내 전국민 의료보장시대로 이어졌다. 그러나 현재 한국의 의료는 위기에 처해 있는 상황이다. 한편에서는 의료 수준이 낮다며 돈 싸들고 외국으로 나가는 부자들이 있는가 하면 한편에서는 치료비가 없어 전세방을 빼고 퇴직금으로라도 급한 불을 꺼 보고자 직장마저 그만 두는 가난한 사람들이 있다. 의료서비스의 질을 높이기 위해 외국 의료기관을 도입하라고 주장하는 부자들이 있는가 하면, 주변에서 푼돈을 꾸다 못해 결국 딸의 인공호흡기를 떼어낼 수밖에 없었던 애비가 존재하는 현실. 더 비싼 양질의 의료서비스를 찾는 소수의 부자들과, 의료사각지대에 방치되어 있는 수백만명의 서민들. 1997년 IMF위기 이후 진행돼 온 부의 양극화는 이렇게 의료의 양극화까지 초래하고 있다.

의료양극화에 따라 부유층과 빈곤층 국민들 간에는 건강 양극화가 수반된다. 수도권 국민들은 지방의 국민들보다 평균수명이 최대 2년이나 길고 인구 10만 명당 자살률도 지방이 수도권보다 5명 이상이 많다. 음주소비량이나 흡연율, 비만율에서도 지방이 수도권보다 오히려 더 높았다. 이러한 수도권, 부유층에 의료와 건강이 집중되는 현상은 의료전달체계의 문제이기도 하지만, 부익부 빈익빈의 우리 사회 양극화의 한 단면이라고 할 수 있다.(http://blog.naver.com/ snflvnf?Redirect=Log&logNo=140125000613)

7. 2. 2. 재활의료 병상 수의 부족

2007년 우리나라의 931개 병원(240개 종합병원, 731개 병원) 중 약 169개 병원(약 18.1%)에만 재활의학과가 개설되어 있었다. 또한 의원을 제외한 병원급 이상의 의료기관에서 보유하고 있는 총 231,942 병상 중 약 4,195 병상(약 1.8%)만이 재활의료를 위해 배정되어 있어 장애인구 천명당 2,87개의 병상을 가지고 있었다. 이는 우리나라 전체 인구 천명 당 7.0병상을 소유하고 있는 것과 비교하여 의료수요가 더 큰 장애인의 병상은 부족한 현실을 반영하고 있다. 그나마 그 중 일부는 의료재활 환자보다는 근골격계 환자의 통증을 조절하기 위한 병상으로 이용되고 있어 의료재활환자를 위한 병상이 절대적으로 부족한 실정이다.(한국보건산업진흥원, 재활의료서비스 민간확대를 위한 민간보건자원 참여 활성화 방안 2005)

7. 2. 3. 재활의료 건강보험 저수가

우리나라의 전반적인 건강보험요양급여비용이 낮게 책정되어 있으며, 특히 재활관련 급여비용은 재활의료의 특수성을 반영하지 못하고 있다. 따라서 많은 재활의학과 개설 병원에서도 의료재활보다는 급성기 근골격계 환자의 치료에 많은 부분을 할애하고 있어 의료재활이 필요한 환자들의 병원치료를 더욱 힘들게 하고 있다. 최근 세계적

컨설팅사인 매킨지는 '한국 의료개혁 2010'이라는 보고서를발표했다. 이 보고서는 한국의 의료시스템은 저수가와 저급여의 의료보험제도에 눌려 의료 소비자인 환자, 공급자인 의사 및 병원, 그리고 국민건강보험을 운영하는 정부, 모두를 만족시키지 못할 것이라고 평가했다. (한국일보 2003. 11. 05)

7. 2. 4. 중간단계 재활병원의 부재

현재 우리나라의 병원 경영은 급성기 환자에 대한 의료 서비스를 제공하는 체계로 이루어져 있어, 아급성기 및 만성기 환자에 대한 치료가 효과적으로 이루어지고 있지 못한 실정이다. 현재 우리나라의 급성기 병상은 32,358병상이 공급 과잉상태이고 재활의료를 포함하는 만성병상은 추정 필요병상의 91.3%(212.358병상)가 부족한 결과가 보고되어 있다. 이로 인하여 3차병원에 장기 재활이나 요양을 필요로 하는 환자들이 입원하고 있어 의료전달체계별 적절한 3차 병원의 역할 수행에 제한을 받고 있다. 장애인 입장에서 보면 초기 재활치료 후 지역사회로 퇴원하기 전에 재활치료를 받을 수 있는 중간단계의 재활전문병원이나 요양병원이 거의 없는 실정이다. 그 결과 병원에서는 의료재활 환자의 치료를 기피하는 경향이 있으며, 환자들은 여러 병원을 전전하며 치료를 받고 있어 적절한 의료재활치료를 받지 못할 뿐만 아니라 환자와 그 가족들의 육체적, 정신적, 경제적 부담을 가중시키고 있다.

7. 2. 5. 의료재활 환자의 의료기관 접근 문제

의료재활이 필요한 환자들은 이동권의 제한과 편의시설의 미비로 인해 의료기관에 접근하기 어려운 상태이다. 또한 전국적으로 의료재활 치료를 시행할 수 있는 기관이 지역적으로 균등하게 분포하고 있지 않아 장애인들은 물리적 지역적인 접근성의 제한을 받고 있다.

서울대와 국립재활원의 조사에 의하면 종로구의 의료기관을 전수 조사한 결과 휠체어 장애인이 의사를 만나 진료를 받을 때까지 장벽 없이 접근이 가능한 경우는 전체 의료기관의 8%에 불과하였다.(한국보건산업진흥원 2005)

7. 2. 6. 재활의료기관의 낮은 수익성

한국보건산업진흥원 2003년도 병원경영분석 자료에 의하면 재활의학과 기능과 역할이 5%이상 및 3%이상인 의료기관을 선별하여 주요 재무재표를 분석한 결과 병원의 총 자본 중 부채가 차지하는 비율을 나타내는 지표인 타인자본의존도는 5%이상의 의료기관 13개소 중 5개병원이 자기자본이 전혀 없거나 (-)의 상태로 운영되고 있어 대체적으로 경영상태가 매우 좋지 못한 상황으로 일반병원에 비해 타인자본의존도가 높은 것으로 나타나고 있다. 총 자본 이익률을 5%이상 의료기관군에서 평균 -10.5%, 3%이상 의료기관에서 평균 -35.1%로 대체적으로 모두 마이너스 값을 나타내고 있어 수익성이 낮을 뿐 아니라 대부분 적자운영을 하고 있는 것으로 나타나고 있다. 종합전문요양기관은 재원일당 평균진료비가 산출된 24개 진료과중 21번째에, 종합병원은 26개 진료과중에서 23번째에 위치하여 타과와의 진료비 비중에서도 원내에서 현저히 낮은 것으로 나타난다. 청구총 진료비를 토대로 재원일당 진료비 평균을 요양기관 유형별로 비교하면 요양병원을 제외하면 종합전문요양기관, 종합병원, 병원, 의원이 모두 평균보다 낮아 전체 진료과 중 평균 진료비가 낮은 집단에 위치하며, 특히 종합전문요양기관은 재원일당 평균 진료비가 산출된 24개 진료과 중 21번째에, 종합병원은 26개 진료과 중 23번째에 위치하여 재활의학과의 진료비 비중이 타진료과와 비교하여 원내에서 매우 낮음을 나타낸다. 진료과별 평균 재원일수를 비교하면 요양병원의 경우를 제외하면 종합전문요양기관, 종합병원, 병원에서 모두 재활의학과의 평균 재원일수가 가장 길고, 의원급에서도 두 번째로 재원일수가 긴 것으로 나타남. 특히 재활의학과의 평균 재원일수는 전체 평균의 3배 수준으로 나타난다.(한국보건산업진흥원 2005)

8. 의료윤리의 확립

보건의료의 목적은 건강이요, 그것의 수단은 사회경제적인 변화와 의료와 공중보건이다. 건강의 유지와 개선에 중요한 사회경제적 조건은 넓은 의미의 의료에 분명히 들어간다. 인간의 생존에 필요한 기초적인 의료는 사회정의의 차원에서 최소한의 불균형이 시정되어 있지 않다면 사회에 퍼져 있는 다른 부조리와 연계되어 온갖 사회악의 온상이 되기 쉽다. 이 시점에서 줄기세포 연구, 장기이식, 유전자치료 등 의학기술 발전을 위한 기술의 첨단화, 고급화에 가려진 보건의료의 양극화의 심화 정도, 의료기술 정보의 사회적 비대칭성 심각성이 가속되고 있는 사실을 간과해서는 안 된다. 의료 기술 개발의 영리주의적 무모한 행위들을 생명윤리에 입각한 도덕주의적 시각으로 재차 검증하여 조직의 행위를 평가할 새로운 윤리적 기준을 개발하는 등 적절한 해법이 구체적으로 검토되어야만 한다. 의료윤리의 철학적인 기초를 입안한 펠리그리노와 토마스머는 의료의 구체적인 가치에 기초한 의료윤리를 제안하고 있다. 공동선으로부터 의료윤리를 끌어내려고 했고, 이후 그들은 자율성이 아닌 선행으로, 즉, 충실의 의무의 일부로서 의사가 환자의 가치를 포섭하는 신뢰 속에서의 선행을 기본가치로 삼았다. 그들이 보는 의료의 철학적 기초는, 인격체의 건강과 개인의 본질적 가치, 그리고 의료 기술 개발 시 거대 자본의 개입이 불허되고, 질병 치료의 필요충분 조건으로 환자의 가치와 인격을 선행의 원칙으로 의사와 환자의 관계 중심으로 방향 전환을 통해 양극화를 좁히고, 글로벌 공동체가 형성되어 나갈 때 의료 기술 관련 미래 문화는 빛날 수 있는 것이다.

❖ 참 고 문 헌

권준수: 『한국일보』 2003. 11. 05.
김규수: 『의료사회사업 실천론』, 형설출판사 1999.
김영희: 「작업치료가 뇌졸중 환자의 기능적 회복에 미치는 영향」. 카톨릭대학교 대학원 박사학위논문 2004.
김진호 외: 『재활의학』, 군자출판사 2003.
김태곤: 「재가 장애인 의료재활서비스 활성화 방안에 관한 연구」.동아대학교 석사학위논문 1999.
김태성 외: 『복지국가론』, 나남출판 1995.
남상만/나운환/유명화: 『장애인복지개론』, 홍익재 2000.
남은우: 『일본의 의료연구』, 계축문화사 1995.
서문자 외: 『재활의 이론과 실제』, 서울대학교 출판부 1999.
심용철: 「우리나라 뇌졸중 환자의 재활서비스 개선을 위한 연구」. 명지대학교 석사학위 논문 2007.
이인정/최해경: 『인간행동과 사회환경』, 나남출판 2000.
보건복지부: 「장애인실태조서 보고서 요약」, 2005.
한국보건산업진흥원: 『재활의료서비스 민간확대를 위한 민간보건자원 참여 활성화 방안』. 2005.
J. C. Miller: The First Frontier. Life in Colonial America, New York 1966.
D. Neumann/R. Pahlen/M. Majerski-Pahlen: Sozialgetzbuch IX, 10. Auflage Muenchen 2003.
http://www.who.int/en/ 세계보건기구
http://www.karm.or.kr/ 대한재활의학회
http://terms.naver.com/entry.nhn?docId=384040
http://world.kbs.co.kr/korean/program/program_bodystory.htm?No=35400
http://k.daum.net/qna/view.html?qid=01UQz
http://blog.naver.com/ghghgh06?Redirect=Log&logNo=80017560945
http://blog.naver.com/snflvnf?Redirect=Log&logNo=140125000613

미래 먹거리 문화

박 상 규(대구대 식품환경안전학)

1. 들어가며

인간은 먹지 않고 살 수 없는 존재이다. 물만 먹고 40일 이상 단식한 인간도 있으나 4일 이상 먹지 않고 살 수 없는 나약한 존재이다. 인간은 또한 세균과 같이 식물이 만든 영양분이나 동물의 영양분을 빼앗아 살아가는 존재이다. 따라서 인간은 먹기 위한 여러 가지 방법을 동원하였다. 채집을 통해 식물의 씨앗이나 열매 등을 모아 식량으로 살아오다가 야생동물을 사냥하여 단백질을 섭취하였고, 이 후 종자를 심어 작물을 키워 살거나 야생동물을 순화시켜 가축으로 키워 영양분을 손쉽게 섭취할 수 있었다. 현대에 들어와서는 식량문제 해결을 위해서 벼와 보리, 옥수수의 다양한 종자 개발로 생산량을 늘리며 식량가격을 낮추게 해줬던 1960, 1970년대의 녹색혁명(Green Revolution)이 뚜렷한 먹거리 변화를 일으키기도 했다.

2. GM작물

20세기 말인 1996년부터 유전자변형작물인 GM(genetically modified)작물의 상업적 재배(170만 ha)가 전 세계적으로 이루어지기 시작하여 2011년에는 총 재배면적이 1억 6천만 ha로 94배나 증가하여 매우 빠른 속도로 늘어나고 있다고 ISAAA 연례보고서는 적시하고 있다, 또한 GM작물을 재배한 국가가 1996년 6개국에서 2011년에서 29개 국가로 급증하였고, GM작물의 상업적 재배를 극도로 반대하였

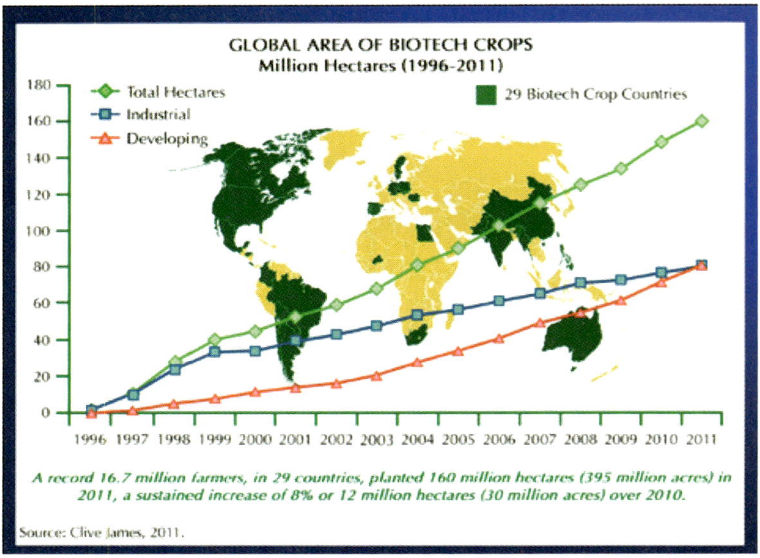

그림 1. GM 작물 상업적 재배면적 변화

던 유럽에서도 스페인, 포르투갈, 체코공화국, 폴란드, 슬로바키아, 루마니아, 스웨덴, 독일 등 8개 국가가 재배하였다고 한다. 특히, 주요 식량 및 사료작물인 콩의 경우 총 재배면적 9천만 ha의 83.8%인 7,540만 ha가 GM 콩이었고, 옥수수의 경우는 총 재배면적 1억5천8백만 ha의 32.3%인 5,100만 ha가 GM 옥수수를 재배했다고 보고되었다.[1)]

GM 종자에 대해 유해성 논쟁이 계속되고 있음에도 불구하고, 세계 종자시장을 빠르게 잠식하는 상황이며, 2007년 세계시장에서 차지하는 GM 종자의 비중은 약 20%에 불과했으나 2015년 이후에는 50% 이상을 차지할 것으로 전망하고 있으며, 특히 내제초제 종자 및 각종 기후변화 대응하는 종자 등 각종 스트레스에 강한 종자 개발에 집중하고 있다고 한다.[2)] Koncept Analytics가 발간한 세계종자시장보고서

---

1) C. James: Global Status of Commercialized Biotech/GM Crops: 2011, International Service for the Acquisition of Agri-biotech Applications(ISAAA). 2012.

2) 『삼성경제연구소 보고서』, 2009. 12. 11.

(Global Seeds Market Report) 2011년판에 따르면, 생명공학종자(GM종자)의 세계시장은 2011년~2013년 동안 약 25.6%로 성장할 것으로 예측하고 있다. 한편 세계 10대 종자기업은 미국이 3개사, 독일과 일본이 각각 2개사, 스위스, 프랑스, 덴마크가 각각 1개사를 보유하고 있는데, 이들 10개 기업의 종자 매출액은 148억 달러로 전체 종자시장의 약 67%를 차지하고 있으며, 소수의 다국적 회사가 유용한 형질을 독점해 시장을 주도하고 있다고 한다.[3] 특히 세계종자시장은 Dupont, Monsanto, Syngenta, Bayer Crop Science 등 다국적 기업이 이끌고 있으며, 종자시장의 성장은 잡종 및 GM종자가 작물생산을 성공적으로 보여주고, 전 세계 정부와 기관이 GM종자의 잠재력을 인지하고, 소농 및 대농의 농부들이 GM종자의 채택을 증가시킨 것에 기인한다고 세계종자시장보고서는 적시하고 있다.

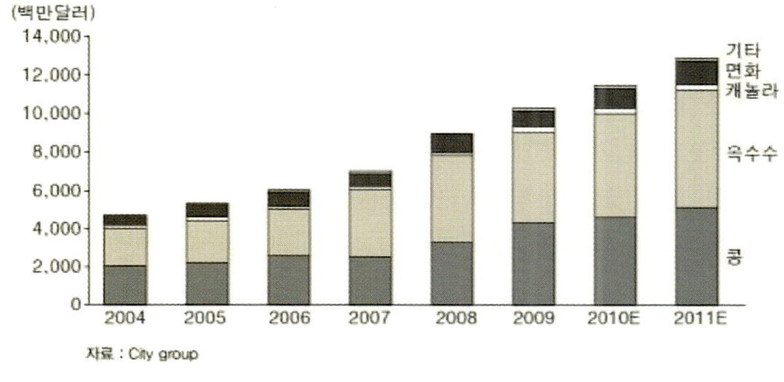

그림 2. GM종자 시장 규모 추이

빌&멀린다 게이츠 재단 회장은 2000. 6. 19일자 『타임』지 기고에서 "GM 식품은 잘 먹는 유럽인들에게 상당한 반대에 직면하지만 GM 식품을 가장 필요로 하는 사람들은 가난하고 배고픈 사람들이다"라고 피력했으며, 또한 2011년 12월 25일 발표한 연례 서한에서 빈곤층

3) ScienceTimes, 2010. 10. 04.

의 기아문제 해결을 위한 녹색혁명의 필요성을 강조하면서 빌&멀린다 재단의 향후 목표로 '농업혁명'을 꼽았다. 미 경제지 포브스에 따르면 빌&멀린다 재단은 그간 생산성 향상에 어려움을 겪는 빈농들을 지원하는 데 20억 달러를 지원해 왔는데, 게이츠 회장이 연례서한에서 농업 지원에 대한 필요성을 새롭게 강조함에 따라 지원이 대폭 늘어날 가능성이 있다고 관측했다. 케냐의 경우, 빌 게이츠 재단에서 4천 700만 달러를 투자한 프로젝트로 몬산토가 제공한 가뭄저항성 GM옥수수 종자를 로열티 없는 싼 가격으로 이용할 수 있게 되었다.4)

반면에 교황청의 한 추기경이 개발도상국의 농부들이 다국적기업들이 생산하는 유전자변형농산물(GMO) 종자에 의존해서는 안 된다고 경고했다. 교황청 정의평화위원회 위원장인 가나 출신의 피터 아피아 턱슨 추기경은 2011년 1월 4일 교황청 신문 '로세르바토레 로마노'와의 인터뷰에서 "아프리카 농부들의 외국 다국적기업에 대한 경제적 의존은 새로운 형태의 노예제"라며 이같이 주장했다. GMO 생산 다국적기업들의 종주국인 미국은 생명공학이 기아문제를 해결하기 위해 "도덕적으로 반드시 있어야 하는 것"이라는 명분을 들며 GMO에 대한 교황청의 긍정적인 입장을 유도하기 위해, 지난 수년간 로비를 벌여온 것으로 최근 위키리크스가 공개한 외교전문을 통해 드러났다. 한 전문에는 턱슨 추기경의 전임자였던 레나토 마르티노 추기경의 경우 애초 GMO 지지 입장이었다가 이를 철회했다는 내용이 포함돼 있다. 마르티노 추기경은 (입장을 바꾸기 이전에) GMO의 이득과 안전을 내세웠고 심지어 2003년 교황청에서 생명공학회의를 열기도 했다고 AP는 덧붙였다.5)

이에 덧붙여, 영국의 코미디언이자 사회 운동가인 로버트 뉴먼은 2012년 1월 27일 『가디언』에 기고한 칼럼에서 세계경제포럼(WEF)에 참석한 빌 게이츠가 에이즈, 결핵 퇴치 등을 위해 설립된 기금에

---

4) ScienceTimes, 2010. 06. 25.

5) 『한국경제』, 2011. 01. 05.

7억 5000만 달러(약 8430억 원)을 기부하겠다고 밝힌 것에 대해 질병 퇴치를 위한 부자들의 노력을 깎아내리는 것은 아니라면서도, 그들의 자선 행위가 최빈국의 삶을 개선시키기 위한 최선의 방법은 아니라고 주장했는데 게이츠와 같은 재벌들의 자선 재단이 원조를 핑계로 농민들에게 더 큰 피해를 입히고 있는 유전자변형작물의 재배를 시험하고 있는 문제를 지적했다고 한다.6)

3. 식물공장

도시농업에서 최근 가장 주목받는 것은 식물공장이며, 그중에서도 가장 첨단을 걷는 분야가 고층 건물에서 농사를 짓는 수직농경 분야다. 수직농장의 개념은 1999년 처음 제시됐다. 도심에 수십 층짜리 고층건물을 지은 뒤 각층을 수경 재배가 가능한 논밭으로 활용하는 신개념 농업이다. 물론 농작물 외에도 층별로 물고기나 소, 돼지를 기를 수도 있다. 수직농장은 무엇보다 도심이나 도시 주변에서 식량 공급원으로 역할을 할 수 있다는 점에서 주목을 받는다. 2010년 현재 일본에는 50여개의 식물공장이 운영되고 있으며, 시장에서 유통되고 있는 양상추의 약 1%가 식물공장에서 생산되고 있다. 한국농촌경제연구원은 최근 보고서를 통해 일본 미우라(三浦) 농원의 사례를 들어 수익률이 무려 17.1%에 이르고 있으며, 한국에서 식물공장을 운영할 경우에도 비슷한 수익률이 발생할 수 있다며 가상 모델을 제시하기도 했다.7)

데포미에 교수는 맨해튼에 30층 높이의 수직농장을 지어 시민 5만 명에게 안정적이고 값싸게 농산물을 공급할 수 있다고 주장한다. 수직농장은 태양・바람 등 재생에너지만 사용하며, NASA(미항공우주국)가 고안한 수경 야채 재배법을 활용할 계획이다. 데포미에 교수

---

6) 『프레시안』, 2012. 01. 31.

7) ScienceTimes, 2010. 08. 30.

에너지만 있으면 지구촌 인구를 다 먹일 수 있을 정도로 많이 배양가능하다. 이러한 과정은 유전자변형 없이 진행이 되는데, 세포의 유전자 지도를 전혀 손대지 않고도 배양이 가능하다. 햄버거 고기는 앞으로 가장 먼저 배양육으로 사용될듯하다.[11)]

블룸버거 통신이 2010년 6월 2일자로 배양육 신기술이 부상한다고 보도하였다. 블룸버거는 "마크 포스트(Mark Post) 세포공학교수(네덜란드 아인트호벤 기술대학교(Eindhoven University of Techno- logy)가 대학교 실험실에서 2mm 두께의 고기를 배양했다고 발표하였다. 그 고기는 1인치 정도 길이로 자랐고 4분의 1인치 너비로 자라서 그것을 식사대용으로 할 수 있다고 발표하였다."[12)]

우리는 유전자 변형 없이 배양육을 생산할 수 있다. 현재 우리가 먹고 있는 수많은 식품들이 유전자 변형식품이지만 우리는 단지 생각없이 먹고 있다. 이제는 유전자를 변형, 추가할 경우 우리 입맛에 더 많은 선택이 있을 뿐이다. 지금까지 수십 년간 유전자변형 식품을 먹고서도 그 누구도 사망한 사람은 없다.

우리가 먹는 고기는 대부분 근육 조직이다. 그런데 이러한 근육만 아니라 고기에서 나오는 물기, 기름기 등을 적당히 디자인해서 넣고, 또 그 고기를 비타민 물속에 넣었다가 빼면 비타민도 함유하게 되고. 육즙을 어느 정도 나오게 하는가, 어떤 고기의 품질을 우리가 만들어낼 것인가는 지금 한창 연구 중에 있다고 한다. 제노버제는 일반적으로 고기에서 지방질을 빼내고, 세포를 근육조직으로 부드럽게 만들고, 그것을 스테이크용으로 만들 수도 있으며 원하면 혈관도 만들어 넣을 수 있다고 장담한다.[13)]

이렇게 고기를 대량생산하게 되면 축산농가가 사용하는 사료나, 물, 공기오염 등이 사라지며, 특히 구제역이나 다양한 축산농가가 우려하는 질병에서 해방된다. 이런 대안 없이 2050년 90억 인구를

---

11) 박영숙 유엔미래포럼대표: 2011. 02. 23.

12) 같은 글.

13) 같은 글.

그림 4. 실험실에서 동물의 근육세포를 증식시켜 식용육류를 만들어내고 있다. ⓒ Eindhoven University of Technology

먹일 고기 생산이 불가능하기 때문이다. 현재 지구 땅 면적의 30%가 축산농가가 키우는 동물 단백질을 생산하는 데 사용되고 있다고 제노버제는 말한다.14)

생활수준이 높아질수록 식탁에 고기를 올리려는 가정이 늘어난다. 2030년에는 고기 소비량이 지난 2000년에 비해 72퍼센트나 늘어난다는 전망도 있다. 쇠고기 1킬로그램을 얻기 위해서는 물 15.5톤과 사료 7킬로그램이 필요하다고 한다. 식량 위기를 겪고 있는 인류에게 '고기 반찬'은 부담이 큰 식량자원이다. 대안으로 등장한 것이 '배양육'이다. 식용 육류의 대부분을 차지하는 근육세포를 실험실에서 키우겠다는 발상이다. 1990년대 조직공학과 줄기세포 기술이 탄생하면서 '시험관 고기(*in vitro* meat)'에 대한 연구가 시작되었다.15)

네덜란드 마스트리히트대 연구팀은 2012년 2월 16일~20일 캐나다 밴쿠버에서 열린 미국과학진흥협회(AAAS) 연례 학술대회에서 소의 줄기세포를 배양해 쇠고기를 만드는 데 성공했다고 발표했다. 연구진은 먼저 다 자란 소에서 줄기세포를 추출했다. 이를 배양 접시에서 키우면서 적절한 조건을 줘 근육세포로 만들었다. 줄기세포는 생명체의 모든 종류 세포로 자라나는 원시세포다. 줄기세포는 조건에 따라 근육세포나 뼈세포, 지방세포 등 다양한 세포로 자라난다. 다음엔

14) 같은 글.
15) ScienceTimes, 2011. 09. 20.

식물성 단백질과 영양소를 주입해 근육세포를 고깃덩어리로 키운다. 소가 풀을 뜯고 살집이 붙는 과정을 모방한 것이다. 이렇게 하면 현재 소 한 마리로는 햄버거 100개를 만들 수 있지만, 앞으로는 햄버거 1억개를 만들 수 있다는 게 연구진의 설명이다. 현재 실험실 고기는 길이 3㎝, 너비 1.5㎝, 두께 0.5㎜까지 자랐다. 피가 포함되지 않아 붉은색이 아닌 노란 빛이 감도는 핑크색인데, 연구팀은 겉모양도 진짜 고기와 비슷하게 개선 중이다. 이 고기를 실험실에서 더 키운 후, 여러 겹을 겹쳐 오는 2012년 10월쯤 햄버거용 패티를 만들 계획이다. 연구진은 10년 뒤쯤 실험실 배양 고기가 상용화될 것으로 예상했다.[16)]

5. 미래 먹거리 생산

식량을 생산하기 위해 반드시 토양이 필요한 시대는 이미 지나갔다. 이미 채소에 국한되긴 하지만 수경재배가 보편화되었고, 온실에 이용되는 광원도 형광등이나 백열등이 아닌 특정 식물이 좋아하고 벌레가 싫어하는 특정파장(색)의 빛을 내는 LED의 생산이 늘어나면서 일반화되고 있다. 종자의 경우 다국적기업이 우수한 품종을 개발하여 전세계 시장을 장악하고 있으며, 특히 GM종자의 보급은 더욱더 증가할 것으로 예측되고 있다. 따라서 선진국의 부자들은 도시의 식물공장에서 생산한 신선 식품을 용이하게 접하는 반면에 개발도상국의 가난한 사람들은 비싼 종자 값을 지불하며 먹거리를 확보할 수밖에 없는 상황에 처하고 있는 실정이다. 선진국의 도움 없이는 개발도상국은 점점 더 먹는 문제를 해결하기 어려워지고 있다는 것이다.

UN의 새천년개발목표(The Millennium Development Goals, MDG)는 1990년에 시작되어 2015년까지 전 세계 가난을 50% 낮춘다는 계획인

16) 『조선일보』, 2012. 02. 21.

데 세계은행은 개발도상국의 가난이 1990년 기준으로 46%이었는데 2005년에 27%로 감소하였다고 발표하였으며, "생명공학이 MDG를 달성하는데 큰 역할을 하고 있으며, 1970년대의 녹색혁명은 아직 완성되지 못했고 개발도상국가에서 제2의 녹색혁명이 필요하며, 식품생산을 위해 증가하고 있는 요구를 충족시키는 데 현재의 생명공학은 도움을 줄 뿐만 아니라 미래세대를 위해 환경도 보호한다"고 다수확 밀을 개발하여 노벨상을 수상하였던 Norman Borlaug 박사는 피력하였다.[17)]

17) Clive James: Global Status of Commercialized Biotech/GM Crops: 2009, International Service for the Acquisition of Agri-biotech Applications(ISAAA) (2010).

❖ 참 고 문 헌

박영숙 유엔미래포럼대표: 2011. 02. 23.

C. James: Global Status of Commercialized Biotech/GM Crops: 2009, International Service for the Acquisition of Agri-biotech Applications(ISAAA) 2010. 02

—: Global Status of Commercialized Biotech/GM Crops: 2011, International Service for the Acquisition of Agri-biotech Applications(ISAAA) 2012. 02

『삼성경제연구소 보고서』, 2009. 12. 11.

『조선일보』, 2008. 07. 16.

『조선일보』, 2011. 11. 05.

『조선일보』, 2012. 02. 21.

『프레시안』, 2012. 01. 31.

『한국경제』, 2011. 01. 05.

ScienceTimes, 2010. 06. 25.

ScienceTimes, 2010. 08. 30.

ScienceTimes, 2010. 10. 04.

ScienceTimes, 2011. 07. 19.

ScienceTimes, 2011. 09. 20.

새로운 시선

김 인 숙(대구대 회화)

1. 소외된 인간

지난 글(『미래문화』 1)에서 필자는 미래문화로서 가능한 대안적 미술을 현대미술 영역에서 비판과 저항을 수행하는 몇몇 작품을 대략적으로 분석함으로써 살펴보았다. 이번 글 역시 그 기조는 다르지 않지만 이번 논의는 그 영역을 동시대로 좁혀서 포스트모던 미술을 다루고자 한다. 포스트모던 미술은 후기 현대, 구체적으로는 후기 산업사회를 살아가는 우리 시대의 미술로서 고전주의 미술이 봉건적 지배계급의 시선에 의해 성립한 것이라면 모더니즘은 서구 부르조아 계급의 가치관을 대변한다. 그에 비해 지금 우리가 지금 살고 있는 이 사회의 대중들의 시선과 세계관을 보여주는 것이 포스트 모던미술이다.

포스트모던 미술은 대중문화의 의미와 구조에 관한 관심으로부터 시작한다. 사회적 하위주체(subaltern)로서 대중이 사회적 관심이 되는 것은 2차 대전 이후 미국을 중심으로 하는 대량생산과 소비의 경제체제와 대중매체의 대두로부터이다. 이와 같은 대중문화와 대중매체는 전지구화와 커뮤니케이션 기술의 발달로 다양한 차원에서의 교류가 확대되고 지역적 경계로 인한 공동체의 구분이 무너지면서 그 동안 서구적 주류에 억눌려 소외되고 배제되었던 집단들의 권리에 대한 문제제기는 사회적으로는 다문화주의를 표방하면서 미술에도 반영되기 시작한다.

따라서 포스트모던 미술은 시각적 쾌락의 대상이 아니라 인간존재의 영역을 다루고 있는 셈이다. 그럼에도 불구하고 대중매체의 재현적 환영들에 둘러 싸여 사는 오늘의 우리는 존재의 문제보다는 시각적 쾌락의 시선들에 끌려 다닌다. 보는 행위인 '시선'은 말이나 문자에 선행하면서 인간을 바깥의 세계와 관계를 맺게 해준다. 이 과정은 너무나 자연스러워서 우리는 흔히 시각행위를 중립적인 생리현상 정도로 생각하지만 시선을 통한 '보는 방식(way of seeing)'은 우리가 속한 사회의 문화적 내용들과 연계되면서 세계를 파악하고 이해하는 특정한 관점과 전망으로 사회와 인간에 대해 규정한다.[1)]

포스트모던 미술은 대중문화와 대중매체의 문화적 내용들이 가부장적 시선에 의해 구성된 것으로 보는 시선으로부터 출발한다. 서구의 주류집단인 백인남성의 가부장적 시선에 의해 규정된 비주류집단의 스테레오 타입은 대중매체에 의해 확대재생산 되는 가운데 비주류집단의 정체성을 규명한다. 이와 같은 문제점은 미국뿐 아니라 대중문화와 대중매체가 작동하는 곳이면 어느 곳에서나 매체를 장악한 주류집단의 억압적 시선에 의해 비주류에 대한 부정적 스테레오 타입이 양산되는데 포스트모던 미술은 이것의 정당성을 분석하는 것으로부터 출발한다.

따라서 본문은 '시선'으로부터 시작한다. 이어서 다루는 영역은 이와 같은 후기 현대의 억압적 시선에 의해 스테레오타입화된 인간의 구체적인 모습들을 폭로하고 전복시키는 영역을 중심으로 다룰 것이다. 먼저 성적 스테레오 타입에 대한 저항으로서 '젠더(퀴어)'를, 그리고 여성 스테레오타입에 대한 저항으로서 '페미니즘'을, 그리고 인종적 편견에 대한 저항으로서 '인종(다문화)' 등에서 제기하고 비판하는 인간의 신체와 정체성의 문제들을 알아 볼 것이다.

전통적인 비주류집단으로서 사회적 타자였던 이들은 예술의 영역으로 들어오면서 그들에게 부과되었던 부정적인 스테레오타입을 폭로하고 그들의 긍정적인 이미지들을 강조하는데 이 과정에서 우리는 그들에게 부과되었던 억압적인 시선을 확인할 수 있을 것이다. 앞에서 얘기한 모든 현상은 미국만의 이야기가 아니다. 오늘 지금 여기

1) 주은우: 「현대성의 시각체제에 대한 연구」, 서울대학교 대학원 박사학위 논문, 1998, 1쪽.

우리의 삶의 미세한 현장에도 수많은 억압의 시선은 넘쳐난다. 본 강의가 뜻있는 의미가 되어 여러분들의 삶을 변화 시킬 수 있기를 기대하며 본 강의를 시작한다.

2. 억압의 시선

앞 장에서도 이미 말했지만 '시선'을 통한 '보는 방식'은 우리가 속한 사회의 문화적 내용들과 연계되면서 세계를 파악하고 이해하는 특정한 관점과 전망으로 사회와 인간에 대해 규정한다. 따라서 인간의 보는 행위는 신체기관으로서의 눈이 수행하는 시지각(視知覺) 이상의 것으로서 당대를 살아가는 인간들의 세계를 바라보는 보는 방식을 규정하면서 동시에 당대의 주체를 생산한다.[2] 이와 같은 시선의 문제는 현대후기철학에서 타자의 개념과 더불어 시각주체구성의 핵심요소가 된다. 대상을 바라보는 시각주체의 시선은 현대후기철학에서 중점적으로 다뤄지면서 근대와 현대를 구분하는 전환점이 된다.

원근법적 구도에서 대상을 보는 데카르트적 코기토[3]인 근대적 시각주체는 초월적 주체로서 원근법의 소실점에 위치하면서 대상과는 초월적 관계에 있음으로 하여 그는 실제 대상에 접근할 수도 없고 따라서 이해할 수도 없으며 소통 또한 불가능 하다. 원근법의 소실점에서 대상을 보는 눈은 비유하자면 고층건물의 스카이라운

---

2) 우리 사회에서 세계관의 차이를 극명하게 보여주는 집단으로서 대한민국어버이 연합과 대한민국 자식연합이 있다. 이들은 동일한 사안에 대하여도 완전히 상반된 시선으로 각기 다른 관점과 전망을 보여준다. www.vivakorea.com, http://korchild.tistory.com

3) 데카르트(René Descartes)의 기본 철학원리인, 라틴어로 'cogito, ergo sum'의 의미인, '나는 생각한다, 고로 나는 존재한다(I think, therefore I am.)'에서의 코기토로, 데카르트는 「성찰(省察)」에서 모든 것을 의심하고 모든 것에 속아도 '내(我)'가 사유(思惟)하고 존재하는 것만은 불가의(不可疑)한 진리라 하고 이것을 철학의 원리로 하였다. 코기토는 라틴어로 '나는 사유한다'를 의미하는 것이지만 데카르트 이후 '사유하는 나'를, 더 나아가 인식주관이나 인격주체를 의미하는 명사로서 사용되어 왔다.

지에서 아래를 내려다보는 마치 신과 같은 그런 눈이다. 신의 눈에 아래의 인간 혹은 사물들이 어떻게 보이는가를 상상해 보라. 이와 같은 전지전능의 초월적 시선이 있는 지점이 바로 원근법의 소실점이며 데카르트적 주체의 눈으로서 근대과학과 원근법에 의해 '육체에서 분리된' 눈이다. 그러므로 이 눈에 의한 인식은 실제로 살아있는 신체의 눈이 바라보는 경험이 아닌 추상화된 정신의 눈으로서 상대와의 소통이 불가능한 일방적인 시선만을 강요함으로써 현대에 이르러 인간의 소외와 분열을 야기 시킨다는 비판에 직면한다.

현대철학은 이와 같은 근대철학의 비판과 모색의 과정에서 추상화된 인간의 신체와 눈을 다시 인간에게 돌려주기 위하여 시선과 주체를 문제 삼으면서 주체는 주체 자신에 의해서 구성되는 것이 아니라는 점을 밝힌다. 사르트르는 타자의 시선을 통해서 나타나는 자아의 존재를 밝힘으로써 시선의 대상으로서의 주체와 대상의 관계를 밝힌다. 그에 이어 라캉은 거울단계이론을 도입하여 자아의 형성과정에서 타자인 거울이미지를 통해서 구성되는 환영적인 주체에 관하여 설명한다. 그런데 후기현대철학에서 문제가 되는 것은 라캉의 타자로서 자기 자신과 동일시되는 이 환영적 주체는 항상 타자가 나에게 바라는 그런 모습으로서 여기에서 나의 동일성이란 항상 타인이 내게 말하거나 바라는 것에 완전히 의존한다는 것이다. 즉 여기에서 나라고 내가 생각하는 이 환영적 모습은 타자와 자신과의 동일시를 통해 즉 타인의 시선을 내면화하는 응시를 통해 구성된 산물이다. 따라서 이 응시의 시각장에서 '자아'는 내 집의 주인이 아니며 내가 자아라고 생각하고 있는 것은 확고한 기의가 아니라 타자들의 무수히 많은 '기표'들이라는 것이다.[4] 이와 같이 후기현대철학의 다양한 이론들의 주장은 모두 근대철학에서 설명하는 의식의 본래적인 순수 자발성을 비판하는 가운데 탄생하는 자아의 형성과정을 설명한다. 이제 시선의 주체로서 우리는 보도록 주어진 것들을 자율적으로 구성하는 것이 아니라 보이도록 미리 주어진, 다시 말해

---

4) 이애련: 「신디셔먼의 작품에 나타난 자아정체성 연구」, 홍익대학교 학위논문 2005, 21쪽.

서 보이는 것들의 질서 속에서 보는 주체가 됨을 가리키는 것이다.

오늘날의 대중문화에서 우리에게 보도록 주어진 영상문화와 시각매체는 이미 그것에 노출된 대중들의 정체성을 형성하는 문화적 조건이 되어 있다. 대중매체에서 유포하는 재현물들은 환상을 생산한다. 이와 같은 환상의 발화지점은 남성 혹은 권력, 자본으로서 이것들은 궁극적 소실점에 은폐되어 있는 채 소비자를 유혹하고 기만한다. 결국 우리 모두는 자본권력의 시선을 내면화한 채 자본권력의 원근법적 조망 내에 환영의 이미지로 존재하면서 자신의 정체성을 잃어버리고 자신을 소외시킨 채 물신화할 수밖에 없는데 후기 현대 미술은 이와 같은 인간 소외의 실상을 비판하고 전복하는 데 초점을 맞춘다.

3. 성을 말하다: 젠더 미술

인간의 신체는 근대 이후 칸트의 미학담론에서 파생된 미술 가치에 의해 억압되어 왔다. 모더니즘 담론에서 작가와 비평가는 작품을 초월하여 존재하며 작품은 그 자체로 충족적이기 때문에 사회와 환경의 맥락이 배제된다. 또한 모더니즘은 초월적인 주체가 신체를 통해서 사회 환경과 결부되는 것을 반대하므로 모더니즘에서의 인간의 신체는 서구 가부장제의 보편적인 주체인 백인 남성의 원근법적 구도 안에만 존재하면서 소외된다.[5)]

이와 같은 인간의 신체에 관한 역사적 과정의 반성으로부터 젠더미술은 출발한다. 젠더 미술은 처음에 바디아트의 영역에서 시작 되었다. 바디아트는 젠더, 인종, 계층과 같이 사회적 맥락에서 구체화되는 주체 정체성에 대한 관심이 고조되던 1960년대 후반과 70년대 중반에 본격적으로 전개되었다. 1960년대 미국 사회는 베트남 전쟁,

---

5) Jones: Survey in the Artist's Body, eds. T. Warr/ A. Jones, London 2000, pp. 17~206. 채영옥: 「신디 셔먼 작품의 젠더 정체성에 관한 연구」, 홍익 대학교 석사학위논문 2003, 27, 28쪽.

인권 투쟁, 케네디 대통령, 마틴 루터 킹 주니어와 말콤 엑스의 암살 그리고 1969년 인간의 달 착륙, 그리니치 빌리지의 스턴월 폭동을 비롯해 게이와 레즈비언의 권리운동과 여성 해방운동 등과 더불어 격변하였다. 또한 당시는 미국 정부가 69년에 피임약을 승인함으로써 신체와 관련하여 통제의 자유와 성적 방종이 대두되던 시기였다.

이와 같은 사회적 변동에 따라 그 동안 사회적 하위주체로서 발언권이 없었던 여성, 유색인종, 게이, 레즈비언 등의 사회적 타자들이 일제히 발언을 하기 시작하면서 사회적으로는 다문화주의가 대두되고 미술계에서도 이러한 경향의 작품들이 나타나기 시작한다.

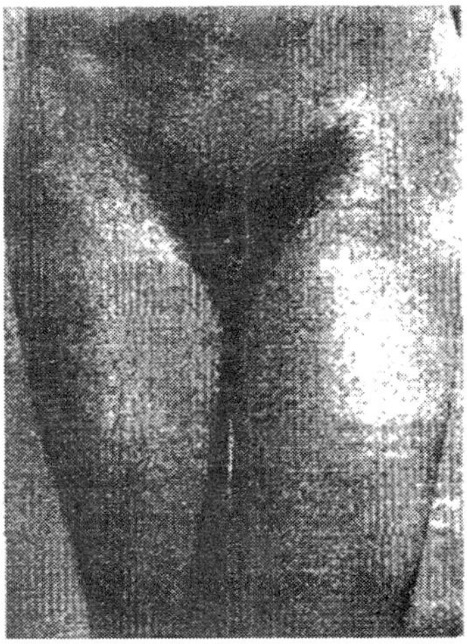

그림 1. 비토 아콘치, 「변환」, 1971, 흑백 필름 스틸, 슈퍼 8 필름, 24분, 솔로몬 R. 구겐하임 미술관, 뉴욕.

백인 남성의 가부장적인 시선에 의해 부인되고 억압 받던 신체에 관한 탐구는 주로 성적 정체성에 모아지면서 이와 관련하여 이분법적인 젠더모델에 관한 고찰은 남성 작가와 여성작가 모두에 의해 행해졌다. 아콘치(Vitto Aconcci, 1940~)의 변환(Conversion) 시리즈(그림1)는 이분법적인 젠더 정체성에 문제를 제기한 대표적인 작품이다. 이 작품에서 그는 자신의 남성성을 제거하기 위하여 가슴 털을 태우고 유두를 꼬집어 여성 가슴을 흉내 내고 성기를 다리 사이에 숨기는 등의 행위들을 통해 남성으로서 여성의 정체성을 모색했다.[6] 이와 같은 남성작가의 여성성 모색은 일찍이 1917년에 마르셀 뒤상에 의해 시도된 로즈 셀라비(그림2)의 계보를 잇는 작품이다.

로즈 셀라비가 여장분장에 의한 젠더탐색이었다면 아콘치의 작업

6) 채영옥: 같은 곳.

그림 2. 마르셀 뒤샹, 「로즈 셀라비」, 1921.

그림 3 린다 벵글리스, 「무제 Untitled」(부분), 1974, 컬러사진, 25 x 26.5cm

은 보다 노골적이다. 여성작가들의 경우 자신의 신체를 직접적으로 다루는 전략은 (그림3) 남성작가들처럼 효과적이지 못했으며 같은 여성 관객들에게조차도 쉽사리 수용되지 못했다.

남성작가들이 자신의 신체를 이용하여 공공연하게 양성성을 통한 젠더에의 관심을 표현하는 것은 기존의 젠더 분할을 거부하거나 초월하여 자아를 확장한다는 긍정적 경향으로 인정받는 반면에 여성작가들의 양성성은 부권 사회에 위배되는 수상한 것으로 간주되면서 여성의 젠더 탐구는 한층 정밀해지고 보다 정치적인 경향의 페미니즘으로 나아가게 된다.(더 보기: 쥬디스 버틀러, 트린 민하, 야스마사 모리무라)

4. 여성을 말하다: 페미니즘 미술

젠더미술에서 여성성을 고찰하던 여성작가들은 여성성을 사회 문화적 형성물 혹은 의미화 체계의 기호로 보기 시작한다. 그리하여 그들은 남성적 쇼비니즘을 공격하던 1세대 페미니스트와는 다르게 공격의 대상을 남성에서 가부장제도 로 옮긴다. 그리하여 '페미니즘'은 첫 번째 단계에서 여성성의 본질적인 특성이 부정적인 스테레오타입으로 인식돼 왔다는 점을 먼저 이론적으로 제기하고, 이 이론에 동조하는 미술가(주로 여성)들이 제도권 미술에 진입하게 되면서 타자화되었던 그들의 긍정적인 이미지들을 밝히기 시작한다.

두 번째 단계에서는 스테레오타입에 대한 비판이 제기돼 정체성이란 타고난 것이 아니라 사회적인 시선에 의해 구성된 것이란 사실이 지적됐다. 그리하여 페미니즘 이론은 여성의 스테레오 타입 구성에 관여하는 대중매체의 영향력을 분석하기 위하여 푸코, 라캉 등의 이론을 차용하면서 정교하고 활발하게 전개된다. 이러한 논의의 진행 결과 서구 근대산업사회에서 여성은 생산의 주체인 남성과 달리 노동력이 아니라 외모 즉 이미지를 통해 시장경제에 진입해 왔으며 여성은 남성의 쾌락적 시선의 대상으로서 주체적 존재가 아닌 상품대상으로 존재하면서 사회적인 발언권이 없는 하위주체에 속한다는 점을 밝혀낸다.

이 점을 극명하게 보여주는 것이 1980년대의 할리우드 영화로서 이 영화 속에서 여성은 후기산업사회의 상품화된 신체와 대중매체의 지속적인 환영생산의 대상이 되면서 사람들로 하여금 고정적인 주체개념을 갖게 한다. 관람자들이 지속적으로 보게 되는 헐리우드 스타일의 금발미인 이미지로 인하여 여성의 이미지는 여성 본래의 고유한 정체성과는 상관없이 섹스심벌이미지로 정형화된다.

이러한 경향은 관람자 즉 남성과 여성 모두를 여성의 실제적 정체성으로부터 소외시키면서 인간 사이의 소통을 방해하고 물신화시킨다. 신디 셔먼은 이와 같이 가부장적 후기산업사회에서 소비의 주체와 객체로 살아가는 수동적인 여성의 이미지들을 정형화 모델로 채택하여 영화의 스틸사진과 상업사진의 현란한 색과 광택을 사용하여 그 허상을 부각시킨다.

그녀는 초기 작업 「무제 영화 스틸 Untitled Film Stills」(1977~1980)에서 자기 자신을 대중문화가 만든 여성 이미지로 분장하여 사진을 찍어서 작품으로 보여 준다.(그림4) 이처럼 처음에는 대중문화에 의해 구성된 여성의 이미지를 파노라마적으로 보여주던 그녀는 점차 자신이 차용한 이미지들에서 보다 정교한 의미와 구조를 발견하기 시작한다.

시중을 드는 무방비의 여성을 향한 남성적 응시의 흔적, 그리고

그림 4. 신디셔먼.

여성이 이 응시에 반응하는 방식들, 그것을 꼬드기거나 무시하거나 진정시키는 방식들을 분석하기 시작한 것이다. 이와 같이 페미니즘에 인용된 통제로서의 응시의 역할에 관한 이론은 푸코의 국가권력의 작동방식에 대한 다양한 분석에서 출발한다. 예를 들면 감시의 양상은 개별주체로 하여금 시스템을 내면화하도록 만들고 이를 통해 그들을 규율권력의 주체로 재생산하게 되는데, 미술에서는 멀비에 의해 이것이 '남성적 응시'이론으로 도입됐다.7)

가부장제의 기능으로서, 따라서 당연히 남성적인 것으로 젠더화된 시각적 통제는 여성을 물신의 대상으로 가두어 남성의 욕망에 의해 꼼짝달싹할 수 없는 침묵하는 주체로 전락시킨다. 손상되지 않은 순수한 미를 위해 무기력한 신체로 재조직된 이 응시의 대상은 남성의 신체가 전혀 위협받지 않음을, 그를 건드릴 거세의 힘이 존재하지 않음을 입증하는 일종의 '증거'로 작용하길 강요받는다.8)

이 점과 관련해서 그녀는 초상화에 주목한다. 초상화라는 고급예술에는 서구 가부장제적 시선, 즉 남성의 시각에서 바라 본 인간의 이상적인 정체성이 내포되어 있음을 간파하고 '과장된 제스처'로 이를 전복시킨다. 셔먼이 초상화 시리즈에서 고찰한 가부장제의 여성스테레오 타입은 남성에 순응적이고 불완전한 대상이거나 금기해야 할 공포의 대상으로 존재한다.

앵그르(Jean-Auguiste Dominique Ingres, 1780~1867)의 「마담 무아트시에」

7) Mulvey: Visual Pleasure and Cinema, in: Screen 1975. 이 글은 영화시각구조의 성차를 지적한 것으로서 1973년에 작성되어 1975년에 최초로 『스크린』에 게재되었다.

8) H. 포스터 외: 『Art since 1900』, 배수희 외 역, 세미콜론 2007, 632쪽.

그림 5. 앵그르의「마담 무아트시에」, 캔버스에 유화

그림 6. 신디셔먼:「무제 #204」

(그림5)를 차용한「무제 #204」(그림6)에서 셔먼은 자신이 마담 무아트시에로 분장하여 등장한다. 실제인물 마담 무아트시에는 나이가 많았음에고 불구하고 앵그르는 그녀의 얼굴을 젊고 아름답게 가장을 하고 있으나 셔먼은 자신이 분장한 부인의 코에 커다란 사마귀를 붙이고, 전체적으로 흐트러진 중년여인의 모습을 재현함으로써 앵그르의 가장을 폭로한다. 고전 초상화는 화가에 의해 인간의 형태를 흠집 하나 없이 완벽하게 이상화한다. 여기에서 초상 인물은 이상화되면 될수록 실제 자신의 신체와의 간격은 더욱 커진다. 셔먼은 이러한 간격을 포착하고 이를 더욱 더 과장함으로써 가부장적 시선의 고전초상화 전략을 폭로한다.[9)]

이와 같이 남성이 추구하는 극도로 과장되거나 가장된 여성성은 기괴한 여성만큼이나 부자연스럽고 실제의 여성 주체와는 다름으로 해서 남성으로부터 여성을 소외시키며 이러한 남성의 응시에 의해 자신의 여성성을 구축한 여성 자신 또한 소외시킨다.

이와 같은 셔먼의 이미지들은 대중문화 혹은 초상화에서 명백하게 나타나는 여성의 정형화 문제를 제기했을 뿐 아니라 여성성이 재현을 통해 형성되는 방식과 상징적 질서 내에서 여성성의 기반을 이루는 특정한 조건들을 보여 준다. 그리하여 영화나 초상화 같은 시각적 재현이 행하는 역할과 이러한 과정이 가부장 사회의 구성에 있어서

9) 채영옥: 앞의 글, 67쪽.

근본적 의미를 갖는 구조에서 '여성'은 주요한 출발점임을 보여 준다. (더 보기: 루이스 부르조아, 주디 시카고, 메리 켈리)

5. 인종을 말하다: 인종미술

인종미술 역시 페미니즘과 마찬가지 경로로 1960년대 미국을 휩쓴 다문화주의의 운동과 더불어 우리 주변으로 다가 온다. 이 운동에서 유색인종의 본질적인 특성이 부정적인 스테레오타입으로 인식돼 왔다는 점이 제기되고, 소수자 미술가들이 제도권 미술에 진입하게 되면서 이들의 긍정적인 이미지들이 강조되었으며 다음 단계에서는 스테레오타입에 대한 비판이 제기돼 정체성이란 타고난 것이 아니라 사회적으로 만들어진 것이란 사실이 지적되면서 스테레오타입을 파기하는 것은 인종을 묘사하는 데 관심을 가진 미술가들에게 특히나 절박한 임무가 된다. 이들은 스테레오타입을 파기하기 위해 다큐멘터리적 재현 형식을 통해 비판하거나 개인적인 경험을 증언하고, 대안적인 미술 전통으로 선회하는 등 여러 가지 전략들을 발전시켰다.[10]

미국작가 카라 워커는 미술관의 흰색 벽면에 검은 색으로 두려낸 그림을 붙이거나 투사한다. 그녀는 오려 붙이이거나 투사한 실루엣 형태를 통해 인종, 젠더, 그리고 섹슈얼리티의 소외되고 저급한 부분을 탐구한다.(그림7) 그녀가 만든 캐릭터는 간음하거나 다른 이에게 폭력을 가하면서 서사적이면서 공포스러운 공간을 만든다. 그녀의 작업은 노예의 역사적 사실에 근거하면서도 한편으로는 로맨스소설의 환상적인 공간을 추구하면서, 소설이나 영화 속에 재현된 인종주의를 소재로 하여 그 권력의 주체를 유머러스하게 반전시킨다. 이러한 인종차별과 성차별, 계급차별을 비판하는 작업은 그녀가 어린 시절 미국사회에서 백인들의 우월주의적 편견 속에서 어려움과 차별을 경험하면서 자신이 '타자(Other)'임을 깨달으면서 출발한다. 워커

10) H. 포스터: 앞의 책, 639쪽:

그림 7. 카라 워커, 종이 오려서 벽에부착, 구겐하임미술관, 2002, 12 X 74 1/2 feet

가 작업하던 1980년대 미국의 상황은 문화다원주의의 논의가 유행하던 시기로 백인 남성 중심주의에서 벗어나 비서구 국가, 여성, 동성애, 토착민 등의 비주류 문화에 관심을 갖고 수용하자는 주장이 팽배하던 시기였다. 예술계에서도 이러한 움직임의 영향으로 터부시되던 비주류들의 주변적 이야기들이 주제로 다루어졌고, 동양과 아프리카 등 비서구국가의 이야기와 작품이 관심을 끌기 시작한다.[11)]

그러한 작가들 가운데 한 사람인 나이지리아 태생 화가 로티미 파니-카요데(Rotimi Fani-Kayode, 1955~1989)는 그 자신이 런던에 사는 동성애자이자, 아프리카 남성이라는 점을 즐거이 인정하며 아프리카 섹슈얼리티를 다루는 원시주의의 상투적인 이미지들을 과장해서 표현한다.

그의 초상화(그림8)에는 몸에 칠을 하거나, 깃발 장식을 하거나, 아니면 전통 의상을 입고 있어서 이국적인 '부족'으로 보이는 거의 벌거벗은 흑인 남성들이 등장한다.

이 이국적인 흑인남성의 재현은 그 동안 서구회화에서 재현되던 흑인의 스테레오 타입이 아니라 그들 자신에 의한 그들의 이미지라는데 의미가 있다.

한편 그의 동료인 쇼니바레는 원시주의자들이 가진 환상의 다른 측면을 포착해 낸다. '에프닉(Effnick)' 연작 중 세 개의 사진을 예로 들면, 쇼니바 레는 화려한 의상을 입고 거들먹거리는 자세를 취한

11) 김 보미: 「카라 워커의 작품세계」, 경희대학교 교육대학원 석사논문 2009, 91~93쪽.

그림 8. 로티미 파니-카요데: 「잃을 것이 없다 IV(경험의 신체들) Nothing to Love IV(Bodies of Experience)」, 1989년.

그림 9. 잉카 쇼니바레: 「무제 Untitled」, '에프닉' 연작 중에서, 1997년 C-프린트, 바로크풍 액자, 총 5판 중 2번째 판, 122 x 91.5cm

18세기 후반의 가발을 쓴 영국 귀족(그림9), 교양 있는 한량(혹은 시대착오 적으로 이런 인위적인 스타일을 채택한 빅토리아 시대의 댄디)을 흉내 낸다.

이러한 흉내 내기 그림들은 과거 유럽인들에 의해 그려진 동일한 초상화, 예컨대 조슈아 레이놀즈의 초상화 등을 떠올리게 하면서 유럽인의 시선과 흑인의 시선이 대비되는 가운데 인종차별, 노예제도, 식민주의 등의 역사적이 고 복잡한 문제들을 환기 시킨다.[12)]

이와 같은 인종과 관련한 문화는 비판과 정체성에 초점을 맞추어 전개되고 있는데 인종간의 교류가 보다 광범위하고 신속해 지는 미래문화에서는 훨씬 더 복잡하고 다양한 양상으로 나타날 것이다.(더 보기: 오리엔탈리즘, 쉐 더 칭, 야스마사 모리무라, 게릴라 걸스, WAC)

6. 새로운 시선으로

이상에서 살펴 본 담론과 미술들은 관습적 시선에 의해 억압되었던 인간의 정체성과 신체를 소외로 부터 회복시켜서 서로 존중하고 소통하며

12) H. 포스터: 앞의 책, 639~642쪽.

살자고 주장하는 것이다. 이와 같은 담론과 운동들은 1960년대 미국에서 시작하여 전 지구적인 공감대를 형성함으로써 우리나라에서도 이미 그 당위성을 인정하고 인간의 삶과 관계되는 각종 공공 영역의 정책에도 선언적으로 반영되고 있기는 하다. 그러나 자본과 소비가 추동하는 환영이 모든 것을 지배하는 우리들 삶의 현장은 여전히 열악하다.

예컨대 막무가내로 과다한 날씬함을 선호하는 우리 사회의 신체 신드롬에 관하여 이 강의를 들은 여러분들은 이제 그 신드롬에 생각 없이 동원되지 말고 그것에 관하여 이의를 제기하고 비판하는 새루운 시선을 가지기 바란다. 뚱뚱하고 못 생긴 몸을 가진 여성 혹은 남성은 대중매체에서 끊임없이 강요하는 날씬하고 아름다운 몸에 대한 강박으로 자신의 몸을 뜯어 고쳐서라도 정형화시키려고 한다.

즉 자신의 몸을 부정하고 제거하려고 하는 것이다. 그러나 본문에서 살펴보았듯이 그것은 자신을 부정하고 심지어는 증오하면서 자신의 일부를 잃어버리는 것이다. 이것과 관련하여 자신과 화해하지 못하고 자신의 몸의 일부를 지우고 죽이고 있는 우리에게 자신의 몸을, 나아가서는 자신을 받아들이고 자본과 결탁한 전쟁에 맞서라고 당당하게 말해야 한다. 그리고 있는 그대로의 몸, 살아 있는 몸으로 우리의 삶을 황폐화시키는 사회적 억압과 기만에 당당히 맞서면서 우리의 삶을 의미와 더불어 살아갈 때 미래는 가능할 것이다.

❖ 참 고 문 헌

김보미: 「카라 워커의 작품세계」, 경희대학교 교육대학원 석사논문 2009.
이애련: 「신디셔먼의 작품에 나타난 자아정체성 연구」, 홍익대학교 학위논문 2005.
주은우: 「현대성의 시각체제에 대한 연구」, 서울대학교 대학원 박사학위 논문 1998.
채영옥: 「신디 셔먼 작품의 젠더 정체성에 관한 연구」, 홍익 대학교 석사학위논문 2003.
H. 포스터 외: 『Art since 1900』, 배수희 외 역, 세미콜론 2007.
Jones: Survey in the Artist's Body eds. T. Warr/ A. Jones, London 2000.
L. Mulvy: Visual Pleasure and Cinema, in: Screen, 1975)
www.vivakorea.com
http://korchild.tistory.com

대중문화는 권력 투쟁의 장이다

남 중 섭(대구대 독문학)

1. 들어가는 말

최근 대중문화 영역에서는 두 가지 정도의 주목할 만한 움직임이 일어나고 있다. 그 중 한 가지는 한국의 대중문화가 아시아를 넘어 유럽, 미국에까지 진출하고 있다는 미디어의 보도이며, 다른 한 가지는 기존의 텔레비전 공중파가 아닌 다양한 매체를 이용한 시사관련 방송이나 문화행사가 많은 사람들의 호응을 받고 있다는 점이다.

보도에 따르면 우리의 대중문화는 세계로 뻗어나가고 있으며 문화 수출국으로서의 위상을 높이고 있다. 한때 우리나라가 아시아권에서 문화 수출국으로 발돋움할 때가 있었다. 1990년대 텔레비전 드라마를 중심으로 한국의 대중문화가 동남아, 중국 등지로 수출되어 한류라는 신조어가 생겨났고 많은 외국인들이 한국을 우호적으로 대하며 한국으로 관광을 오거나, 한국 제품들을 구매하는 등 국가경제의 측면에서도 적지 않은 이익을 누렸었다. 정부는 한류를 지속시키고자 국가 정책적 지원을 하고 학계에서는 한류현상에 다양한 분석들을 하기 시작했다. 90년대 한류의 원인으로는 동남아나 중화권이 동양과 서양이라는 관계보다 훨씬 동질적인 문화권이라는 것, 따라서 한국문화의 수입에 거부감이 적었다는 점, 한류이전 동남아에서 주도적이었던 홍콩 문화의 상대적 몰락으로 이를 대체하기 위해 한국문화가 유입되었다는 분석, 동남아 대중들의 경제적 성장과 대중들의 욕구를 채워줄 문화콘텐츠의 부족 등 다양한 분석들이 쏟아져 나왔다. 그러나 이런 국가적 지원에도 불구하고 한류 현상은 지속되지 못했다. 왜냐하면 국가적 지원이 한류가 만들어 내는 가시적 성과에만 집중되었기 때문이다. 한류를 문화상품으로만 취급하는 상업적 관점에 머물렀기 때문에 국가적 지원은 한류를 지속시킬 콘텐츠의 개발은 간과했었다.

90년대 한류가 지나간 후 더 이상 언급되지 않던 한류라는 단어가 2010년 이후 다시 미디어의 단골 메뉴로 등장한다. 그 중심에는 한국 가요가 있다. 언제부턴가 대형 연예기획사들은 협소한 국내가요시장에서 벗어나 더 큰 시장, 일본으로 눈을 돌리기 시작했다. 그리고 더 나아가 유럽시장까지 공략하기 시작했다. 그런데 유럽까지 뻗어나간 한국 가요의 인기가 일회적이지 않고 꽤 지속되고 유럽, 미국에서도 단순한 이벤트가 아닌 한국 가요에 대한 인기가 점점 더 높아져 '신한류', '초한류'라 부를만한 현상이 되었다.[1)]

한국 가요의 인기는 케이팝(K-POP)이라는 신조어를 만들었다. 케이팝은 Korean popsong으로 흔히 우리가 가요라고 부르는 것이다. 즉 케이팝이란 기존에 서양국가들에서 인기를 얻었던 J-POP과 구별하기 위한 수단으로 붙여진 것이다. 그런데 이제 케이팝은 세계인이 공유하는 사이트 유튜브(You tube)에서 발라드, 힙합, 락처럼 하나의 장르로 취급된다. 어느 나라 음악에도 허락되지 않았던 것들이 일어나고 있는 것이다. 이에 따른 많은 경제적 효과가 발생하고 이를 지속시키고자 요구하는 목소리들도 나오고 있다.

국외로는 케이팝 열풍이 있다면 국내에서는 방송과 대중문화분야에서 지금까지와는 다른 적극적 변화들이 목격된다. 2011년 12월 1일 KBS, MBC, SBS 등 3개의 공중파 방송국외에 4개의 종합편성채널(이하 '종편') 방송국이 개국을 했다. 조선일보, 중앙일보, 동아일보, 매일경제신문 등 기존의 언론사들이 국가적 특혜를 받으면서 종편을 개국했고, 이런 부당한 특혜에 반대하는 사람들은 '종편 안보기'라는 적극적 행동으로 자신들의 의사를 드러냈다. 위 언론사들은 온갖 특혜를 받으며 방송국을 개국했음에도 불구하고 종편의 시청률은 현재까지

---

1) 한국 연예 군단이 세계를 흔들고 있다. 지난해 유튜브의 K팝 동영상 조회수는 26억회에 이른다고 한다. 세계인구 2.7명당 1명이 한번씩 조회한 셈이다. 한국문화산업교류재단은 2010년 한류의 경제적 파급효과가 4조9824억원이라고 지난해 말 밝혔다. 통계 시점이 1년 이상 지난 점을 감안할 때 지난해 한류효과 추정액은 6조원, 올해는 7조~10조원이라는 업계의 분석도 나온다.(「'소녀시대' 이후」, 『경향신문』, 2012. 2. 3.)

평균 0%대에 머물고 있다.[2)]

그 외에도 대중문화 영역에서 많은 시사, 정치관련 대중문화행사들이 열리고 있으며, 공중파의 개그프로에서도 정치, 시사관련 풍자가 늘어나는 추세이다. 텔레비전 개그프로 '개그콘서트'에 대해 강용석 국회의원이 명예훼손으로 고소를 하는가 하면, 방송인 김제동의 토크콘서트가 정치적이라며 KBS에서 대관을 거절한다던가, 대통령에 대한 비판을 주제로 '나는 꼼수다'라는 토크콘서트가 열리기도 한다. 지금까지는 공중파나 신문과 같은 전통적 매체들만 시사적 내용을 다루었다면 이제는 인터넷을 이용한 시사프로그램들이[3)] 기하급수적으로 늘어나고 있다.

최근의 한류나 국내의 정치, 시사관련 대중문화 현상들은 어느 때보다 활발하다. 이러한 움직임 속에 대중문화가 실제로 효과를 발휘하는 순간을 확인할 수 있다. 단순히 즐기고 향유하는 기능 외에 국가의 경제적 측면과 국가적 위상의 증대에도 영향을 미치는 효과가 발생하고 있다. 또 대중문화가 대중들의 삶에 직접적인 영향을 끼치고 대중이 대중문화를 통하여 자신들의 삶을 변화시키고자 하는 노력도 발견할 수 있다. 따라서 이런 현상들에 주목할 때 대중문화가 대중을 기만하는 '문화상품'으로서의 기능이 아닌 진정한 대중의 문화로서 기능을 발견할 수 있을 듯하다.

2. 새로운 한류 현상에 대해

한류 현상은 우리문화가 외국으로 수출되어 문화적 자부심을 느끼게 해주기 때문에 기분 좋은 현상이다. 또 이는 국가 인지도 상승에도

---

2) 2012년 2월 14일자 조선일보 기사를 보면 100억대의 제작비를 들여 만든 드라마 '한반도'가 종합편성채널 드라마 중 1.649%의 가장 높은 시청률을 기록하며 JTBC 월화드라마 '신드롬'을 제치고 시청률 1위를 차지했다고 보도하고 있다.

3) 인터넷을 통한 시사관련 방송들. 나는 꼼수다, 나는 꼽사리다, 뉴스타파, 저공비행, 손바닥tv, 이슈 털어주는 남자 등이 있다.

영향을 주기 때문에 국가 경쟁력에도 도움을 준다. 이런 점 때문에 정부는 한류를 지속시키고자 대중문화 산업을 적극적으로 지원하고 있다. 그런데 대중은 대중문화에 대한 국가적 지원보다 그 문화 생산물 자체의 성격 때문에 대중문화를 소비한다. 자국 문화를 알리기 위해 국가가 아무리 많은 홍보비를 투입하더라도 문화 생산물이 흥미를 끌지 못하면 사람들은 그 생산물을 소비하지 않는다. 즉 국가적 지원이 한류 현상을 지속시키고 대중문화의 수출 증가를 보장해주지는 않는다. 따라서 한류를 지속시키기 위해 외형적인 측면에 관한 지원보다 지금 한류현상이 어떻게 가능했는지 원인을 살펴보고 이를 지속시키기 위한 방법을 고민해 볼 필요가 있을 것이다.

지금의 한류현상을 주도하는 것은 케이팝이다. 우리 가요는 많은 부분 팝의 영향을 받으며 발전해왔다. 그런데 지금은 팝의 본고장 미국에서도 떠들썩한 주목을 받고 있다. 어떻게 이런 현상이 가능한가?

그러한 원인으로 미디어 발전을 꼽을 수 있다. 미디어 기술의 발전으로 전 세계인들은 누군가가 직접 만든 동영상을 무료로 공유할 수 있게 되었다. 이를 통해 케이팝은 별도의 홍보비를 들이지 않고도 많은 사람에게 알려질 수 있게 되었다. 둘째 요인으로 대형 연예기획사들의 기획력을 꼽을 수 있다. 대형 연예기획사들은 –특히 'SM 엔터테인먼트'를 꼽을 수 있다 – 아이돌을 알리기 위해 공연을 기획하고 적극적인 홍보를 한다. 이와 더불어 국내 언론들이 이들의 홍보를 그대로 받아

그림 1. SM Town in LA 공연

케이팝 열풍이라고 연일 보도를 해댄다.[4] 케이팝의 해외 진출과 관련한 왜곡된 형태의 소식을 접할 때마다 국가적으로 홍보하고 있는 케이팝 열풍은 의심받게 되고 케이팝의 인기가 지속될 수 있을까 의구심을 갖게 된다. '애국심 마케팅'으로 포장된 한류 담론에 관심을 가져야 할 시점이 된 셈이다.

우리 미디어의 다소 과장된 보도는 케이팝의 미래를 장밋빛으로 포장하는 측면이 있기는 하지만 케이팝에 열광하는 세계의 젊은이들이 많이 생겨나고 있는 것도 사실이다. 아마 케이팝이 그들이 접하던 음악과는 다른 어떤 감동을 주고 있다고 생각해 볼 수 있다. 사실 케이팝은 한국가요 전체를 포괄하지도 않고 한국가요를 대표한다고 할 수도 없다. 단지 케이팝은 아이돌 중심의 댄스음악으로 특화된 장르라 할 수 있다. 더 엄밀히 말하면 'SM 엔터테인먼트의 쇼 비즈니스일 뿐이다'라고 해도 틀린 말은 아닐 것이다. 댄스 음악 장르는 팝의 본고장 미국의 빌보드를 비롯하여 전 세계적인 주류음악이다. 음악적인 면을 볼 때 케이팝에는 세계적인 유행을 따르는 보편성이 있다. 이런 추세와 다른 케이팝만의 특수성, 강점이라면 군대 분열행사를 방불케 하는 군무를 들 수 있다. 아이돌들의 군무는 마치 몇백, 몇천명의 군인들이 한 몸처럼 움직이는 분열행사만큼이나 잘 계산되어 있다. 분열 행사가 본부석에 있는 누구의 시선을 중심으로 이루어진다면 아이돌들의 군무에서는 본부석의 시선 대신 카메라가 대신한다는 차이가 있을 뿐이다. 서로 충돌하지 않고 잘 계산된 움직임, 자신이 노래하는 부분에 카메라를 응시하며 찡긋하는 윙크 또한 정확히 계산된 움직임이다. 걸 그룹들의 군무는 경이롭기까지 하다. 이와 같은 엔터테인먼트사들의 체계화된 스타시스템을 케이팝 열풍의 원인으로 꼽을 수 있다.

---

4) 2010년 9월 4일 (…) LA에서 벌인 'SM Town Live'는 공연을 취재하기 위해 주요 일간지, 인터넷 미디어, 방송사 등 국내 20여 개 언론사들이 SM이 제공한 전세기를 타고 동행 취재를 했다는 사실이다. 물론 모든 항공료, 숙박비 등 취재에 필요한 경비는 SM 측에서 부담했다. 공연 다음날 SM의 LA 공연이 인터넷 포털 사이트에 도배가 된 것은 어찌 보면 당연하다.(「SM 엔터테인먼트 LA 공연의 진실」, 『프레시안』, 2012. 1. 25.)

한편 케이팝은 감각적이다. 이른바 후크 송(hook song)은 오래 생각하지 않아도 의미를 금방 알 수 있고 한 번만 들어도 흥얼거릴 수 있다. 감각적인 것은 이성적인 것보다 우선은 빠르게 다가온다. 대중들에게 케이팝의 감각적인 측면이 아직까지는 장점으로 작용하고 있다. 그러나 내용 없이 감각적인 이미지, 감각적 멜로디만이 강조되는 후크 송은 생명력이 짧을 수 있다. 그렇기 때문에 스타시스템은 부단히 새로운 이미지, 새로운 것을 등장시키기는 하지만 사실 새롭게 등장하는 것도 전혀 새로운 것이 아니다. 따라서 케이팝, 한류를 지속시키기 위해 다양한 노력, 다양한 장르를 지원하는 것도 필요해 보인다.

지난 2월 미국의 그래미 시상식에서는 우리나라 걸그룹 멤버들의 체형과는 전혀 다른 푸근한(?) 여자 싱어송라이터 아델(Adele)이 6관왕을 차지했다. 힙합, 댄스 음악이 주류인 상황에서 그렇지 않은 음악으로, 우리나라 걸 그룹 멤버들의 몸매와는 다른 푸근한 몸매를 갖고도 대중적 인기를 얻어 그래미에서 6관왕을 차지했다는 사실은 케이팝과 관련하여 시사해주는 바가 크다. 우리나라의 대중음악 평론가 임진모는 외국가수의 말을 빌어 아델이 대중들에게 인기를 누릴 수 있었던 원인에 대해 다음과 같이 이야기한다. 아델의 노래에는 자신의 이야기, 당대를 사는 젊은이들의 이야기가 담긴 진정성이 있다는 것이다. 그러나 케이팝은 하나같이 발랄한 사랑노래 일색이다. 신나는 멜로디가 삶에 지친 젊은이들에게 잠시나마 현실을 잊을 수 있는 환각제로 작용할 수 있지만 현실을 극복할 힘을 북돋아 주지는 않는다. 이런 달콤한 사랑노래는 오늘날 '3포세대'[5]의 젊은이들에게는 그들이 가질 수 없는 가상으로 간주되고 더 나아가 이런 대중문화 자체를 사치품으로 취급할 수밖에 없을 것이다. 이러한 비판에 대해 한편에서는 대중문화가 그저 향유의 대상, 즐거움의 대상이면 안되는가, 대중문화가 실제 먹고 사는 문제에 어떤 영향을 줄 수 있는가라고

---

5) 청년실업이 사회적인 문제로 대두되는 요즘의 젊은이들은 스스로를 연애, 결혼, 출산을 포기하는 '3포세대'라고 한다.

그림 2. 밥 말리 (1945. 2. 6. - 1981. 5. 11)

의문을 제기하는 사람도 있을 것이다. 이런 반론에 직면하여 부당한 권력에 저항하며 자유를 외쳤던 락이나 레게 등을 하나의 대안으로 생각해 볼 수 있다.

레게 음악의 대표자 밥 말리(Bob Marley)는 자메이카의 빈민가 사람들을 대변하고 사회적 억압구조를 거부하는 주제들을 노래한 인물로 유명하다. 그의 노래는 인종차별적 억압구조가 만연한 자메이카 사회의 변혁주체들을 고무시키기도 했다. 그의 노래말은 빈민들을 향한 메시지로서 그의 당파성을 드러내준다. 그는 "당시 태동하고 있던 '루드 보이(Rude boy)' 운동에 대해 직접적으로 언급하면서 열악한 빈민가의 비행 청소년들[6]을 위한 댄스 리듬을 연주함으로써 그들과의 완전한 공감을 자랑스럽게 표명"하기도 했다.[7] 오늘날 가장 많이 알려진 밥 말리의 노랫말을 보면 현재 유행하는 노랫말, 특히 케이팝의 노랫말과 상당히 다른 점을 발견 할 것이다. 그의 대표곡 「No Woman No Cry」만 하더라도 단순한 사랑노래

---

6) 반사회적 의미의 청소년을 일컫는 말이 아니라 식민 체제하에서, 독립 후 자메이카에서 여전히 남아 있는 인종차별적 억압구조에서 권위에 대해 증오하며 범죄자로서 삶의 찬미하는 무정부주의자들이다. 이런 무정부주의적이고 혁명적인 빈민가 젊은이들은 물론 부르주아를 옹호하는 노동당과 프롤레타리아를 대변하는 민중당의 치열한 대립 속에서 노동당의 행동대원으로 흡수되어버리거나 식민체제를 떠받쳐온 종교적, 도덕적 교의에 반대하는 웨일러스와 같은 문화적인 루디들로 나뉘는데(일차적으로는 라스타파리 운동에 고무되어 있었던), 그들 모두에게 '루드'라는 수식어가 따라 붙었다. 당시 많은 가수들이 루디를 사회적 약탈자, 폭력배로 노래했지만 밥 말리는 루드 보이적인 정신과 자신들을 동일시했다. 이러한 점은 「지켜나가야 Put It On」, 「그를 내버려둬 Let Him Go」, 「루드 보이Rude Boy」 등에서 잘 드러난다. S. 데이비스: 『밥 말리 노래로 태어나 신으로 죽다』, 이경하 역, 여름언덕 2007, 100~103쪽 참조.

7) 같은 책, 90쪽.

가 아니라 빈민들에게 보내는 직접적인 메시지임을 알 수 있다.

> 우리가 Trenchtown의 정부기관 앞마당에서 그 위선자들을 주시하며 앉았던 때를 난 기억하기 때문에/ 우리는 좋은 사람들을 만나 좋은 친구를 가졌었고/ 또한 좋은 친구들을 잃었었지/ 이 위대한 미래 속에서 우린 과거를 잊을 수가 없어/ 그러니 나는 눈물을 닦으라고 말하는 것이다/ 여성들이여, 울지마라(No Woman No Cry의 일부분)

아델이나 밥 말리는 분명 케이팝의 아이돌과는 다른 형태의 가수들이다. 아델은 2011년 대중들에게 최고의 인기를 누렸고, 밥 말리는 지금까지도 인기 있는 가수라 할 수 있다. 이런 예들을 통해 대중음악이 대중들에게 지속적인 영향력을 행사할 수 있는 한 계기를 확인한 셈이다. 그 한 가지는 대중음악이 당대의 상황을 노래할 수 있어야 하고, 그를 통해 당대의 대중과 공감할 때 그 생명력은 더 길어질 것이다라는 점이다.

3. 나는 미디어다

오늘날 매체의 발전은 언론의 외형적 성장을 가능하게 했고 대중의 매체수용방식도 변화시켰다. 원하는 사람 누구나가 방송국이 될 수 있고 스마트 폰이나 인터넷으로 시간과 장소에 구애받지 않고 방송을 볼 수도 있다. 이런 변화는 기존 언론의 절대적 권위에 흠집을 가함으로써 언론의 조작 가능성에 제한을 가하고 있기도 하다. 오늘날과 같이 매체가 다양하지 않던 시기에는 매체를 통한 언론조작이 상대적으로 쉬웠다.

언론이 사건의 본질을 호도하고 조작하려했던 예는 무수히 많다. 유신시대의 언론탄압이라던가 군부독재시절의 언론통폐합 등이 대표적인 예가 될 수 있다. 그 중에서 5·18 광주민주화 운동이 일어났던 시기에 방송은 이 사건을 간첩의 소행이라고 보도했다는 것은 너무도 잘 알려진 사실이다. 오늘날의 언론은 과거의 언론들에 비해 훨씬 사실에 근거해 보도한다는 인상을 준다. 그러나 노골적 언론 조작은 아니더라도 대중매체는 여전히 지배자의 시선으로 사실을 보고 그들의 관점을 대중들에게 전달한다. 그러한 원인을 일차적으로 대중매체가 우선 대중들의 의견을 듣기 어렵다는 데서 찾기도 한다.[8] 이는 대중매체가 대중들의 의견을 듣는 것보다 정부기관, 검찰이나 경찰 등 지배자와 더 가깝게 소통하고 이들의 의견을 보도하는 것이 더 용이하다는 측면에서 볼 때 일면 정당해 보인다. 그러나 대중매체가 그들의 의견을 대중의 관점에서 보도하지 않고 지배자의 시선에서 보도한다는 점을 볼 때 대중은 대중매체의 성격을 관조적으로 볼 수만 없다. 그리고 언론사들이 사실에 입각한 보도를 하더라도 다루는 내용에 따라서, 대중들에게 어떤 사실을 더 드러내 보여주고자 하는가에 따라서 대중들이 받아들이는 정보의 성격은 다를 수도 있다. 매체의 발전은 미디어 생산자의 태도 변화와 더불어 매체의 소비자, 대중의 태도 변화도 초래했다. 이와 관련하여 벤야민의 주장을 참고할 수 있다.

> 복제기술의 발전은 대중의 예술수용방식도 변화시켰다. 매체의 발전은 어떤 예술 형식의 사회적 중요성이 줄어들면 들수록 수용자의 비판적 태도와 감상적 태도는 점점 더 분리된다. 관습적인 것이 아무런 비판 없이 향수된다면 새로운 것은 혐오감을 가지고 비판되어진다.[9]

벤야민에 따르면 복제기술의 발전은 원전의 권위를 해체하여 예술수용자가 예술품을 비판적으로 볼 수 있게 한다. 이는 매체와 수용자의 예술수용방식에 대해 언급한 것이지만, 대중매체가 쌍방향적 성격

---

8) P. 샹파뉴: 「대중매체의 시각」, 105, 110~111쪽 참조. 그에 따르면 대부분의 기자들은 어떤 사건을 보도할 때 사실 왜곡을 무릅쓰는 한이 있더라도 침묵만은 피해야 한다고 생각한다. 그러한 점이 대중매체의 시각이라고 얘기하고 있다. P. 부르디외: 『세계의 비참』, 김주경 역, 동문선 2000.

9) W. 벤야민: 『발터 벤야민의 문예이론』, 반성완 편역, 민음사 1999, 220~221쪽.

으로 발전함에 따라 대중들이 매체의 권위를 의심하며 매체에 대해 비판적 태도를 취할 수 있게 되었다는 점에서 벤야민의 관점을 따를 수 있다. 즉 언론을 대하는 대중이 수동적 대중에서 적극적 대중으로 바뀌었다고 할 수 있다.

미디어가 쌍방향성을 띨수록 미디어의 민주적 가능성은 더 열린다고 할 수 있다. 그러나 매체의 발달이 실제 매체의 진보적 성격을 보증하지는 않는다. 매체의 민주적 발전 가능성이 증가함에도 불구하고 오늘날 대중매체는 여전히 억압적이고 미디어 수용자를 무시하고 수용자의 의견을 반영하지 않는 퇴행적 형태를 띠고 있다. 즉 미디어는 여전히 권력을 갖고 지배자의 논리를 반복하는 일방적인 불통의 모습을 보이고 있는 것이다. 이에 맞서 비판적 수용자인 적극적 대중은 대중매체의 소비자로만 머물지 않고 생산자로서의 기능을 수행하기도 한다. 매체 발전이 일인미디어 시대를 열어준 것이다.

최근에 유행하고 있는 '나는 꼼수다', '나는 꼽사리다', '저공비행', '뉴스타파', '이슈 털어주는 남자', '손바닥tv'와 같은 방송들은 우선 매체 발전의 덕을 보고 있다고 할 수 있다. 그러나 이렇게 정치, 시사 프로그램이 많이 생겨나고 유행하는 것은 단순히 매체가 발전했기 때문은 아니다. 그 원인은 권력이 대중을 기만하고 자신들의 이익만을 추구했고 이를 견제해야할 기존의 공중파, 미디어가 대중매체로의 기능을 제대로 수행하지 못하기 때문이다. 기존의 대중매체는 권력의 시녀로서 지배자의 논리를 그대로 반복하며 그들의 이익을 대변해왔다. 현재 MBC 노조의 파업은 바로 그런 이유로 시작된 것이다. 이 파업은 그 동안 경영진이 방송을 부당하게 탄압해 왔

그림 3. 팟 캐스트 『나는 꼼수다』

기 때문에 노동조합이 경영진의 퇴진을 요구하고 올바른 언론의 모습으로 탈바꿈하겠다는 의지를 보여주는 사건이다.

4. 나가며

지금까지 최근 대중문화영역에서 나타나고 있는 두 가지 지배적 현상을 살펴보았다. 우리 대중문화가 국외로 뻗어나가는 현상과 국내에서 대중매체와 관련하여 일어나고 현상들은 사뭇 달라 보이지만 그 근원은 권력의 문제로 이해할 수 있다. 케이팝 현상이 경제 권력에 의한 한국 한국가요의 수출 프로젝트라면 시사, 정치와 관련된 일인 미디어의 유행은 정치권력, 기존 대중미디어 권력에 대한 민주화를 이루려는 대중들의 욕구 표현이라 할 수 있다. 지배 권력은 대중들에게 문화와 경제를 별개의 것으로, 문화와 정치를 분리해 '문화는 문화일 뿐이고 정치적이어서는 안 된다'는 생각을 강요한다. 권력은 대중문화 영역을 통해 자신들의 이익을 창출하고 자신들의 정치적 지배를 강화시키려 한다. 따라서 대중문화를 둘러싼 영역은 언제나 권력 투쟁의 장이 될 수밖에 없다.

권력의 힘을 강력하다. 지배자들은 자신들의 권력을 대중과 쉽게 나누려 하지 않는다. 따라서 대중이 지배자들에게 권력을 나누며 평등을 요구할 때 투쟁적일 수밖에 없다. 그리고 그런 요구는 지속되어야 한다. 왜냐하면 한때 진보적이었던 대중문화도 한순간 권력의 상품으로 흡수되어 버리기 때문이다. 제도예술에 반기를 들며 등장했던 아방가르드 예술품, 권력에 대해 저항했던 락이나 레게의 대부분은 더 이상 진보를 의미하지 않고 그저 하나의 상품으로 전락했다.

이는 대중문화와 고급문화를 구분하는 과정에서도 나타난다. 일반적으로 이 구분의 잣대를 가진 권력은 고급문화와 대중문화를 구분해서 평가하고자 하고, 대중문화의 자발성을 옹호하는 대중문화론자들은 다양성의 관점에서 동일한 가치로 평가하라고 요구한다. 대중문화

옹호론자들의 견해는 고급문화가 갖고 있는 권위를 깨고 저급한 문화로 취급되는 대중문화를 고급문화와 동일한 가치로 보라는 것이다. 위에서 언급했듯이 두 문화를 동일한 것으로 보려는 시각은 그저 이루어지는 것이 아니다. 대중이 지배 권력을 향해 평등하고자 요구해야한다. 그것도 일회적이어서는 안 되고 지속적이어야 한다. 어쩌면 대중들의 요구를 관철시키기 위해서는 대화 이상의 수단이 필요할지도 모른다. 즉 문화 민주화를 위해서는 대중들의 적극적이고 지속적인 요구가 필요하다. 그 시작은 문화와 권력을 구분하지 않고 함께 보려는 시도로부터 출발할 수 있을 것이다.

❖ 참 고 문 헌

김창남: 『대중문화의 이해』, 한울아카데미 2010.
S. 데이비스: 『밥 말리 노래로 태어나 신으로 죽다』, 이경하 역, 여름언덕 2007.
P. 부르디외: 『세계의 비참』, 김주경 역, 동문선 2000.
W. 벤야민: 『발터 벤야민의 문예이론』, 반성완 편역, 민음사 1999.
『경향신문』, 2012. 2. 3.
『프레시안』, 2012. 1. 25.

예술과 미래 현실의 관계

홍 승 용(대구대 독문학)

1. 들어가며: 예술의 양면성

예술은 지금의 불행한 현실을 벗어나 미래의 행복을 꿈꾸고 실감하는 데에 매우 적합한 영역이다. 예술과 관련해 우리는 환상을 당연한 것으로 받아들이는데, 환상은 현실도피의 통로이기도 하지만 동시에 현실의 압박을 어찌할 수 없는 숙명으로 여기지 않고 다른 가능성을 찾도록 부추기는 효과적 수단이다. 환상을 자유로이 활용하는 예술은 현실도피를 통해 현재의 지배질서를 바꾸지 않고 그대로 묵인하도록 수용자들을 세뇌할 수도 있고, 다른 세상을 꿈꾸도록 고무함으로써 변혁의 불씨를 지필 수도 있다. 예술작품들이 어느 쪽으로 더 기여하느냐는 개별 작품마다 다를 뿐 아니라, 수용되는 구체적 상황에 따라서도 달라질 수밖에 없다. 현실의 불행을 상대로 하는 예술의 기능은 정해져 있는 것이 아니다. 그래서 어떤 방식으로 예술작품을 만들고 또 어떻게 그것을 받아들일 것인지 의식적으로 살펴볼 필요가 있다.

2. 예술작품을 보는 몇 가지 관점

예술작품은 다양한 관점에서 다루어질 수 있다. 누구나 매일 느낄 수 있는 일이지만, 자본주의사회에서는 흔히 예술작품들도 돈이 되느냐 안 되느냐 하는 경제적 관점에서 평가된다. 특히 영화나 공연예술처럼 막대한 예산이 투자되어야 하는 분야들은 경제성이 없을 경우 재생산이 불가능해진다. 회화나 문학처럼 주로 예술가 개인의 지난한

그림 1. 『가면 속의 아리아』에 등장하는 테너 가수 달레락의 대저택. 사건의 배경을 단순히 배경으로만 보지 않고 문제거리로 보기 시작하면 작품이 자명한 것으로 전제하는 것, 혹은 작가가 무의식적으로 따르고 있는 규칙들을 확인할 수도 있다.

작업에 의존하는 분야들도 경제적 조건을 건너뛰면서 장기적으로 양질의 작품이 나오기를 기대하기는 어렵다. J. 코르비오의 『가면 속의 아리아』에서는 저명한 테너 가수 달레락이 은퇴하면서 소피와 장이라는 단 두 명의 제자만을 다년간 가르쳐서 최고의 가수로 만든다. 이는 경제 개념을 포기한 짓 같다. 하지만 주인공은 그럴 수 있는 물질적 풍요를 이미 누리고 있다. 정원사와 가정부가 딸린 거대한 저택을 유지할 만한 조건을 갖추고 있는 것이다.[1)]

예술작품에 대한 경제적 관심은 과학적 논의로 이어지기도 한다. 특정한 작가의 작품이 고가로 거래될 경우 종종 모조품들이 등장한다. 렘브란트의 경우가 대표적인 예일 것이다. 그래서 고가의 예술품들은 종종 진품 논쟁에 휘말리기도 하는데, X레이 · 적외선 · 현미경 등을 동원해 진품 여부를 따지는 일에서는 과학적 관점이 본질적인 역할을 한다. 물론 이때의 과학적 관심은 진품이냐 아니냐를 따지는 식별의 수준에 머물기 쉽고, 이는 작품을 미적으로 체험하는 일과 거리가 멀다. 그러나 미적 체험을 바탕으로 하는 과학적 관심은 작품의 의미나 미적 가치에 대한 복합적 논의로 이어질 수 있고, 이러한

---

1) 이 작품에서는 슈베르트, 슈만, 말러, 벨리니, 베르디, 푸치니 등의 아름다운 곡들을 사건의 흐름 속에서 적절히 감상할 수 있을 뿐만 아니라, 어떤 방해를 받더라도 '절대적으로' 음악에 몰입하도록 훈련하는 모습에서 부르주아 고급예술의 제조비밀을 엿볼 수 있다. 그러나 영화의 기본 줄거리는 최후의 승자만이 시장 혹은 전장에서 살아 남을 수 있다는 일상의 지배논리를 아무 문제 없는 듯이 전제함으로써, 지배논리에 복종한다.

논의가 다시 미적 체험에 근본적인 영향을 끼칠 수도 있다.

오늘 우리사회처럼 사회적 변혁이 필요한 시기에는 무엇보다 예술작품의 정치적 기능이 주요 관심거리로 떠오를 수 있다. 물론 관심거리가 될 수 있다는 가능성이 곧 관심을 받고 있다는 현실성을 의미하지는 않는다. 근래에 예술작품을 만들어내는 예술가들이나 이를 감상하는 수용자들이 지난 1980년대처럼 예술의 사회적 정치적 기능에 관심을 쏟는 일은 드문 것이 현실이다. 그러나 자본주의 체제의 구조적인 갈등 내지 모순과 이로 인한 변혁의 잠재력을 염두에 두면, 예술의 사회적 정치적 기능이 새로이 부각될 가능성은 가히 폭발적이라고 할 수 있다.

다만 체제를 유지하고 강화하려는 지배자의 입장에서는 어떻게 해서든 그러한 가능성을 축소하고 싶을 것이며, 예술을 정치 문제와 분리하여 순수한 오락이나 무해한 의식의 영역에 가두고자 다양한 주장을 내세울 수 있다. 또 다수 수용자들도 이에 별 의식 없이 동조하고 있는 실정이다. 예컨대 '예술은 순수해야 한다'는 상투어는 그 순수함의 의미가 무엇인지 전혀 논의되지도 않는 가운데 마치 상식처럼 통용되고 있다. 같은 맥락에서 누군가 '예술은 무엇을 위한 수단이어야 한다'고 주장한다면 그 '무엇'이 무엇이든 관계없이 당장 엄청난 반발에 부딪칠 것이다.[2)] 이러한 반발 또한 비정치성을 표방하는 정치적 반응이라고 볼 수 있다.

물론 예술작품들은 무엇보다도 미적 가치의 측면에서 다루어질 수 있다. 일반적으로 뛰어난 예술작품에는 미적 가치가 집약되어 있다. 그래서 미학의 관심은 흔히 예술작품에 집중되기도 한다. 특히 미를 정신의 문제로 파악하려는 헤겔주의 전통은 실제 현실 대상들의 미보다 예술작품의 미를 한 차원 더 높은 것으로 간주한다. 이런 관점이 극단화될 경우에는 미를 예술작품만의 문제로 파악할 수도

---

2) 이러한 반응의 이론적 배경으로는 '개념을 떠난 보편적 만족' 혹은 '관심(사심) 없는 만족'이라는 칸트의 미 규정을 생각할 수 있다. I. 칸트: 『판단력 비판』, 김석윤 역, 박영사 1980, 66~67쪽 참조. 이때 칸트 이론의 역사적 맥락이나 현실적 문제점들은 전혀 고려되지 않는 가운데 그의 주장이 보편적 진리로 전제된다.

있다. 물론 이러한 제한적 관점은 '미학적 귀족주의'의 일종이라고 할 수 있으며, 실제의 미적 체험에 부합되지 않는다.

이와 반대로 예술작품을 현실적인 미적 대상의 대용품으로 보거나 예술을 대리만족 행위일 뿐이라고 여기는 사람들도 있다. 체르니셰프스키나 프로이트가 그 대표적인 예이다. 체르니셰프스키는 실제의 자연이 자연을 모사한 어떤 그림보다도 훨씬 더 풍부하고 아름다우며, 그림은 현실적인 아름다움의 빈약한 대용품이라고 평가했다.[3] 나무들마다 각각의 독특한 녹색으로 생명을 합창하는 봄철의 산길을 따라가면 체르니셰프스키의 주장도 터무니없는 이야기 같지는 않다고 느껴질 것이다.

프로이트는 인간의 가장 큰 행복을 성적 욕망의 충족, 특히 육체적 충족이라고 본다. 그러나 육체적 충족이 좌절될 때의 불행도 지극히 크기 때문에 인간은 이를 피하려고 하며, 그래서 직접적인 육체적 충족 대신에 사회적으로 유용한 활동으로 고상하게 대리만족을 꾀하기도 하는데, 예술은 이 고상한 활동의 일환이라고 본다. 이러한 메커니즘을 그는 승화라고 부른다.[4] 실제 현실에서 이루지 못하는 사랑을 작품 속에서만 체험하게 될 때, 또는 사회구조를 현실적으로 바꾸지 못하고 변혁의 소망을 작품으로 그려내는 데에 그칠 때, 이를 실제적인 사랑이나 변혁에 비추어 열등하다고 비판하는 것도 일리가 있다.

그러나 예술가는 (비예술적) 현실 속의 미적 대상들에 대한 미적 체험을 예술작품으로 객관화함으로써, 다른 사람들도 어느 정도는 시간과 공간의 제약을 넘어 유사한 미적 체험을 되풀이하여 맛볼 수 있게 해 준다. 또 예술작품은 일상적 현실에서 장기간에 걸쳐 산만하게만 경험할 수 있는 것들을 집약하여 짧은 기간에 강렬하고 밀도 있게 체험할 수 있도록 해 주기도 한다. 뿐만 아니라 예술가들은 현실의 다양한 요소들을 취사선택하고 강조하거나 축소 생략하여

3) N. G. 체르니셰프스키: 『현실에 대한 예술의 미학적 관계』, 신윤곤 역, 열린책들 1990, 69쪽 이하 참조.

4) S. 프로이트: 『문명 속의 불만』, 김석희 역, 열린책들 1997, 261쪽 참조.

새로이 구성함으로써, 일상에서 찾아볼 수 없는 미적 가치를 산출해 내기도 한다. 이 점에서 예술작품들은 비예술적인 미적 대상들보다 탁월한 면을 지닐 수도 있다. 따라서 현실 속의 미적 대상들을 무시하고 예술작품을 지나치게 신성시할 필요도 없겠지만, 예술작품의 미적 가치를 지나치게 깎아 내릴 이유도 없다.

물론 예술작품을 보는 경제적 과학적 정치적 미적 관점들은 편의상 나누어 살펴보았을 뿐 서로 긴밀하게 관련되어 있다. 미적 가치에 대한 논의는 불가피하게 어떤 사회적 정치적 맥락에서 생명긍정적이냐 하는 문제를 다루게 되며, 여기에는 과학적 인식도 끼어들기 마련이다. 경제 문제 역시 절대적 가치로서가 아니라 고려되어야 할 변수로서 함께 다루어질 수 있다.

3. 추한 것들을 다루는 예술작품들의 미적 가치

미적 가치가 뛰어난 대상들에 주목하는 감수성은 예술(창작 및 감상)활동의 기본조건이라고 할 수 있을 것이다. 이러한 감수성은 추한 것들을 거부하는 감수성과도 일맥상통한다. 따라서 예술이 미적 가치가 높은 대상만을 다루어야 하는 것은 아니다. 추한 것을 거부하는 관점에서 비판적으로 다루는 것도 예술에서 얼마든지 가능하다. 특히 현대에는 추한 대상들이 예술의 영역에서 압도적인 비중을 차지하게 되었다. 이는 현실에 추한 일들, 곧 생명파괴적인 일들이 넘쳐나기 때문이라 할 수 있다.

이 경우 추한 대상을 다룬다고 해서 예술작품 자체도 추한 것이라고 보아서는 안 될 것이다. 예술은 대상의 추한 본질을 드러내고 그것에 강력한 부정적 평가를 가함으로써, 그 대상에서 찾기 어려웠던 새로운 미적 가치를 만들어내기도 한다. 즉 감상자들이 대상의 추한 상태를 극복할 의지나 정서 혹은 인식을 만들어내게 함으로써, 좀 더 아름다운 삶을 추구하고 누리도록 유도할 수 있는 것이다.

거꾸로 현실의 추한 상태를 아름다운 것처럼 날조함으로써 감상자들이 그러한 현실을 간과하거나 묵인하도록 오도하고 이로써 추한 상태를 극복할 꿈도 꾸지 못하도록 만들 수도 있다. 현대예술에서 넘쳐나는 추한 모습들이 어떤 시각에서 조명되고 있는지, 그것이 맹목적 감탄의 대상으로 미화되고 있는지, 아니면 충분히 비판적으로 다루어져서 극복의 대상으로 만들어지고 있는지 살펴볼 필요가 있다.

예컨대 타란티노의 『킬 빌』은 유혈이 낭자한 폭력물인데 피의 복수극에 대해 어떠한 비판적 거리설정도 없다. 오히려 잔혹하면서도 우아한 칼부림 장면들은 관객들이 폭력에 몰입하여 감탄하며 즐길 것을 기대하는 듯하다. 코엔의 『파고』는 그에 뒤지지 않는 폭력물이지만 전혀 다른 효과를 거둔다. 엽기적인 최후의 살인범을 체포하는 경찰은 터프가이도 CSI도 아닌 평범한 주부이자 만삭의 임산부다. 겨우 돈 때문에 그런 (시체를 목재 분쇄기에 집어넣는 등의 끔찍한) 짓을 했느냐고 그녀가 살인범에게 슬쩍 던지는 말은 돈 때문에 벌어진 일련의 유혈사태를 일거에 가치 없는 허망한 짓으로 바꿔놓는다. 좀 더 정치적인 폭력물로는 큐브릭의 『풀 메탈 자켓』을 생각할 수 있다. 이 작품은 체제와 정권 차원에서 보장된 군대 내부의 폭력, 특히 언어폭력 속에서 마모되지 않고 살아남은 살인기계들이 베트남 전쟁에 투입되어 얼마나 무의미하게 싸우고 죽어가는지를 충격적으로 보여준다. 이 작품을 보면서 베트남 전쟁을 자유세계를 지키기 위한 성전으로 볼 관객은 아무도 없을 것이다.

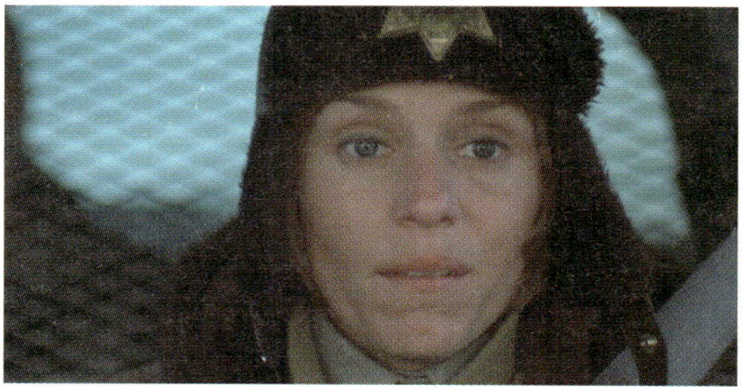

그림 2. 『파고』의 한 장면. 만삭의 임산부인 경찰서장 마지는 엽기적 살인범을 체포한 뒤 인생에는 돈보다 더 중요한 것들이 있다는 것을 몰랐느냐고 묻는다.

어떤 예술작품이 뛰어난 미적 가치를 지닌 대상을 다룬다고 해서

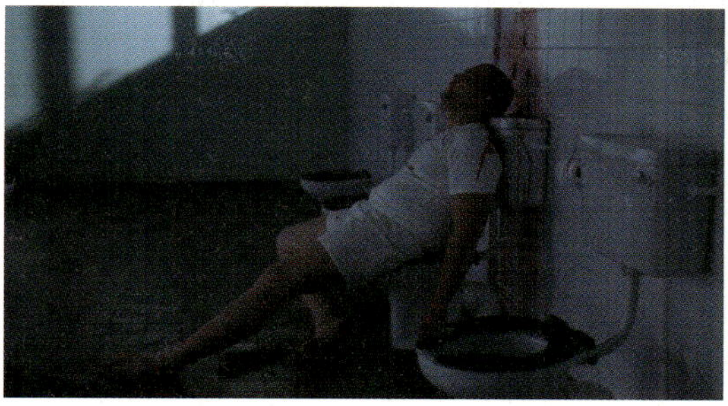

그림 3. 『풀메탈자켓』에 은 군대 내부의 다양한 폭력이 순진한 영혼을 광기와 파멸로 몰아가는 모습을 실감시켜준다. 여기서 베트남전은 미군들 자신에게도, 베트남인들에게도 아무 도움이 되지 않는 허망한 일로 묘사된다.

그 작품도 자동으로 높은 미적 가치를 얻을 수 있는 것은 아니다. 좋은 소재를 망쳐놓는 실패작도 얼마든지 있다. 민족해방 혹은 민중해방의 관점에서 해방공간의 빨치산투쟁은 강렬한 생명긍정성을 지닌다. 이러한 의미를 선명하게 부각시킨 『태백산맥』과, 빨치산투쟁을 무의미한 희생으로 그려놓는 『남부군』을 비교하면, 두 작품이 산출하는 미적 가치의 차이를 확인할 수 있을 것이다. 이 차이는 『남부군』에서 맛볼 수 있는 작가의 직접적 체험에 따른 절실성을 감안하더라도 결정적인 의미를 지닌다고 볼 수 있다. 소재가 작품에서 차지하는 의미는 종종 무시할 수 없을 만큼 중요하지만, 혁명을 다루는 작품이라고 해서 작품 자체가 혁명적인 것은 아니다. 혁명의 비인간성만을 부각시키는 반혁명 작품은 얼마든지 있다. 노동자들의 삶을 파괴하는 비인간적 노동조건을 극복하기 위한 노동자들의 투쟁은 '생명 긍정성' 혹은 '살림'이라는 미적 가치척도에 근거해 보면 아름답다. 그러나 노동자들의 해방 운동을 다룬다고 해서 작품이 저절로 뛰어난 미적 가치를 얻게 되는 것은 아니다. 박광수의 『아름다운 청년 전태일』에서는 조영래의 『전태일 평전』이 주는 감동을 맛보기 어려울 것이다. 노동자들의 현실을 다룬다고 해서 노동자를 위한 예술이 되는 것은 아니다. 오히려 인간다운 삶을 추구하는 노동자들의 저항운동을 정당하게 대하지 못하여 노동자들의 자존심을 훼손하는 반노동자 예술을 만들 수도 있을 것이다.

추한 대상을 그려낸 작품이 뛰어난 미적 가치를 지니는 경우는 드물지 않다. 채만식의 『태평천하』에 등장하는 윤직원은 준수한 풍채를 지닌 노인이다. 즉 원초적 미가치의 측면에서는 나이를 감안할 때 우수한 면모를 지닌다. 그러나 그의 언행은 쫀쫀하고 야비하며 더할 바 없이 추잡하다. 즉 복합적 미가치의 측면에서 지극히 부정적이다. 하지만 윤직원 노인을 주인공으로 다룬다고 해서 『태평천하』가 추한 작품이 되지는 않는 것이다. 오히려 『태평천하』는 일제치하 반민중적 반민족적 이기주의의 심리구조를 여실히 드러내고 이를 부정적으로 조명함으로써, 독자로 하여금 그 추악상을 비웃고 경멸하도록 유도한다. 이처럼 추한 모습을 부각시키고 비판하여 그것을 극복하도록 만드는 점에서 『태평천하』는 강한 생명긍정성을 얻는다. 즉 뛰어난 미적 가치를 지닌다.

발자크의 소설 『환멸』은 귀족, 부르주아, 쁘띠부르주아, 농민 등 각계각층의 인물들이 돈과 개인적 욕망으로 인해 타락해 가는 모습을 광기에 가까울 만큼 신랄하게 그려낸다. 등장인물들 대다수는 추하지만, 발자크의 작품은 그들을 처음부터 끝까지 밀도 높게 비판적으로 형상화함으로써 뛰어난 미적 가치를 얻는다. 그의 작품은 작은 욕망들에 끌려다니는 인물들의 모습을(혹은 우리 자신의 모습을) 냉정히 돌아보게 함으로써, 그리하여 자본주의를 지탱하는 대중들의 생리구조를 꿰뚫어보게 함으로써, 돈에 의해 짓눌리고 있는 일상적 자본주의 질서의 마법을 깨뜨릴 가능성을 열어주며, 이 점에서 우리의 생명력을 확대시켜 준다.

일반적으로 풍자적인 작품들이 다루는 대상들은 특히 복합적 미가치의 측면에서 추하다. 풍자예술은 그 부정적 대상에 대한 비판적 거리감을 만들어내면서 인식의 즐거움 혹은 공격의 통쾌감을 제공하고, 새로이 삶을 긍정할 수 있게 함으로써 미적 가치를 얻는다.[5) 이는 예컨대 『노틀담의 꼽추』에서 볼 수 있듯이 원초적 미가치의 차원에서 추하다고 여겨지는 대상에서 복합적 미가치를 발견할 수 있는 경우와 다르다. 또 훌륭한 비극적 사건에서 볼 수 있듯이 명백히 죽음이나

---

5) 브레히트가 주창한 소격효과 내지 서사극도 유사한 효과를 만들어낸다.

불행 등과 결합되어 있으면서도 이를 능가하는 생명긍정성을 통해 미적 가치를 지니는 경우와도 다르다. 훌륭한 비극들은 비판적 거리감을 만들거나 공격의 통쾌감을 유발하기보다, 오히려 대상과의 공감과 긴밀한 동일시를 통해 깊이 있는 인식과 감동을 만들어낸다. 이렇게 공감하고 동일시할 가치가 있는 대상들을 찾기 어려운 시대, 추한 대상들로 넘쳐나는 시대는 풍자예술의 전성기라 할 수 있다.

추한 것들을 추하다고 평가하지 않고 오히려 추한 면을 은폐하거나 미화하는 작품들은 그 추한 상태를 극복하기보다 유지하는 데에 기여하는 점에서 근본적으로 추하다 할 수 있다. 아름답고 감동적인 대상을 무미건조하게 그려내거나 오히려 추하다고 날조하여 그 미적 가치를 죽이는 작품 역시 추하다. 그런 작품들도 부분적으로 미적 가치를 지닐 수는 있을 것이다. 일제의 가미가제 특공대를 찬양하는 서정주의 「송정오장 송가」 역시 나름의 시적 기교를 구사하고 있다. 그러나 작품은 기교의 차원을 넘어서 좀 더 포괄적으로 파악될 수 있다. 이때의 미적 가치를 소홀히 할 수 없다. 이런 점에서 일제침략전쟁이나 독재자들을 미화하는 친일 어용 예술품들, 제국주의의 파괴적 점령 행위들을 인도주의나 문명화과정으로 위조하는 작품들, 약자들을 억압하고 착취하는 권력구조를 당연시하는 작품들은 인간해방을 추구하는 우리의 관점에서 근본적으로 추한 것이다. 위조의 기법들이 뛰어나고, 그래서 실감과 공감을 잘 만들어낼수록 더 추하다고 볼 수 있을 것이다.

4. 풍자를 포함하는 복합적 구조물

추한 현실에 직면한 작가의 태도와 관련해 쉴러의 '감상 문학' 개념은 검토할 가치가 있다. 쉴러는 현대의 비인간화된 세계에 대해 작가가 취할 수 있는 태도를 세 가지로 구분해서 설명한다. 첫째로, 좋았던 옛날을 그리워하며 슬퍼하는 태도로 '비가'를 쓸 수 있다. 둘째로, 나쁜 현대사회를 비판하는 '풍자'를 쓸 수도 있다. 셋째로, 앞으로 다가올 훌륭한 사회를 그리는 '목가'를 쓸 수도 있다. 쉴러의 이러한 관점을 좀 더 현실에 맞게 적용한다면, 현실 속의 추한 대상들에 대해서는 풍자적 비판적 입장을 취하면서, 동시에 미래사회가 아닌 현실 속의 긍정적 대상을 긍정적으로 부각시키는 복합적인 작품을 만들어낼 수도 있을 것이다.

한 편의 작품은 다양한 대상들을 다룰 수 있고, 또 하나의 대상도 단순하게 부정적 성격만을 지니는 것이 아니라 매우 다면적이고 복합적인 성격을 지닌다. 따라서 풍자를 주 무기로 하는 한 편의 작품이라도 경우에 따라 비극과 마찬가지의 강렬한 공감을 만들기도 한다. 풍자문학의 고전 『돈키호테』는 그처럼 복합적인 구조를 지니는 좋은 본보기이다. 『돈키호테』는 중세 봉건제의 토대가 무너졌는데도 여전히 민중들 사이를 떠돌던 기사도의 유령을 가차 없이 야유한다. 그러나 『돈키호테』는 여기에 머물지 않고 기사도에 담긴 긍정적 의미를 새롭게 찾아낸다. 즉 편력기사라는 이미지를 통해, 책상 앞에만 앉아서 휴머니즘을 논하는 인문주의자들과 달리, 약자를 위해 물불을 가리지 않고 달려드는 실천적 지식인을 긍정적 인간상으로 제시하기도 하며, 이 점에서 풍자적 비판의 즐거움만 아니라 긍정의 감동도 선사한다.

힐러가 개작한 뮤지컬 『라만차의 사나이』는 원작의 정신을 충분히 살려 『돈 키호테』를 혁명적 낭만주의의 한 본보기로 재해석해놓는다. 영화에서 돈키호테는 어느 여관을 성이라고 생각하고 찾아들어간다. 돈키호테는 이 여관에서 일하는 하녀 알돈자를 귀부인 둘시네아로

그림 4. 『라만차의 사나이』의 한 장면. 돈키호테가 여관주인을 성주라고 생각하며 그에게서 기사작위를 받는다. 돈키호테의 미친 짓은 낡은 기사도를 풍자하지만 또한 멋있는 삶의 긍정적 모델로 바뀌기도 한다.

여기면서 그녀에게서 정표를 얻어오라고 산초에게 시킨다. 산초는 바쁜 와중에 짜증내듯 하녀가 던진 걸레 조각을 돈키호테에게 전해준다. 마침 이 여관에 찾아온 이발사의 면도용 싸구려 놋쇠대야를 맘브리노의 투구라고 하면서 자기처럼 자격 있는 사람이 써야 한다고 빼앗아낸다. 돈키호테는 걸레를 머리에 얹고 그 위에 대야를 쓴 채, 기사가 되기 위한 절차에 따라 여관 뒷마당에서 철야를 시작한다. 또 여관주인을 성주라고 생각하고 이 성주에게 기사작위를 내려달라고 요청한다. 돈키호테가 철야하는 중에 알돈자가 일을 마친 다음 이 웃기는 사나이들을 구경하러 나와 기사라는 자들은 무슨 짓을 하는 인간들이냐고 묻는다. 돈키호테가 멋진 노래로 답한다.

기사의 사명은 “불가능한 꿈을 꾸는 것이며, 무적의 적을 상대로 싸우는 것이다. 견딜 수 없는 슬픔을 견디는 것이고, 용감한 자들도 가기 어려운 곳으로 가는 것이다. 바로잡을 수 없는 불의를 바로잡는 것이며, 멀리서 순결하고 순수하게 사랑하는 것이다. 두 팔이 지칠 대로 지쳐도 다시 노력하는 것이고, 도달할 수 없는 별에 도달하려는 것이다.”

이 멋있는 노래는 돈키호테의 우스꽝스러운 모습으로 인해, 중세가 끝났는데도 아직 민중들 사이를 떠돌고 있는 기사에 대한 환상 혹은 기사도의 유령에 대한 신랄한 비판이 된다. 하지만 작품이 진행 과정에서 점차 위의 노래는 인간이 바로 그렇게 살아야 한다는 긍정적 메시지로 전환된다. 미친 돈키호테는 이 미친 세상에서 정상적으로 살아가는 것이야말로 미친 짓이라고 말하며, 도저히 대적할 수 없을 것 같은 기존질서에도 순응하지 말고 도전하여 바꿔가라고 부추긴다. 예술작품을 평가하는 여러 가지 척도가 있겠지만, 기존의 살벌하고 추악한 지배질서를 바꾸어 서로가 삶을 북돋아주는 세상을 만들도록 효과적으로 고무하느냐, 아니면 기존질서에 순응하는 자세를 고착시키느냐 하는 것은 최고의 평가기준이 될 수 있다.

5. 현실과 예술작품의 이중적 관계

이처럼 예술은 무엇보다도 현실 속의 멋있거나 추한 대상들을 긍정하거나 비판하는 미적 반응방식이며, 예술작품은 그러한 반응의 산물이다. 이러한 긍정 혹은 비판은 수용자들에게 일정한 영향을 끼쳐서 지배질서를 바꾸거나 혹은 유지하는 데에 기여한다. 이 점에서 예술작품은 설혹 현실과 동떨어져 있는 환상의 세계인 듯할지라도 현실과 불가분의 관계를 맺고 있는 셈이다.

이때 예술작품과 현실의 관계는 이중적이다. 우선 예술작품을 만들어내는 데에 현실이 작용하는 부분을 생각할 수 있다. 예술작품을 이루는 물질적 요소들, 예컨대 물감, 캠퍼스, 석재, 피아노, 오선지, 원고지, 펜, 컴퓨터 등등만 아니라, 작가라는 현실 속의 인간과 그 인간의 의식과 욕망을 좌우하는 다양한 정치적 경제적 생물학적 요인들을 떠나 예술작품은 만들어질 수 없다. 이러한 요인들은 예술작품의 성격에 다면적으로 여러 가지 영향을 끼친다. 예술가는 결코 허공 속에 홀로 앉아 무에서 유를 창조하는 조물주가 아니라, 현실의 여러 요인들을 특정한 방향에서 효과적으로 재구성하는 장인이다. 이 부정할 수 없는 사실에 비춰보면, 자기 작품의 진짜 저자는 자신의 시대이고 자신은 그 서기일 뿐이라고 한 발자크의 주장도 충분히 이해할 만한 것이다.[6)]

뿐만 아니라 예술가가 현실 밖에 존재하는 초월적 존재가 아니라 현실 속의 인간이듯이, 예술작품 자체도 현실 속에 있는 현실적 존재다. 예술작품이 만들어내는 환상 또는 가상의 세계가 문자 그대로의 현실은 아니지만, 즉 그림의 떡이 실제 먹을 수 있는 떡은 아니지만, 그것은 현실 속에 존재하는 환상으로서 현실 속의 수용자들에게 현실적으로 작용하여 다양하게 영향을 끼치는 현실적 힘의 일부다. 예술작품은 현실의 산물이면서 현실의 일부로서 현실에 작용을 가하는 이중의 관계 속에 존재하는 것이다.

좀 더 구체적으로 살펴보면, 예술작품을 만드는 데에 필수적인 매체들이나 형식들, 예컨대 언어나 소설이라는 장르는 특정한 작가가 독점할 수 있는 개인의 것이기에 앞서 이미 범사회적 문화의 산물이다. 또 사회적으로나 예술사적으로 중요한 문제들을 배제한 채 중요한 예술작품을 만들어내기는 불가능하다. 작품의 중요성을 가늠하는 한 가지 척도는 중요한 현실문제들을 단순히 소재로서 끌어들여 언급하고 지나가거나 무대배경으로 삼는 수준을 넘어서, 어떻게 그 해결의 전망 속에서 구체적 형상으로 재구성해내느냐 하는 점이다.

해방공간의 갈등과 분단에 따른 비극, 그리고 80년대까지 지속되는 한국사회의 모순구조와 정면으로 대결했다는 점을 떠나 『태백산맥』이나 『한강』에 대한 평가는 겉돌 수밖에 없다. 이러한 모순을 작품의 기본구조 속에 담아냄으로써 야기되는 긴장이 없다면, 그 방대한 작품들을 수백만의 독자가 찾는 기현상은 벌어지지 않았을 것이다. 군사독재 및 저곡가의 농촌현실 그리고 저임금 노동현실과 무관하게 방현석의 『십년간』이나 조세희의 『난장이가 쏘아 올린 작은 공』, 혹은 『파업전야』와 같은 진지한 작품들을 만들 수도 없었을 것이다. 예술작품은 현실을 토양으로 만들어지며, 예술작품에서는 현실의 근본 문제들을 생생히 체험하거나 면밀히 읽어낼 수 있다.[7] 예술이

---

6) 그렇다고 발자크 자신의 역할은 그저 수동적인 전달자 수준에 머문다고 보아서는 안 될 것이다. 발자크 이외의 다른 사람은 발자크와 같이 글을 쓰지 못했다는 점에서 발자크 특유의 역할을 인정해야 할 것이다.

7) 이런 이유에서 아도르노는 작품 자체에 대한 연구, 곧 내재분석은 사회분석으로 될 수밖에 없다고 본다. 나아가 “사회 속의 예술의 내재성이 아니라 작품 속의 사회의 내재

현실을 반영한다는 말이 뜻하는 것은 무엇보다 예술과 현실의 이러한 본질적 관계다.

물론 예술작품이 현실을 반영한다고 해서 세부사항들이 일일이 신문기사처럼 사실이어야 한다는 이야기는 아니다. 허구는 소설의 다른 이름처럼 쓰이기도 한다. 은유를 비롯한 여러 수사법들 또한 말 그대로의 사실 전달하는 방식은 아니다. 픽션이나 수사법을 써먹는다고 해서 예술작품들을 허위일 뿐이라고 볼 필요는 없다. 오히려 수사법들은 물론이고 픽션조차 진실을 말하는 효과적인 방법이라고 생각하고 예술작품이 실제로 이야기하고자 하는 것이 무엇인지 면밀히 읽어낼 필요가 있다. 그렇게 심층적으로 예술작품을 이해하려 하면, 한 편의 작품에서 시대의 갈등과 인간의 근본문제들을 어떻게 파악하고 해결의 실마리를 찾고자 했는지 따라잡을 수 있고, 이로써 일상에서 맛보기 어려웠던 인식과 감각을 얻을 수 있다. 물론 모든 예술작품들이 다 깊이 있는 인식이나 새로운 감각을 제공하는 것은 아니다. 또 예술작품들 가운데에는 심지어 추한 것을 아름답다고 그려놓는 것, 즉 심층적인 차원에서 그럴싸하게 거짓말을 하는 추한 작품들도 얼마든지 있으며, 이를 비판적으로 읽어내는 것도 중요한 미적 활동이다.

예술작품들이 현실 속에서 영향력을 발휘하여 현실을 바꾸는 측면 역시 결코 간과해서는 안 된다. 비록 예술작품은 꼭 의도적으로 선전선동을 추구하는 것도 아니지만, 사람들의 의식과 감각과 욕구에 강렬히 작용한다. 이로 인한 의식・감각・욕구의 변화는 사람들의 활동방식을 바꾸게 되는데, 이는 그 자체로서 이미 현실 변화의 일부이기도 하다. 극히 드문 일이기는 하지만 경우에 따라 이러한 변화가

성이 사회에 대한 예술의 본질적 관계"라고 주장한다. Th. W. 아도르노: 『미학이론』, 홍승용 역, 문학과지성사 1983, 360쪽 참조. 이는 반영 개념의 다른 표현이라고 할 수 있다. 그런데 아도르노는 반영이라는 개념에 알레르기를 보인다. 반영론을 거부하는 유물론은 짠맛 없는 소금과 별로 다를 바 없다. 반영론을 표방한 동구 공식 이론가들을 뛰어넘어 아도르노가 유물론에 기여하는 바와 그의 이론적 과장을 구분하여 평가할 필요가 있다.

사회적 지배구조의 변화에까지 의미 있게 작용할 수도 있다. 물론 그 영향이 늘 긍정적인 것만은 아니다. 예술은 감성에 호소함으로써 딱딱한 이론보다 훨씬 더 손쉽게 대중들을 사로잡을 수 있으며, 이 때문에 지배자들은 예술을 적극적으로 활용하려든다. 이에 맞서는 활동도 물론 가능하다. 『돈키호테』나 『베르테르』 등을 비롯하여 예술사 속에서 살아남은 주요 작품들은 지배적 통념만 아니라 감각방식에도 종종 근본적인 이의를 제기해 왔다. 예술사를 돌이켜볼 때 무수한 작품들이 불온하다는 이유로 판금되기도 했고, 예술가들도 경제적인 난관만 아니라 구금과 고문과 망명의 맵고 쓴맛까지 톡톡히 보기도 했다. 바로 이 점이 그 작품들의 저항적 성격과 현실적 영향력을 반증한다. 예술이 지배자들에게 전혀 불편하거나 불쾌한 것이 아니고,[8] 아무 영향력도 없는 그저 순수한 오락에 그친다면 수많은 예술가들이 무엇 때문에 그런 수난을 겪어야 했겠는가. 검열은 결코 예술의 환상 세계와 현실을 혼동하는 데에 기인하는 무지의 소치가 아니라, 예술의 현실 변혁 잠재력에 대한 지배자들의 방어기제라고 할 수 있다.

물론 어느 한 편의 예술작품이 즉각적으로 대중들을 정치적 행동으로 몰아갈 것을 기대하기는 어렵다. 예술로 모든 현실문제를 해결할 수 있다고 생각한다면 이는 두말할 것 없이 망상이다. 그렇다고 예술이 현실 속에서 아무것도 할 수 없다고 생각한다면 이 또한 지나친 패배주의다. 예술이 실제로 어떤 영향을 발휘할 수 있고, 그 영향력이 인간해방에 바람직하게 활용되기 위해서는 어떤 노력이 필요한지를 살피는 것이 바람직하다.

이처럼 예술작품은 현실로부터 나오지만 역으로 현실에 상당한 영향을 끼칠 수 있는 현실적 힘이기도 하다. 맑스는 예술과 철학을 비롯한 다양한 정신적 산물들이 근본적으로 경제적 생산력과 생산관계, 즉 토대 위에 세워지고 이 토대에 상응하는 상부구조로서 파악했

---

8) 지배자들은 그럴 때면 흔히 국가와 민족의 질서와 안보를 들먹일 뿐 자신들이 불쾌하거나 불안하다고 솔직히 털어놓지는 않는다.

다. 우리가 어떤 고상한 일을 생각하든 그 밑바탕에는 먹고사는 문제, 즉 경제문제가 근본적으로 깔려 있다는 이야기다. 이런 관점에서는 우리가 어떤 생각을 하든, 어떤 작품을 만들어내든, 그 밑바탕에 어떤 이해관계가 감추어져 있는지 돌아볼 필요가 있을 것이다. 그 감추어진 이해관계를 밝혀내고 실제의 역학관계를 명확히 파악함으로써 그 위험요소들을 제거하고 대안을 찾는 일이 비판적인 수용자들의 주요 과제이기도 하다. 또한 의식의 산물을 토대와 관련지어 상부구조로 파악할 때에는 그 진실성만 아니라 허위의 가능성에도 주목하고, 개별 상부구조들의 허위를 명확히 드러내는 것 역시 비판적 수용자의 과제다.

종종 이 토대-상부구조론은 모든 것이 경제에 의해 결정된다는 극단적 견해, 즉 경제결정론으로 편협하게 이해되기도 했다. 이로 인해 맑스주의를 경제주의 내지 경제결정론과 동일한 것이라고 오해하는 사례도 볼 수 있다. 그러나 이 경우 토대만이 일방적으로 상부구조를 결정짓는 요인은 아니며, 상부구조도 적극적 역할을 수행한다는 점을 간과해서는 안 된다. 즉 예술작품을 비롯한 정신적 산물들 혹은 상부구조도 먹고 사는 문제들 혹은 토대에 직접간접으로 영향을 끼치는 것이다.

이 문제와 관련해 엥겔스는 경제결정론자들을 비판하면서, 심지어 맑스주의가 경제결정론이라면 자신은 맑스주의자가 아니라고까지 주장한다. 이때 그가 강조하는 바는 상부구조가 수동적 반영물에 그치지 않고 토대에도 적극적으로 작용한다는 점이다. 이러한 문제의식을 루카치는 다음과 같이 일반화하여 정리한다. “모든 상부구조는 현실을 반영할 뿐만 아니라 낡은 토대 혹은 새로운 토대를 지지하거나 반대하는 적극적 입장을 취하며, 상부구조가 이 적극적 역할을 포기하면 그것은 이미 상부구조가 아니다.”[9)]

이러한 상부구조론은 자칫 예술작품들을 지나치게 단순화하여 적

---

9) G. 루카치: 『미학논평』, 홍승용 역, 문화과학사 1992, 548쪽. 이러한 주장에서는 사회주의가 새로운 토대를 의미한다고 전제되어 있다.

의 것과 우리 것으로 가르고 적의 것으로 분류된 것을 무조건 거부하게 만드는 사고방식을 조장할 수 있다. 이로써 작품 자체에 대한 깊은 이해를 소홀히 하고 누구 편이냐를 피상적으로 결정하는 데에 만족하는 게으른 사고가 정당화될 수도 있다.[10] 그런 점에서 상부구조 개념을 사용할 때에는 세심한 주의가 필요하다. 작품에 대한 도식적이고 분류법적인 파악에 빠져서는 안 되고 구체적인 작품체험과 밀도 있는 작품이해를 위해 노력해야 할 것이다.

하지만 범세계적으로 양극화가 가혹하게 진행되어 소수의 가진 자와 가지지 못한 대중이 갈수록 확연히 구분되어가고, 권력의 집중과 다양한 형태의 억압이 점점 더 강고해지는 현재의 상황, 곧 현실이 야만적 모순구조를 이루는 상황에서는, 예술작품들을 상부구조라는 관점에서 파악하는 것도 인간해방의 매우 중요한 조건이 될 것이다. 각각의 작품들이 현실을 어떤 관점에서 반영하는지, 생산관계 내지 지배관계를 옹호하거나 혹은 그 모순구조를 극복하는 데에 기여하는지를 제대로 이해해야만 그것들이 은밀히 끼치는 영향에 대해 주체적으로 대응할 수 있기 때문이다. 특히 그러한 억압적 지배관계 속에서 괴로움을 겪는 피지배자들일수록 지배관계에 대한 상부구조들의 긍정적 혹은 부정적 관계를 파악하고자 노력할 필요가 있다. 「아, 대한민국」에서 정태춘이 적절히 짚었듯이 어떤 예술작품이든 '군림하는 자들의 배부른 노래'가 아닌지를 따져보아야 하는 것이다.

10) 아도르노는 이런 사고를 위상학적 사고라는 말로 비판한다. 위상학적 사유란 "모든 현상과 관련해 그것이 어디에 소속되는지 알지만 그것이 무엇인지는 알지 못하는" 사유이다. Th. W. 아도르노: 『프리즘』, 홍승용 역, 문학동네 2004, 27쪽. 이는 개념과 대상을 동일시하는 동일성 사유의 극단적 형태라고 할 수 있다. 삶의 풍부한 양상과 밀착되는 예술은 그러한 위상학적 사고와 특히 이질적이다.

6. 나가며: 예술이 보여주는 미래 현실의 현재 모습

예술작품들은 미래의 현실을 앞질러 그리는 데에 무엇보다 적합한 매체임에 틀림없다. 그러나 예술작품들이 그려내는 미래의 대부분은 과거 및 현재 현실의 조각들을 특정한 효과를 위해 새로이 짜맞춰 놓은 것이다. 그 효과는 오늘의 야만을 그대로 반복하거나 더욱 강화하는 것이 될 수도 있지만, 인간이 서로 돕고 따뜻한 마음을 나눌 수 있는 공존과 공유의 미래문화를 향해 한 걸음이라도 나아가는 것일 수도 있다. 이때 아름다운 것을 아름답다고 말하고 추한 것을 추하다고 비판하는 작품의 진실성, 혹은 그 반대를 그럴 듯하게 꾸며내는 허위가 결정적인 역할을 할 것이다. 각각의 예술작품들이 어떤 모습을 더 강하게 보일 것인지는 우리 독자들, 관객들, 청중들, 혹은 시청자들이 얼마나 예리한 비판의 감각을 갖고 예술작품들을 존중하느냐에 많이 좌우될 것이다.

❖ 참 고 문 헌

G. 루카치: 『미학논평』, 홍승용 역, 문화과학사 1992.
Th. W. 아도르노: 『프리즘』, 홍승용 역, 문학동네 2004.
―: 『미학이론』, 홍승용 역, 문학과지성사 1983.
N. G. 체르니세프스키: 『현실에 대한 예술의 미학적 관계』, 신윤곤 역, 열린책들 1990.
I. 칸트: 『판단력 비판』, 김석윤 역, 박영사 1980.
S. 프로이트: 『문명 속의 불만』, 김석희 역, 열린책들 1997.